영화로 보는 미술

미드나잇 인 파리
우먼 인 골드
베스트 오퍼

영화로 듣는 음악

피아니스트의 전설
샤인
타르

하미나

박영사

영화는 1895년에 프랑스의 뤼미에르 형제가 그들의 50초 정도 길이의 단편 영화들을 공개 상연한 것을 시초로 보고 있어 역사가 130년밖에 되지 않은 신생 예술이다. 인간의 예술활동이 구석기시대부터 시작된 것을 생각하면 극히 짧은 역사이지만 현재 영화가 미치는 파급력과 영향력은 그 어떤 예술보다도 크다. 영화가 짧은 역사에도 불구하고 전 세계적으로 퍼져 사람들의 마음을 사로잡은 것은 다양한 감정과 경험의 이야기들을 무한하게 만들어내고 그 이야기들을 영상과 음향과 결합하여 입체적으로 전달하는 종합 예술이기 때문이다.

사람들이 타인의 이야기에 관심을 갖는 것은 타고난 본능 중의 하나로, 인류의 역사와 문명도 타인의 이야기를 나누며 시작되었다. 유발 하라리는 저서 『사피엔스』에서 호모 사피엔스가 다른 유인원집단에 비해 힘이 약함에도 불구하고 유일하게 생존하게 된 원인으로 인지 혁명을 지목했다. 유전자 돌연변이로 인지 혁명이 일어나 사람들의 언어가 발달하면서 뒷담화가 이루어졌고, 그로 인해 모이는 무리의 수가 늘어나 사회적 합의가 생겨나고 국가나 종교와 같은 가상의 실재들을 창조하여 대규모 협력이 일어나면서 오늘에 이르는 문명이 발달했다는 것이다. 간단히 말해서 인간이 언어능력을 얻게 되고 그들이 모여 뒷담화를 나누기 시작하면서 문명이 발생했다는 것이다. 영화 역시 픽션이라는 특성을 기반으로 타인의 무궁무진한 이야기를 들려주며 인간의 본능을 충족시켜주었기에 단기간에 전 세계적으로 발전할 수 있었다.

1920년대에 '꿈의 공장'으로 칭해지는 할리우드가 영화를 만들기 시작하면서 사람들은 영화를 보는 동안은 현실을 잊고 영화가 들려주는 이야기와 영상에 빠져들었다. TV 보급도 제대로 안되었던 인도에서 할리우드에 뒤지지 않는 영화산업이 발전한 것도 영화가 인구 절반 이상을 차지하는 하층민들에게 그들의 고된 현실을 잊게 해주었기 때문이다. 권선징악의 이야기에 흥겨운 음악과 춤이 곁들어진 인도 전통영화는 3시간이 넘는 시간 동안 관객들이 이야기에 몰입하고 자리에서 일어나 춤추게 하였다. 이에 인도영화가 계급과 가난의 굴레에 시달리는 서민들을 달래주는 현실 도피적이고 집단적 판타지라는 비판적인 시각도 있으나 한 인도 영화감독은 영화라는 탈출구가 있었기에 인도의 빈민들이 현실에 대해 폭발하지 않았다고 말한다.

개인이든 국가든 그 정체성과 역사는 모두 이야기로 기록된다. 역사는 사실에 기반한 것으로 인식되지만 그 사실들도 어떤 관점으로 서술하는지에 따라 이야기가 달라지고, 사람들은 이야기가 설득력이 있으면 사실로 기정화시킨다. 그만큼 인간은 개인의 삶도, 국가와 인류의 역사도 이야기를 통해 받아들인다. 영화는 우리가 살면서 겪을 수 있는 모든 이야기를, 그리고 인간이 경험할 수 없는 영역의 이야기까지 스크린에 펼쳐 보이면서 사람들이 공감하고 몰입하게 한다. 그래서 영화는 꿈의 공간이고 그것이 영화의 굉장히 멋진 점이다.

영화는 특유의 몰입도로 짐짓 어렵게 느껴지는 고급예술에 관한 이야기

또한 수월하고 유려하게 펼쳐낸다. 예술작품에 담긴 시대정신과 예술가들의 삶의 방식을 탐구할 수 있는 매력적인 방식 중의 하나가 관련 영화를 감상하는 것이다. 본 책은 6편의 영화를 통해 특정한 공간과 특정한 시간대의 클래식 음악과 미술의 세계를 살펴보고자 한다. 필자는 2023년에 『52편의 영화로 읽는 세계 문명사』를 저술했다. 주 영화 52편에 관련 영화까지 더해 거의 100편의 영화를 통해 인류의 문명사를 이야기로 살펴본 책이다. 거기에는 아프리카부터 유럽까지 각 나라와 인류의 역사, 문화, 예술, 정치, 경제 이야기들이 담겨있다. 그 책을 쓴 후 범위와 주제를 좁혀서 한 영화를 좀더 구체적으로 다루고 싶은 생각이 들었다. 평소에 음악과 미술에 관심이 많았고 또 그와 관련된 좋은 영화들이 많기에 음악 관련 영화 3편과 미술 관련 영화 3편을 선택하여 영화가 들려주고자 하는 이야기와 그 이야기들을 이해하는 데 필요한 문화적인 배경지식을 담았다. 그리고 각 장의 후반부에는 영화 이야기의 중심이 되는 핵심 대사들을 원 대사로 수록하여 원문의 묘미를 느낄 수 있게 하였다.

음악 편으로, 〈피아니스트의 전설〉에서는 1900년 초반에 유럽과 미국을 오가는 여객선에서 태어나 일생을 배에서 피아노를 연주하며 살아온 한 천재 피아니스트의 고독한 삶과 숱한 유럽의 하층민들이 그 배를 타고 미국을 향해야만 했던 시대상을 살펴본다. 라흐마니노프 피아노협주곡 3번을 소재로 한 영화 〈샤인〉에서는 실재인물인 한 피아니스트의 굴곡진 삶과 함께 러시아 피아니즘의 역사와 전통을 살펴본다. 클래식 음악계를 배경으로 한 영화 〈타르〉에서는 최근에 음악계에서 일어난 여러 사건을 통해 음악계의 성차별 문제와 예술과 예술가는 분리될 수 있는지, 지휘자의 권한과 역할은 무엇인지를 살펴본다.

미술 편으로, 〈미드나잇 인 파리〉에서는 세계의 기라성 같은 화가들이 젊은 시절에 함께 모여 활동하면서 현대미술을 창시한 파리의 '광란의 시대'를 살펴보고, 〈우먼 인 골드〉에서는 전쟁과 제국주의가 문화재에 어떤 해악을 가했고 문화재 환수가 어떤 의미인지를 살펴본다. 오늘날의 미술시장을 배경으로 한 〈베스트 오퍼〉에서는 미술시장에서 작품이 판매되는 경로와 위작문제를 다룬다. 영화를 먼저 선택하고 주제를 정했기에 책 전체를 관통하는 대주제는 없으나 궁극적으로 예술과 예술가의 삶에 관한 이야기로 수렴된다. 독자들이 이 책을 읽으면서 영화를 통해 음악과 미술로의 관심을 확장하고 그 문화적인 배경에 관한 지식도 넓힐 수 있기를 바란다.

2024년 3월, 저자 하미나

차례

I. 영화로 보는 미술

II. 영화로 듣는 음악

I

영화로 보는 미술

01
미드 나잇 인 파리:
황금시대의 환상

Midnight in Paris (2011)

영화 〈미드나잇 인 파리〉는 LA에서 할리우드 대본작가로 성공을 거두었으나 자신의 소설을 쓰기를 원하는 작가 길이 약혼녀 가족과 파리로 여행 가서 그가 그토록 동경하던 1920년대로 시간여행을 하는 이야기를 펼친다. 길은 감독 우디 앨런의 자화상 같은 인물이다. 그들은 비 오는 파리를 사랑했고 서구문화를 현대로 이끈 예술가들이 젊은 시절에 활동했던 1920년대의 파리를 동경했다. 차이점은 길은 할리우드가 활동무대이고 우디 앨런은 뉴욕에서 태어나 뉴욕에서 활동하는 전형적인 뉴요커라는 점이다. 10대 후반부터 코미디 대본작가로 재능을 펼치고 스탠드업 코미디언으로 무대에 섰으며, 이후 연극과 영화 대본을 쓰고 감독과 배우로도 활동해온 우디 앨런은 찰리 채플린 이후 영화계의 진정한 르네상스인이다. 그는 예술이 있는 도시를 사랑하여 도시와 예술을 주제로 한 영화를 여러 편 만들었다. 〈미드나잇 인 파리〉에서는 예술 황금기의 파리의 모습을 담아내고, 〈로마 위드 러브〉(2012)에서는 4개의 이야기를 옴니버스 형식으로 연결하면서 로마의 아름다운 풍광과 이탈리아에서 발생하여 전 세계로 퍼진 오페라 아리아들, 고대 로마의 건축물들이 스크린을 채운다. 〈레이니 데이 인 뉴욕〉(2019)에는 그의 정체성의 일부인 뉴욕의 비 오는 거리와 그가 사랑하는 재즈, 뉴욕에서 발생한 추상표현주의 회화, 그리고 뉴욕 영화계의 일면을 보여준다.

영화의 배경인 1920년대의 파리는 1차 세계대전 종결 후 전쟁으로부터의 해방감과 전쟁을 일으켰던 기성체제에 반발하는 아방가르드 정신으로 충만했던 '광란의 시대'(Années folles)였다. 전쟁이 끝나고 경기가 회복되자 사람들이 전쟁의 후유증에서 벗어나기 위해 술과 춤에 탐닉하면서 유흥문화가 번성했고, 예술계에서는 기존 사조를 거부하는 반항적이고 창조적인 에너지들이 분출되어 사회 전반적으로 광란이 일어났다. 그런 파리로 피카소와 모딜리아니와 달리를 비롯한 유럽의 화가들, 헤밍웨이와 피츠제럴드를 비롯한 미국 작가들, 콜 포터와 스트라빈스키 등의 음악가들이 몰려들어 파리를 명실상부 예술의 도시로 만든다. 구대륙과 신대륙의 예술가들이 파리에서 만났고, 그 만남의 장소 중의 하나가 미국 태생의 작가이자 미술 컬렉터인 거트루드 스타인의 거실이었다.

스타인의 거실은 가난하고 젊은 예술가들이 자유롭게 드나들며 함께 시대와 예술을 논하는 현대판 살롱이었다. 프랑스에서는 17세기부터 살롱이 유행했는데, 귀족 부인들이 예술가와 지식인들에게 응접실을 개방하여 그들과 문학과 예술과 정치를 논하면서 문예적 공론장의 역할을 했다. 1903년에 파리에 정착하여 물려받은 재산으로 미술품을 수집하던 스타인은 아직 주목받지 못한 세잔, 고갱, 피카소, 마티스 등의 작품들을 사주며 후원하였고, 헤밍웨이를 비롯한 신진 작가들의 원고를 읽어주고 의견을 나누며 그들의 창작 활동에 도움을 주었다. 그녀의 거실은 현대미술을 선도했던 화가들의 작품들로 가득 차 있었는데, 뉴욕타임스는 스타인의 살롱을 '미술사 최초의 현대미술관'으로 일컬었다.

영화에서는 두 단계의 과거로의 시간여행이 행해진다. 현실이 불만족스러워 예술의 황금기인 1920년대를 동경하던 길은 파리에서 마치 마법이 일어난 듯 매일 밤 자정에 그 시간대로 가서 위대한 예술가들과 아드리아나라는 매혹적인 여성을 만난다. 아드리아나는 가상의 인물로 화가 몬드리안의 애인이었다가 현재는 피카소의 애인으로 등장한다. 그녀는 길과 마찬가지로 자신의 시대에 만족하지 못하고 1890년대의 벨 에포크(Belle Époque) 시절을 동경한다. 그러던 어느 날 1920년대의 길은 그녀와 함께 벨 에포크 시대로 또 한 번의 시간여행을 한다. 그런데 그곳에서 만난 고갱과 드가 역시 자신들의 시대가 상상력이 결핍되었다며 르네상스 시절을 동경하고 있었다. 아드리아나는 벨 에포크 시대에 머물기를 원하여 길에게 함께 남자고 청하나 길은 비로소 황금시대에 대한 동경이 현실로부터의 도피라는 사실을 깨닫는다.

▬▬ 거트루드 스타인의 거실

벨 에포크 시대

영화에서 아드리아나가 동경하는 벨 에포크 시대는 제3공화국(1870~1940) 초기부터 1차 세계대전이 발발하기 이전까지의 시기로 전 유럽이 오랜만에 전쟁을 멈추어 평화를 누리고 산업과 과학기술의 발전으로 경제적 풍요까지 누린, 말 그대로 '아름다운 시대'였다. 프랑스는 1789년 대혁명 이후로 세 차례의 입헌군주정, 두 번의 공화정과 두 번의 제정을 겪은 후 1870년에 제3공화국이 건립되었다. 약 80년 동안 국가 체제가 7번이나 바뀐 사실에서 알 수 있듯이 프랑스는 그 시기 내내 혁명과 전쟁에 시달렸다. 1830년에 자유주의 운동이 일어나 입헌군주정이 수립되고, 1848년에는 중산층과 노동자층이 토지재산에 입각한 선거법 개정을 요구하며 혁명이 일어났다. 1870년에는 독일통일을 추진하던 프로이센과 전쟁을 벌였으나 패하여 나폴레옹 3세가 물러났고, 1871년에는 제3공화국을 건립한 왕당파가 굴욕적인 조건으로 종전 협상을 체결하자 이에 반발한 민중들이 자치 정부인 파리코뮌을 세워 내전이 일어나면서 사회 혼란이 거듭되었다. 파리코뮌은 '피의 일주일'로 불리는 정부군의 진압으로 2개월 만에 와해된다.

혁명과 전쟁의 소용돌이에서 벗어난 프랑스는 19세기 후반부터 파리금융가가 급성장하고 제2차 산업혁명이 일어나면서 경제 호황기를 맞는다. 이에 프랑스는 1889년 프랑스혁명 100주년을 기념하는 만국박람회를 개최해 자국의 국력과 기술력을 홍보하고 세계 각국의 문화와 과학기술들을 소개한다. 이 박람회의 상징적인 건축물이 프랑스의 뛰어난 건축기술과 철강산업을 선전하기 위해 만들어진 에펠탑이다. 고전적인 석조건축물로 가득 찬 도시에 산업시대의 재료인 철골로 고도 300m의 혁신적이고 충격적인 탑이 세워지자 당시에는 흉물이라며 비판이 거세었다. 에펠탑은 원래 20년간 한시적으로 운영하고 철거할 예정이었으나 탑이 점차 국민의 사랑을 받자 탑 위에 안테나를 설치하여 송신탑으로 용도변경하여 존속시키면서 명실공히 파리의 상징물이 된다.

벨 에포크 시대의 파리는 물질적으로 풍요롭고 문화가 개화하며 정치적으로도 공화제를 이루나 그 이면에는 풍요와 발전을 위해 억압받고 희생당한 사람들이 다수 존재했다. 대자본가들은 노동자들을 착취하며 성장했고 제국의 풍요로움은 식민지에서 수탈한 자원을 기반으로 얻어진 것이다. 당시 산업혁명에 필요한 자원공급과 시장개척을 위해 제국주의 팽창정책을 펼치던 유럽 강대국들은 아프리카를 두고 각축전이 벌어지자 베를린회의(1884)를 열어 아프리카를 '주인 없는 땅'으로 선언한 후 일정 지역을 점령해 실질적으로 지배한 국가가 선점권을 가지는 분할원칙을 채택한다. 프랑스는 영국과 함께 아프리카를 가장 탐욕스럽게 정복할 뿐만 아니라 만국박람회에 식민지 출신의 흑인들을 데려와 그들의 전통생활상을 재현하는 흑인 마을, 더 정확히는 인간 동물원을 만들어 오락거리로 삼았다.

인간 동물원을 소재로 다룬 영화가 〈파리의 딜릴리〉(2019)로, 만화영화이지만 내용이 매우 진지하다. 영화는 벨 에포크 시대의 매혹적인 파리의 모습과 함께 앙리 루소, 수잔 발라동, 로트렉, 드뷔시, 모네, 르누아르, 드가, 로댕, 까미유 끌로델 등 기라성 같은 예술가들의 일화와 작품들로 화면을 채우는가 하면 화려한 도시 뒤편에 존재하는 비참한 빈민가도 보여준다. 영화는 첫 장면에 흑인 마을을 등장시켜 프랑스 제국주의와 인종주의의 실상을 고발하고, 여성이 권력을 가지는 것에 반발하여 여아들을 납치하는 지하조직

'마스터맨' 사건을 풀어나가면서 여성 인권문제를 중점적으로 다룬다. 마스터맨 조직은 여자들이 대학을 다니고 살롱을 주도하여 권력을 잡으면서 프랑스의 질서가 무너졌다고 생각하여 납치한 여아들을 남성에게 복종하는 존재로 교육하고 남성 중심의 질서를 회복시켜 세계를 구하고자 했다. 이에 당대의 선구적인 여성들이 힘을 모으고 에펠이 탑을 이용하도록 도움을 주어 아이들을 무사히 구출한다. 영화는 당시의 과학기술 발전도 비중 있게 다룬다.

벨 에포크 시대에는 유대인 혐오 사건이 발생해 사회를 양분시키면서 십여 년간 프랑스 사회에 큰 갈등을 초래하기도 했다. 1894년 프랑스에서는 유대인 태생 포병 대위인 드레퓌스가 독일대사관에 군사정보를 팔았다는 혐의로 체포되어 비공개 군법회의에서 종신 판결을 받는다. 재판 당시 파리의 독일대사관에서 몰래 빼내온 정보 서류의 필적이 그의 필적과 비슷하다는 것이 유일한 증거였으나 유럽에 반유대주의가 만연하던 때여서 그에게 유죄 판결이 내려졌다. 여러 정황이 그가 무죄임을 알림에도 유죄로 판결되자 소설가 에밀졸라가 "나는 고발한다"라는 제목의 논설을 써서 사건을 알리며 결과에 이의를 제기한다. 이로 인해 여론이 인권과 정의를 내세운 드레퓌스파와 군의 명예와 국가 질서를 앞세운 반드레퓌스파로 분열되어 정치적 쟁점으로 확대된다. 군부가 증거서류를 조작한 사실이 알려지면서 재심이 열렸으나 군법회의는 재차 유죄를 선고하였다. 이후 대통령 특사로 석방된 그는 2차 재심에서 무죄판결을 받고 복직한다. 이 사건은 사회적 정의구현과 진실규명에 앞장섰던 진보세력이 군대와 교회의 주 지지층인 왕당파에 맞서면서 프랑스 공화정의 기반을 다지는 계기가 되었다.

파리가 벨 에포크 시대를 펼칠 수 있었던 배경 중에는 파리 개조사업

(1853~1870)이 있다. 파리는 18세기 중엽부터 자본주의 도시가 되어 인구가 몰려들면서 과밀도로 인한 도시문제들을 일으켰다. 이에 전임자인 루이 필립 왕이 부분적으로 시행했던 도시개조사업을 나폴레옹 3세가 이어받아 파리 지사 오스만 남작에게 전면적으로 시행하도록 지시한다. 당시 파리는 중세도시에서 탈피하지 못한 상태로 길 대부분이 중세식 골목길이었다. 미로처럼 얽혀있는 좁은 길에는 집이 다닥다닥 붙어 있어 대낮에도 빛이 들지 않아 어두웠고 만성적인 교통체증이 일어났다. 무질서한 낡은 건물들이 루브르궁과 같은 역사적 건물들을 에워싸고 있어 도시 미관을 해쳤고 녹지도 없었다. 상수도와 하수도 체계 역시 부재하여 비가 오는 날이면 오물이 거리로 넘쳐 올라 생활의 불편은 물론 전염병이 창궐하는 등 심각한 위생문제를 초래했다.

무엇보다도 그 좁은 도심에서 시위가 빈번히 발생하면서 제정을 위협한 것이 큰 골칫거리였다. 당시 제2공화국 대통령으로 취임했던 나폴레옹 3세가 스스로 황제가 되어 제2제정을 선포한 후 절대권력을 행사하려 하자 이미 프랑스혁명을 거쳤던 시민과 공화주의자들이 그에 반대하여 폭동들을 일으켰는데, 시위자들이 좁고 굽은 도로에 바리케이드를 설치해 통행을 막고 시위를 벌여 군대가 쉽게 접근하지 못했다. 따라서 도로 폭의 확대와 직선화는 시위의 재빠른 진입을 위해서도 매우 필요한 것이었다. 당시의 지배층은 루이 16세의 처형으로 시민들의 봉기가 자신들의 권력을 전복시킬 수 있다는 사실을 이미 경험한 바 있다. 나폴레옹 3세는 도시개조사업을 근대화와 사회주의 이상을 실천하기 위한 것으로 내세웠으나 독일 철학자 발터 베냐민은 근대화는 허울 좋은 명분일 뿐 진정한 목적은 도로 폭을 넓혀 바리케이드 설치를 불가능하게 하고 새로운 도로로 병영과 노동자 구역을 직선으로 연결하여 노동자와 빈민들을 파리에서 쫓아내는 동시에 남아있는 이들도 뭉치지 않도록 통제해 부르주아 중심의 도시를 만드는 것이었다고 비난했다.

도시개조사업은 당면한 문제 해결은 물론 미래까지 염두에 둔 혁신적인 사업으로, 도시를 하나의 유기체로 보고 도시 전체를 체계적으로 건설한 '창조적 파괴' 작업이었다. 오스만은 도시 기반시설부터 도로체계, 녹지조성, 미관관리, 도시 행정까지 도시 건설과 운영에 관련된 모든 것들을 개선하여 이전의 파리와는 완전히 다른 근대 도시를 창조하였다. 17년이라는 비교적 짧은 기간에 이루어졌음에도 그 성과는 대단했다. 당시로는 엄청난 규모의 간선도로를 개설한 덕분에 오늘날까지도 차량이 원활히 흐르고 있고, 그때 만든 상하수도망은 지금도 최상의 수준이며, 철도망이 확장되고 몽마르트 공원과 볼로뉴 숲과 같은 대규모 공원도 만들어졌다. 다만 약 4만 채의 오스만식 아파트를 신축하면서 높이를 규제하고 다소 천편일률적으로 지어 획일화된 느낌을 준다.

오스만의 '창조적 파괴'는 빈민층에는 오로지 파괴일 뿐 창조의 혜택이 전혀 주어지지 않았다. 오스만은 창조를 위해 대대적인 파괴를 시행하면서 도심의 빈민거주지역을 해체하여 그들을 외곽으로 내몰았고, 삶의 터전에서 쫓겨난 빈민들은 주로 지대가 높은 몽마르트 언덕으로 이동해서 서커스 공연을 하거나 카바레에서 일하면서 생계를 이었다. 이처럼 빈민층이 소외되면서 파리 개조사업은 비판의 소지가 컸으나 그 결과물인 근대화된 파리는 뛰어난 미관으로 관광객들을 불러들이고 도시 기능 또한 훌륭하게 수행하여 파리를 유럽의 중심도시로 만들면서 이후 유럽 각지에서 일어난 도시계획의 모범이 된다.

━━━ 루이즈 레이너(1832~1924)가 그린 개조사업 이전의 파리 모습, 수채화

━━━ 〈몽마르트 대로, 오후 햇살〉, 1897. 카미유 피사로

광란의 20년대: 현대미술의 시작

　　1920년대의 파리는 유럽 곳곳의 화가들이 집결하여 활동하던 곳으로 오늘날 세계적인 거장의 반열에 든 피카소, 샤갈, 미로, 모딜리아니, 자코메티 같은 화가들이 집세가 싼 몽마르트에 모여 보헤미언적인 삶을 살면서 '에꼴 드 파리'(Ecole de Paris), 즉 '파리파'를 형성하였다. 피카소가 거주하던 몽마르트의 허름한 건물은 센느강에 떠 있는 세탁선과 유사하여 '세탁선'으로 불렸다. 그곳은 마티스, 브라크, 드랭, 모딜리아니 등이 수시로 드나들며 예술가들의 아지트가 되었고 피카소의 〈아비뇽의 처녀들〉도 그곳에서 탄생했다. 그들은 전기도 수도도 제대로 들어오지 않는 값싼 아틀리에에서 함께 활동하며 예술 공동체를 이루었는데 이는 역사상 전무후무한, 그야말로 예술의 벨 에포크 시절이었다.

■■■ 몽마르트의 세탁선 건물　　　　　　　　■■■ 모딜리아니, 피카소, 시인 앙드레 살몽

<창문을 통해 본 파리>, 1913. 샤갈. 러시아 태생의 화가 샤갈은 "예술의 태양은 파리에서만 빛난다"라고 파리를 찬양하며 창문으로 본 파리의 풍경들을 그림으로 남겼다.

몽마르트의 화가들은 당시의 시대 상황을 정신적, 심미적으로 반영한 전위적인 작품들을 시도하며 야수파, 입체파, 다다이즘, 초현실주의 등의 현대 미술을 태동시켰다. 19세기 말에 탄생한 인상파는 시시각각 변하는 빛의 움직임이나 질감의 변화를 화폭에 담기 위해 사물을 '있는 그대로' 객관적으로 표현하는 대신 '눈에 보이는 대로' 주관적으로 표현하여 모더니즘의 시작을 알렸으나 대상에 집중한 탓에 작가의 내면적 자아나 감정을 표출하지는 못했다. 이후 고흐가 사물의 형태에 연연하지 않고 강렬한 색채와 강한 붓질, 뚜렷한 윤곽을 사용하여 밖에서 안으로 들어온 인상(impression) 대신 자기 안의 감정이나 관념을 밖으로 표출(expression)하면서 표현주의의 시초가 되고, 고갱은 그림은 눈에 보이는 인상과 실재를 넘어서서 항상 무엇인가에 관한 것이어야 한다는 철학으로 실재와 상상을 혼합시킨 종합주의를 탄생시킨다. 이처럼 고흐와 고갱은 비가시적인 감정이나 정신을 표현하며 추상성으로 나아갔다.

　20세기 초반에는 마티스를 중심으로 야수파(fauvism)가 형성되어 사실적인 색채체계나 사물의 자연색을 무시하고 색을 주관적으로 강렬하게 사용하며 색채의 추상성을 시도했고, 아프리카 원시미술을 도입하여 원색을 대담하게 병치하고 대상을 단순화 혹은 추상화시켰다. 야수파는 인상파나 신인상파의 타성적인 화풍에 반기를 든 화가들 간에 자연 발생적으로 형성되어 단기간 지속했으나 색과 형태의 추상성으로 독일 표현주의와 미국 추상표현주의에 영향을 준다. 같은 시기에 피카소와 브라크는 3차원의 대상을 다시점에서 관찰하여 기하학적 단위로 분석하고 화폭에 입체적으로 재구성하여 사물의 본질적인 형태와 구조를 표현하는 입체파(cubism)를 탄생시킨다.

〈양산을 든 여인〉, 1886. 모네, 인상주의

Ⅰ 영화로 보는 미술

<별이 빛나는 밤>, 1889. 고흐, 표현주의

▬▬▬ 〈설교 후의 환영(천사와 씨름하는 야곱)〉, 1888. 고갱, 종합주의

〈마티스 부인의 초상 혹은 녹색선〉, 1905. 마티스, 야수파

〈에스타크 풍경〉, 1906. 조르주 브라크, 야수파에서 입체파로 넘어가는 시기

세잔과 야수파와 입체파

19세기 이전의 서양회화는 서구전통회화의 규범이었던 원근법을 사용해 3차원의 세상을 2차원의 화폭에 담았다. 원근법은 한 장소에서 관찰자가 하나의 눈으로 사물을 보면서 가까운 것은 크고 선명하게, 먼 것은 작고 흐리게 그려 거리감과 입체감을 주는 일종의 환영(illusion)이다. 그러나 인간은 사물을 볼 때 두 눈으로, 여러 방향에서 본다. 이를 그림에 적용한 화가가 세잔으로, 그는 사물을 오른쪽과 왼쪽 눈의 다른 시선으로 보고 여러 방향에서 관찰하면서 입체적인 형태로 화면에 담았다. 화가 데이비드 호크니의 말처럼 그는 '처음으로 두 눈을 써서 그림을 그린 화가'였다. 세잔은 또한 사물의 본질이 기하학적 구조에 있다고 생각하여 자연을 원통과 구체, 원추로 해석하였다. 그는 인상파로 시작했으나 수시로 변하는 사물의 외양에서 진실을 추구하는 인상주의에서 벗어나 본질적이고 변하지 않는 사물의 실재를 추구하였다.

세잔의 사과 정물화와 80여 점의 생 빅투아르산 풍경화는 세잔의 철학이 여실히 반영된 작품들이다. 그는 실내에서는 사과를 비롯한 정물들을 앞과 위, 옆, 뒤에서까지 관찰하고 야외에서는 생 빅투아르 산을 서로 다른 시각, 다른 계절, 다른 장소에서 보고 또 보며 관찰하면서 사실적 재현을 넘어서서 기본 형태를 구현하고자 했다. 그가 사과를 대상으로 고른 이유는 입체감을 가장 잘 탐구할 수 있기 때문으로, 그는 "사과 하나로 파리를 놀라게 하겠다"라고 호언 할 만큼 사과 그림으로 색다른 시도들을 하였다. 화가이자 비평가인 모리스 드니는 "서구 문명의 흐름을 이해하기 위한 세 개의 유명한 사과가 있는데 아담과 이브의 선악과, 만유인력을 발견한 뉴턴의 사과, 그리고 세잔의 사과가 그것이다"라고 말하며 세잔의 사과 그림의 혁신성을 알렸다.

　모리스 드니가 말한 세 개의 사과는 각자의 방식으로 인간의 삶에 획기적인 변화를 일으켰다. 아담의 사과는 인간이 뱀의 유혹으로 하나님이 낙원에서 유일하게 금지한 선악과를 따먹어 추방되나 그로 인해 낙원의 무지하고 순수한 존재에서 자유의지를 행하고 지혜를 얻은 인간이 되어 스스로 운명을 개척하고 자손을 번성시켜 문명을 이루게 했다. 뉴턴의 사과는 2천 년 이상 지속해온 신 중심의 우주관을 우주가 체계적인 법칙에 따라 움직인다는 기계론적 우주관으로 바꾸어 인간이 이성을 통해 우주와 자연을 지배할 수 있다는 자신감을 가지게 해주었다. 세잔의 사과는 부동의 렌즈 하나로 사물을 바라보는 방식에 코페르니쿠스적인 전환을 가져올 뿐만 아니라 시선에 따라 달라지는 정물의 형태, 색채가 변하면서 정물 형태까지 달라 보이는 효과, 보색 대비 등을 연구하면서 야수파와 입체파를 비롯한 후대 미술가들에게 큰 영향을 미쳤다. 현대에 와서는 개인 컴퓨터와 스마트폰 시대를 열어 인간의 생활에 혁신을 일으킨 스티브 잡스의 애플이 네 번째의 유명한 사과로 인식된다.

　세잔의 생 빅투아르산 풍경화들은 자연을 캔버스 위에 가장 기본적인 형태로 구현해내기 위한 일련의 실험 과정들이었다. 그는 과거 누구도 보지 않았던 방식으로 자연을 보기 위해 원근법에서 벗어나 자유로운 공간구성을 창출하고 집과 목초지와 경작지 등을 최대한 단순화시켜 사각형이나 입방체로 표현했는데 이는 브라크와 피카소에게 영향을 주어 입체파가 탄생한다. 그가 빅투아르산을 그리는 방식 또한 실험적인 것으로, 먼저 대상을 소묘하고 그 위에 색을 덧칠하는 것이 아니라 넓적한 붓질로 색 파편들을 쌓아 올려 대상의 윤곽이 선으로 그려지기보다 색 파편들이 겹치는 경계를 따라 생겨났다. 이는 야수파와 한 세대 후의 추상표현주의에 영향을 미쳐 야수파 화가들은 색채를 겹쳐 쌓으며 이미지를 그렸고 추상표현주의 화가들은 사물의 외형을 제거하고 색채나 선과 면과 같은 도형요소들을 사용하여 사물의 본질을 표현하고자 했다. 세잔은 1906년의 어느 날 빅토리아 산을 그리다 폭우를 만나 쓰러지나 다음날도 가서 그림을 그리다 또다시 쓰러져 67세의 나이로 세상을 떠난다.

살롱 도톤느(Salon d'Automne)는 세잔이 죽은 다음 해에 그의 회고전을 개최한다. 살롱 도톤느는 야수파 주창자인 마티스와 드랭이 보수적인 살롱 나쇼날(Salon National)에 대항하여 1903년에 창립한 것으로 전위적인 화가들의 등용문 역할을 했다. 세잔 회고전은 당대의 아방가르드 화가들에게 다각적으로 영향을 주었는데, 특히 피카소는 세잔의 작품들을 본 후 "세잔은 나의 유일한 예술의 대가이다. 내가 수년간 연구한 그림이 바로 세잔이라니"라며 놀라움과 찬사를 보냈다. 그는 수년 전부터 입체를 평면으로 표현하기 위해 대상을 조각과 같이 다각도에서 관찰하고 수많은 드로잉을 하며 연구를 해왔는데, 세잔의 작품들을 통해 그동안 자신이 추구하던 새로운 표현 방식에 대한 깨달음을 얻은 것이다.

<過일 접시 정물화>, 1879~1880. 모리스 드니는 자신의 작품 <세잔에게 바치는 경의> (1898~1900)에 이 그림을 그려 넣었다.

<그림 식탁보 정물>, 1909. 마티스

━━━ 〈생 빅투아르산〉, 1902~1904. 세잔

━━━ 〈 청색과 회색〉, 1962. 마크 로스코, 추상표현주의

입체파의 효시가 되는 피카소의 〈아비뇽의 처녀들〉은 세잔의 〈목욕하는 사람들〉의 영향을 받은 작품이다. 동명의 제목으로 10여 년에 걸쳐 약 200점의 유화와 수채화, 데생을 그린 세잔은 반복되는 작업을 통해 자연과 인물의 형태와 색채를 기하학적으로 단순화하고 추상화하였으며 공간감과 원근법도 적용하지 않았다. 사실주의에서 벗어나 그가 관찰하는 모든 대상의 형태와 색채에 추상성을 가한 세잔의 방식은 당시 야수파였던 브라크에게도 영향을 주어 그는 세잔이 말년을 보낸 에스타크 지방의 풍경을 단순한 형태와 강렬한 원색을 사용하여 다수 그려내었다. 피카소와 브라크는 그들의 천재성을 알아본 화상 칸바일러를 통해 만나서 함께 입체파를 창시한다.

피카소와 브라크는 세잔적 입체주의에서 시작하여 분석적 입체주의와 종합적 입체주의로 발전해나간다. 세잔적 입체주의는 자연을 원통, 원추, 구체로 다룬 세잔처럼 대상을 기본적인 형태와 양으로 포착했다. 분석적 입체주의는 색채를 절제하여 대상이 지닌 시각적 특질을 억제하고 대상을 철저히 분해하여 화면을 사변적, 논리적으로 재구성하여 추상의 느낌이 강했다. 종합적 입체주의는 분석적 큐비즘의 해체와 재구성 과정에서 상실된 리얼리티를 되찾기 위해 파피에콜레를 비롯한 다양한 기법들을 시도하였다. 파피에콜레(papiers colles)는 신문지나 벽지 조각, 상표 등의 종이 소재들을 화면에 풀로 붙여 회화적 효과를 얻는 것으로, 이는 다시 소재를 유리나 모래, 철사, 헝겊 등으로 확대한 콜라주(collage)로 발전한다. 이와 같은 시도들에 대해 소설가 앙드레 말로는 세잔 이후의 현대미술에서야 미술은 절대적 자율성을 획득했다고 말한다.

〈목욕하는 사람들〉, 1900~1906. 세잔

〈아비뇽의 처녀들〉, 1907. 피카소

세잔적/분석적/종합적 입체주의. 그림 왼쪽 피카소, 오른쪽 브라크

다다이즘과 초현실주의

파리에서 입체파가 탄생할 무렵 스위스에서는 1차 세계대전 중에 전쟁과 징집을 피해 취리히로 망명한 예술가들이 카바레 '볼테르'에 모여 다다이즘(dadaism)을 탄생시킨다. 그들은 서구 문명이 세계대전의 비극을 만들었다고 분노하며 기존의 모든 사회 도덕적 질서와 속박에서 해방되어 인간의 근원적인 욕구에 충실할 것을 선언한다. '다다'는 프랑스어로 장난감 목마를 가리키는 유아기적 언어로, 궁극적으로는 아무것도 의미하지 않는 부정과 도전정신을 뜻한다. 그들은 반이성·반도덕·반예술을 표방하며 파피에콜레, 데페이즈망, 자동기술법 등의 기법들을 실험하고 퍼포먼스와 미술을 결합하면서 기존 예술을 전복시켰다. 데페이즈망(depaysement)은 사물들을 일상적 환경에서 이질적 환경으로 옮겨 실용적 성격을 배제한 채 사물들끼리의 기이한 만남을 연출하는 기법이고 자동기술법(automatism)은 자동으로 떠오르는 생각을 바로 기록하는 기법으로, 이후 초현실주의자들의 주요 기법으로 사용된다.

다다이즘은 기존에 없던 표현 양식들을 통해 전쟁 후의 혼란한 시대적 분위기를 대변했으나 기존 예술과 사회구조에 대한 끝없는 부정과 파괴행위만이 이어질 뿐 새로운 비전을 제시하지는 못했다. 이에 취리히에서 파리로 돌아온 다다이스트들은 전쟁 후의 절망적인 현실의 제약과 한계를 벗어날 수 있는 '또 다른 현실'이 있음을 인지하면서 인간의 무의식과 내면의 세계를 탐구하는 초현실주의를 탄생시킨다. 주창자인 앙드레 브레통은 1922년에 파괴를 위한 파괴로 퇴락한 다다이즘을 해체하고 실제의 삶에 창조적 혁신을 일으킬 초현실주의를 선언한다. 그는 초현실을 이성의 모든 통제에서 벗어나고 미학적이고 도덕적인 모든 선입견으로부터 자유로운 '절대적 현실성'으로 규정하는데, 이러한 사고에는 프로이트의 정신분석학의 영향이 컸다.

프로이트는 마음 전체에서 의식은 수면 위로 드러난 빙산의 일각에 지나지 않고 의식역을 수면으로 그 아래에 거대한 무의식의 심층이 존재한다는 이론을 발표하여 인간에 대한 고찰에 있어 새로운 지평을 열었다. 그는 근대가 인류의 나르시시즘에 세 가지 상처를 입혔다고 말하면서 첫째는 지동설을 통해 인간이 우주의 중심이 아닌 변방에 있음을 알려준 코페르니쿠스 혁명이 입힌 상처, 둘째는 진화론을 통해 심지어 인류가 지구라는 행성에서도 특별한 위치에 있지 않음을 입증한 다윈주의가 입힌 상처, 셋째는 무의식의 발견으로 인해 인간이 자신의 한정된 영역에서도 주인이 아님을 밝힌 프로이트 본인이 입힌 상처라고 밝힌다. 영역의 규모는 차이가 나나 인간의 내면에 의식이라는 확고한 실체 대신 깊이를 알 수 없는 무의식의 심연이 있다는 프로이트의 발견은 과학적 우주관과 진화론만큼이나 인간에 대한 관점의 변화를 초래했다.

초현실주의 작품은 크게 두 가지 경향으로 나뉘는데 하나는 이성의 통제를 벗어난 자동기술법을 이용하여 무의식이나 반수면 상태에서 떠오르는 내적 충동을 선과 형태로 표현한 추상적 경향이고, 다른 하나는 상상적인 내면세계의 세부 내용을 마치 사진처럼 극사실적으로 묘사하여 신비로움을 극대화하는 구상적 경향이다. 후자에 속하는 달리는 누구보다도 프로이트의 영향을 많이 받은 화가로, 프로이트가 제시한 꿈과 정신세계의 메커니즘을 자신의 작품 속에 녹여내고자 했다. 대표적인 작품이 〈기억의 지속〉으로, 파리 시절 그가 프로이트의 책을 탐독하던 중 떠오른 찰나의 영감을 작품으로 재현한 것이다. 프로이트를 숭배하던 그는 1938년에 나치를 피해 런던에 거주하던 82세의 프로이트를 만나게 되는데, 그 자리에서 프로이트는 달리에게 〈기억의 지속〉은 무의식의 발현이 아니라 오히려 지나치게 지적이며 화가의 계획된 의도에 따라 그려진 그림이라고 평하여 달리를 충격에 빠뜨렸다. 프로이트의 평은 달리의 말에 의하면 초현실주의에 대한 사형 선고나 다름없었다.

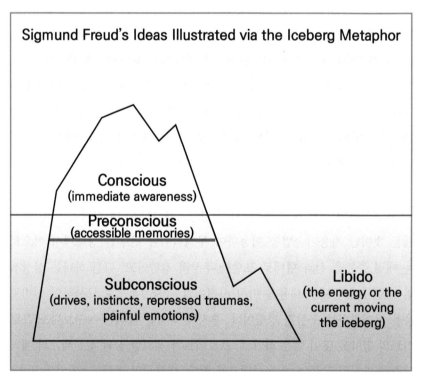

의식(즉각적인 지각)/전의식(의식으로 변환 가능한 기억)/무의식(충동, 본능, 억압된 트라우마, 고통의 감정). 리비도(빙산을 움직이는 성적 에너지)

첫 국제 다다 전시회, 베를린, 1920.

〈카탈로니아 소작농의 머리〉, 1925. 후안 미로, 추상적 초현실주의, 자동기술법

■■■■ 〈기억의 지속〉, 1931. 달리, 구상적 초현실주의

━━━ 〈멋진 현실들〉, 1964. 르네 마그리트, 데페이즈망, 구상적 초현실주의

뒤샹의 레디메이드

현대미술에서 대량생산된 기성품을 예술의 영역으로 끌어들여 '레디메이드'를 창안한 뒤샹은 세잔만큼이나 영향력이 크다. 뒤샹은 초기에 인상주의, 야수파, 입체파를 차례로 거치며 소수의 회화 작품들을 남겼는데 이 시기에도 그는 전위적인 작품들을 선보였다. 일례로, 그가 1912년 파리 독립미술가협회전에 〈계단을 내려오는 누드 No.2〉를 출품하자 입체파 심사위원들은 이미지가 카메라로 연속촬영한 것 같은 역동적 움직임을 보여 미래파에 더 근접하다며 그에게 수정을 요구했다. 이탈리아에서 발생한 미래파는 시간과 공간의 동시성을 통해 기계문명의 속도와 다이내믹한 움직임을 시각예술로 구현한 사조이다. 이에 뒤샹은 수정을 거부하고 작품을 회수한 후 다음 해에 미국 아모리전에 출품하여 사실적 회화에 익숙한 미국 대중과 평론가들에게도 큰 충격을 준다.

1917년에 뒤샹은 미술계에 더 큰 폭탄을 터트리는데, 뉴욕 독립미술가협회전에 소변기를 구입하여 'R, MUTT'로 서명한 후 이를 〈샘〉이라는 타이틀로 출품한 것이다. 이는 레디메이드를 세상에 공표한 사건으로, 그는 1913년에 자전거 바퀴를 부엌 나무의자에 세운 작품을 전시한 바 있다. 뒤샹이 〈샘〉을 출품하자 심사위원 간에 그것이 예술인지 아닌지 격론이 일며 투표까지 가서 근소한 차이로 예술이 아니라는 결론이 난다. 전통적으로 미술품은 작가가 심혈을 기울여 만든 창작품이기에 당시로는 상식적인 결론이었다. 그 전시회는 참가비만 내면 누구든 출품 가능해 〈샘〉도 출품은 되나 전시공간에 놓이지는 못했다.

〈계단을 내려오는 누드 No.2〉, 1912. 뒤샹

<계단을 내려오는 뒤샹>, 1952. 엘리엇 엘리소폰 사진

<자전거 바퀴>(1913), <샘>(1917), 뒤샹

〈샘〉이 예술작품이 아니라는 결론이 나자 뒤샹은 자신을 머트에 빗대어 다음과 같이 레디메이드를 설명한다: "머트 씨가 〈샘〉을 자신의 손으로 직접 만들었건 아니건 그것은 중요한 것이 아닙니다. 그는 그것을 '선택'했습니다. 그는 흔한 물품 하나를 구입하여 새로운 제목과 관점을 부여하고 그것이 원래 지니고 있던 기능적 의미를 상실시키는 장소에 그것을 갖다 놓은 것입니다. 그는 결국 이 오브제로 새로운 개념을 창조해낸 것이지요." 다시 말해, 일상의 기성품이 작가의 새로운 관점과 선택으로 미술제도 속으로 들어오면 원래의 기능은 상실되고 오브제로 새로운 가치를 얻는다는 것이다. 한마디로, 작가가 예술이라고 하면 예술이라는 것이다. 이처럼 뒤샹은 〈샘〉을 통해 예술가의 손재주보다 생각과 선택행위가 더 중요하고, 눈으로 보는 예술보다 머리로 생각하는 지성의 예술이 더 중요하다고 주장하며 창조와 해석의 개념을 근본적으로 바꾸었다. 반예술, 반미학을 표방한 그의 레디메이드는 완성된 작품 그 자체보다 제작 아이디어나 과정을 예술로 간주하는 '개념미술'이라는 새로운 장르를 개척한다.

뒤샹의 전위적인 사고와 행보는 기존 예술사조를 거부하는 다다이즘과 초현실주의, 난해한 고급예술에서 벗어나 매스미디어와 광고 등 대중문화의 이미지들을 미술의 영역에 수용한 팝아트, 특정한 실내나 야외에 오브제나 장치를 설치하여 장소와 공간 전체를 작품으로 체험하게 하는 설치미술 등 현대예술 전반에 영향을 미쳤다. 뒤샹은 일부 비평가로부터 이 시대에 가장 과대평가된 화가, 심지어 사기꾼에 가까운 반예술가라는 비난을 받기도 했으나 2004년 영국 테이트 미술관이 실시한 '20세기 미술에 가장 영향을 준 작가' 설문조사에서 1위를 차지했다. 오늘날 각종 알약이 담긴 투명한 약보관장을 작품으로 전시한 데미언 허스트, 수천 개의 녹색 플라스틱 바구니

들을 겹겹이 쌓아 올려 기둥을 만든 최정화의 야외조형물, 형형색색의 보따리를 묶어 낡은 트럭에 쌓아놓고 예술작품으로 만든 김수자는 모두 뒤샹의 후예들이다.

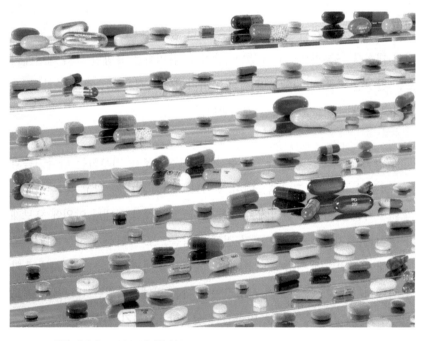

▬▬▬▬ 〈알약 캐비넷〉, 1999. 데미언 허스트

■■■ 〈Time after Time〉, 2012. 최정화. 런던 거리

〈움직이는 도시 – 11633마일을 운행한 보따리 트럭〉, 1998. 김수자

로스트 제너레이션

1920년대의 파리에는 헤밍웨이, 피츠제럴드, T. S.엘리엇 등 미국 문학의 황금기를 이루게 될 작가들이 거주하며 활동하고 있었다. 그들과 교류가 잦았던 거트루드 스타인은 동향의 젊은 작가들이 전후 미국 사회에 대한 환멸과 좌절감으로 파리로 와서는 허무주의와 쾌락에 빠져 지내는 모습을 지켜보면서 그들을 '길 잃은 세대'로 칭한다. 이 말이 헤밍웨이의 첫 소설 『태양은 다시 떠오른다』(1926) 서문에 인용되면서 그 시대의 방황하는 젊은 세대를 일컫는 용어가 된다. '광란의 20년대'(roaring twenties)로 일컬어지는 1920년대의 미국 사회는 혼란과 금지와 향락의 시대였다. 1918년에 스페인 독감으로 전쟁사망자보다 더 많은 사망자가 발생하여 사회가 혼란스러운 가운데 백인 극우주의 집단인 KKK단이 재조직되어 유색인종에 폭력을 가했고, 정치도 '아메리카니즘'으로 대표되는 보수주의 성향이 강하여 이민을 제한하고 금주법을 시행하나 오히려 밀주와 범죄와 갱단이 활개를 쳤으며, 종전 후 전쟁특수와 자동차산업 등의 발달로 경기호황이 계속되면서 소비와 쾌락으로 사회가 흥청망청했다.

같은 시기의 파리는 자유가 분출한 '광란의 20년대'로, 사람들이 전장에서 겪은 죽음의 공포와 트라우마에서 벗어나기 위해 환락에 빠지면서 유흥 문화가 번창했고, 건축과 패션과 음악에서 혁신이 일어났으며, 자동차가 거리를 침범했다. 무엇보다도 전 세계의 예술가들이 파리로 모여들어 전후의 혼란한 시대를 자신들의 방식으로 거침없이 표현하면서 아방가르드 예술의 전성기를 이루었다. 피카소가 "창조의 모든 행위는 파괴에서 시작한다"라고 말했듯이 시대를 앞서 나가는 예술가들은 유서 깊은 파리에서 보헤미언적인 삶을 살고 기존 예술 사조를 파괴하면서 창의적이고 혁신적인 작품들을 창조하였다. 이에 미국의 작가들도 예술적 자유를 맘껏 누릴 수 있는 파리로 와서 전쟁에 대한 혐오와 물질적이고 보수적인 미국 사회에 대한 환멸을 그들의 작품 속에 쏟아냈다.

미국은 경제적으로 1차 세계대전의 가장 큰 수혜자로, 유럽에서 전쟁이 발발하자 고립주의를 내세워 중립을 지키는 한편 연합군 측에 전쟁 물자를 공급하며 막대한 이득을 챙겼다. 그러나 독일이 영국을 고립시키기 위해 해안봉쇄령을 내려 미국 상선을 위협하고, 1917년에는 그 지역을 운행하는 모든 상선을 격파한다는 무제한 잠수함 작전을 공포하여 미국을 자극한다. 결정적으로 같은 해에 연합군인 러시아에서 혁명이 일어나 공산당 정부가 들어서면서 전쟁 중단을 선언하자 독일의 승리를 우려한 미국이 마침내 연합군에 참여한다.

뒤늦게 참가하여 승전국이 된 미국은 자동차산업과 금융시장 등의 발전으로 유례없는 경제호황을 맞아 사람들이 부에 열광하고 도덕성을 상실하면서 나라의 기조였던 청교도 정신이 사라지고 물질만능주의가 만연한다. 그 시절은 또한 당시 대유행하던 스윙 재즈와 술과 춤이 함께 어울려 전쟁의 기억을 떨쳐내고 사회를 향락으로 이끌면서 '재즈 시대'로도 불린다. 피츠제럴드가 파리에 머물던 시절에 쓴 소설 『위대한 개츠비』(1925)는 이러한 재즈 시대를 배경으로 외형적으로 화려하고 부유해진 미국의 내면적 빈곤과 도덕적 타락을 보여준다. 소설에서 미국의 부를 대변하는 상류층은 무질서한 향락에 빠져 무의미하고 방탕한 삶을 영위하면서 도덕성과 진실을 외면했다. 피츠제럴드는 당시의 미국 상황을 이렇게 묘사한다: "유서 깊은 제국들로부터 견제당하면서도, 예의도 모르는 상것들이라는 천대를 받으면서도 국제무대에 등장해 서서히 힘을 키워가는 미국이라는 나라는 여전히 자기 확신이 부족한 상태였다. 이 불안한 승리, 아슬아슬한 성공이 언제 사라질지 모른다는 두려움에 떨면서도 바다 건너 이스트의 초록색 불빛을 바라보는 개츠비처럼 미국인들은 낙관을 잃지 않았다."

소설 속의 데이지는 개츠비가 그녀를 되찾기 위해 갖은 수단을 다해 돈을 벌고 결국 그녀로 인해 목숨까지 잃을 정도로 가치 있는 여자가 아니었다. 상류층의 전형적인 속물인 그녀를 지고지순하게 사랑한 개츠비는 자신의 꿈의 본질을 알면서도 끝까지 포기하지 못하고 삶의 방향을 상실해버린 미국의 '길 잃은 세대'의 표상일지도 모른다. 가난으로 상류층의 첫사랑과 헤어져야 했고 역시 상류층인 젤다와도 첫 장편 소설 『낙원의 이쪽』(1920)이 성공하여 비로소 결혼할 수 있었던 피츠제럴드 또한 가난했던 과거에 대한 보상심리 때문인지 부와 명성을 얻은 이후 젤다와 함께 향락적인 삶에 빠져 점점 길을 잃는다.

헤밍웨이와 피츠제럴드가 파리에서 만났을 때 피츠제럴드는 미국에서 이미 작가로 성공한 후여서 그들 부부는 파리에서도 사교계의 중심이었다. 젤다는 작가와 화가이자 뒤늦게 배운 발레로 오페라 발레단 입단 제의까지 받을 정도로 다재다능했고, 미국 신여성인 플래퍼(flapper)의 아이콘으로 불릴 만큼 자유분방한 삶을 살았다. 1차 세계대전 이후 여성해방운동의 시작과 함께 등장한 플래퍼는 봅스타일의 짧은 머리에 미니스커트를 입고 다니며 술과 춤과 담배를 즐겼고, 자동차를 몰고 다니고 자유연애를 하면서 여성에게 요구되던 모든 기존 관념에 반항했다. 〈미드나잇 인 파리〉에서 헤밍웨이는 신여성의 전형인 젤다를 좋아하지 않아 피츠제럴드에게 그녀가 그의 재능을 시기하여 작가 인생을 망칠 것이라고 경고하는 한편 젤다에게는 그녀의 글이 뭔가가 부족하다고 혹평을 가한다. 실제로 젤다의 작품들이 당시 좋은 평을 받지는 못했으나 그녀로서는 결혼 후 자신의 재능을 마음껏 펼치지 못한 측면도 있다. 피츠제럴드는 종종 젤다가 쓴 소설이나 수필을 공저로 내거나 자신의 이름으로 출간하여 그녀의 이름이 묻히게 했다. 피츠제럴드는 미국으로 돌아가서도 향락에 빠져 살면서 그 돈을 감당하기 위해 할리우드 영화사에서 일하고 대중잡지에 단편 소설들을 게재했다. 영화 〈벤자민 버튼의 시계는 거꾸로 간다〉(2008) 원작도 그가 쓴 단편소설이다.

1921년에 신문사 특파원으로 파리로 온 헤밍웨이는 작가가 되기 위해 기자를 그만두고 단편 소설들을 발표하나 크게 주목받지는 못한다. 그러나 피츠제럴드는 그의 재능을 인정하여 그를 출판사에 소개해주고 경제적 도움도 주었으며, 헤밍웨이 또한 피츠제럴드를 높게 평가했다. 헤밍웨이는 피츠제럴드의 『위대한 개츠비』에 자극받아 1차 세계대전에 운전병으로 참여한 경험을 담은 자전적 소설 『태양은 다시 떠오른다』를 출간하는데, 작품 속 인물들은 자신과 실제 주변 친구들을 모델로 삼았다. 소설은 전쟁 트라우마에 시달리는 미국의 젊은이들이 현실에서 벗어나기 위해 파리와 스페인 등지로 도피하여 술과 쾌락 속에서 살면서 삶의 가치를 찾지 못하는 모습을 보여준다.

소설에서 헤밍웨이는 인물이나 사실들을 주관적 감정을 배제한 채 매우 담담하고 명료하게 묘사하는 하드보일드 문체를 구사한다. 이는 그가 고등학교 졸업 후 기자로 글쓰기를 시작하여 짧고 힘 있는 문장을 쓰도록 훈련받은 탓도 있으나 '빙산이론'의 영향이 컸다. 빙산이론은 작품의 진정한 의미는 표층이 아닌 수면 아래의 심층에 있으므로 표층에서 모든 것을 말하기보다 수면 아래로 생략하는 것이 독자에게 더 많은 울림과 해석의 여지를 준다는 이론이다. 헤밍웨이는 빙산이 위엄 있게 움직이는 것은 8분의 1만이 수면 위에 떠 있기 때문으로 생각하여 그 역시 보이는 현상만을 감정을 담지 않고 객관적이고 간결하게 표현하고자 했다. 그의 문체는 당시로는 상당히 혁신적인 것이어서 평론가들은 그의 첫 소설부터 "간결하고, 견고하며, 탄탄한 서사로 전달되는 흥미진진한 산문으로 기존 영문학에 경각심을 불러일으킬 정도이다", '미국 문학의 본질을 바꾸었다'라며 찬사를 보냈다. 그의 하드보일드 문체가 정점에 달한 것이 그가 말년에 쓴 『노인과 바다』(1951)이다.

헤밍웨이를 비롯한 '길 잃은 세대'의 작가들은 파리라는 자유로운 공간에서 길을 헤매고 다녔으나 그들이 궁극적으로 원하는 것은 다시 길을 찾는 것이었다. 헤밍웨이는 『태양은 다시 떠오른다』를 출간한 후 편집자에게 보내는 편지에서 작품의 요점은 '길 잃은 세대'보다 '영원히 머무르는 지구'에 있다고 밝히면서, 자신들의 세대가 힘들고 지쳤을지언정 길을 잃기를 원하지는 않았다고 말한다. 헤밍웨이 자신도 1928년에 파리를 떠난 후 세계 곳곳을 떠돌며 길을 찾고자 했다. 그는 1939년에 예이츠를 시작으로 피츠제럴드, 제임스 조이스, 거트루드 스타인 등 자신과 가까웠던 문학 친구들이 연이어 세상을 떠나자 심한 우울증에 걸려 작품 활동을 접은 채 아프리카와 유럽을 여행하거나 스페인 내전과 2차 세계대전 전장을 취재하고 다녔다. 이후 쿠바에 정착한 그는 그에게 퓰리츠상과 노벨문학상을 안겨준 『노인과 바다』를 집필한 후 미국으로 돌아갔다가 1957년에 다시 쿠바에서 2년간 거주한다. 그 사이에 그는 아프리카 여행에서 비행기 추락사고로 부고가 날 정도로 심각한 부상을 입은 데다 편집증으로 정신적으로도 고통스러운 삶을 살다가 1961년 미국 아이다호의 자택에서 엽총 자살을 한다. 헤밍웨이의 자살은 그의 아버지와 동생들도 자살로 삶을 마감하여 유전적인 문제로 여겨지기도 한다. 헤밍웨이는 『노인과 바다』에 "싸워야지, 죽을 때까지 싸울 거야" "인간은 파괴될 수는 있어도 정복될 수는 없다"라는 글귀들을 남겼는데, 비록 자살은 했으나 그는 마지막까지 세상과 자신의 정신적, 육체적 질병과 투쟁하며 진실된 글을 쓰고자 했다.

피카소가 그린 거트루드 스타인 초상화와 헤밍웨이

대사로 보는 영화

    할리우드의 영화 대본작가인 길은 약혼녀 이네즈와 함께 그녀 아버지의 파리 출장에 동행한다. 상업작가로 성공한 길은 자신의 글을 쓰고 싶어 소설을 쓰기 시작하지만 이네즈는 그가 수입이 보장된 할리우드에서 계속 일하기를 원한다. 1920년대의 파리를 동경하는 길은 자신도 파리에서 소설을 쓰며 살기를 원하나 LA의 아름다운 말리부 해변가에서 호화롭게 살고 싶어하는 이네즈는 그런 길을 이해하지 못한다.

GIL: Can you picture how drop−dead gorgeous this city is in the rain? Imagine this town in the '20s. Paris in the '20s, in the rain; the artists and writers.

INEZ: Why does every city have to be in the rain? What's wonderful about getting wet?

GIL: I mean, could you ever picture us moving here after we're married?

INEZ: Oh God, no. I could never live out of the United States.

G: 비 올 때 이 도시가 얼마나 아름다운지 알아? 1920년대의 파리를 상상해 봐. 비에 젖은 20년대의 파리, 화가와 작가들.

I: 왜 모든 도시는 비가 와야 해? 비 와서 젖는 게 뭐가 좋아?

G: 내 말은, 결혼해서 여기와 살면 안 될까?

I: 맙소사, 안 돼. 난 미국 떠나선 못살아.

전형적인 미국 부르주아인 이네즈의 부모도 파리의 문화를 즐기기보다는 미국과 비교하며 불편해한다. 길이 헤밍웨이의 책 제목을 인용하여 파리는 날마다 축제라고 말하자 이네즈의 어머니는 파리는 매일 교통체증이라고 불평하고, 아버지는 프랑스와 사업은 하나 사회주의적인 정치는 싫다고 말한다. 게다가 이네즈는 자신의 책을 써보고 싶어하는 길에게 한번 해보고 안 되면 바로 포기하라고 종용한다.

GIL: I'm having trouble because I'm a Hollywood hack who never gave actual literature a real shot. Until now.

INEZ: Please... Gil... Honey, just promise me something. If this book... doesn't pan out, that you'll stop eating your brains out, and just go back to doing what you do best. I mean, the studios adore you. You're in demand. Do you really want to give it all up just to struggle?

G: 할리우드 대본만 썼지 문학작품은 시도해 본 적이 없어 힘들긴 해.

I: 길, 제발 이것만 약속해줘. 만약 책이 잘 안 되면 골머리 그만 썩이고 자기가 잘하는 걸로 돌아간다고. 내 말은, 영화사들이 자길 좋아하잖아. 대본 달라는 데도 많고. 그 깟 글 좀 써보겠다고 다 포기할 거야?

이네즈는 식당에서 우연히 친구 캐롤과 대학 시절 좋아했던 폴 커플을 만나 함께 베르사유로 간다. 이네즈는 길의 소설에 대한 폴의 견해를 듣고 싶어 소설 얘기를 꺼내며 주인공이 길처럼 과거에 빠져 사는 노스텔지아 상점 주인이라고 하자, 폴은 과거에 대한 향수는 고통스러운 현실에 대한 부정이라고 단정하여 길을 당혹스럽게 한다.

PAUL: You know, nostalgia is denial. Denial of the painful present.

GIL: Oh, whoa!

INEZ: Gil is a complete romantic. I mean, he would be more than happy living in a complete state of perpetual denial.

CAROL: Really?

PAUL: And the name for this fallacy is called 'golden−age thinking.'

INEZ: Ah, touché.

PAUL: Yeah, the erroneous notion that a different time period is better than the one one's living in. It's a flaw in the Romantic imagination of those people who... who find it difficult to cope with the depressive.

P: 과거에 대한 향수는 부정이지. 고통스러운 현재에 대한 부정.

G: 워워!

I: 길은 완전 낭만파야. 현재를 영영 부정하고 살 수 있다면 더 행복해할걸.

C: 정말?

P: 그 오류의 이름이 바로 '황금시대 사고'야.

I: 바로 그거야!

P: 우리가 사는 현실보다 다른 시대가 더 좋을 거라는 것은 매우 잘못된 개념이야. 이는 우울감에 대처하는 것이 힘든 사람들이 가지는 낭만적 상상력의 결함이지.

폴은 이네즈 아버지가 주최하는 와인 파티에 초대되어서도 지식을 뽐낸 후 다 같이 춤을 추러 가자고 제안하나 길은 이네즈만 보내고 혼자 밤길을 걷는다. 길이 길을 잃고 걷는 동안 자정 종이 치면서 구형 푸조가 나타나 그를 태운다. 그가 도착한 곳에서는 파티가 열리고 있었는데, 미국에서 건너온 재즈음악가 콜 포터가 피아노를 치며 노래하고 있고 피츠제럴드 부부가 나타나 그에게 말을 건다. 그들은 길을 또 다른 카페로 데려가는데 그곳에서 그는 헤밍웨이를 만난다.

HEMINGWAY: You liked my book?

GIL: Liked? I loved! All your work.

HEMINGWAY: Yes, it was a good book, because it was an honest book, and that's what war does to men. And there's nothing fine and noble about dying in the mud, unless you die gracefully, and then it's not only noble, but brave.

H: 내 책 좋아하나?

G: 좋아하냐고요? 사랑하죠, 선생님 작품 모두요.

H: 그래, 좋은 책이었지, 정직한 책이었고 실제로 전쟁이 인간에게 저지른 짓이었으니. 진창 속에서 죽어가는 것에는 훌륭함도 고상함도 없어. 품위 있게 죽는다면 모를까. 그렇다면야 고귀하고 용감한 죽음이겠지.

헤밍웨이가 길에게 무슨 소설을 쓰냐고 묻자 길은 주인공을 소개하며 소재가 별로인지 묻는다. 이에 헤밍웨이는 내용이 진실하며 문장이 간결하고 꾸밈없다면 소재는 상관없다고 말한다. 길이 자신의 책에 대한 평가를 부탁하자 그는 다른 작가의 의견은 필요 없고 자기 작품에 유일하게 평을 할 수 있는 스타인에게 작품을 보여주겠다고 한다. 다음날 헤밍웨이와 함께 스타인의 집으로 간 길은 그곳에서 피카소와 그의 아름다운 애인 아드리아나를 만난다. 그녀 역시 길처럼 과거를 동경하기에 스타인이 길의 책 첫 구절 "'과거로부터'라는 이름의 가게 그곳에선 추억을 팔고 있었다"를 읽자 단번에 길에게 호감을 느껴 말을 건다.

GIL: So were you really hooked with those opening lines?

ADRIANA: Oh, the past has always had a great charisma for me.

GIL: Oh, me, too. Great charisma for me. I always say that I was born too late.

ADRIANA: Mmm. Moi aussi. (Mmm. Me, too.) For me, la Belle Époque Paris would have been perfect.

GIL: Really? Better than now?

ADRIANA: Yes. Another whole sensibility, the street lamps, the kiosques, the... horse and carriages, and Maxim's then.

G: 정말 첫 도입부에 끌렸나요?

A: 과거는 항상 절 압도하죠.

G: 오, 저도 그래요. 전 늘 제가 너무 늦게 태어났다고 말하죠.

A: 저도요. 벨 에포크 시대에 태어났더라면 정말 좋았을 거예요.

G: 정말요? 지금보다도?

A: 네, 완전히 다른 감수성, 가로등, 신문 가판대, 말과 마차, 그 시절의 막심.

　아드리아나는 샤넬 밑에서 패션을 배우기 위해 파리로 온 후 모딜리아니와 사랑에 빠져 6개월간 동거했고, 이후 브라크에 이어 지금은 피카소와 연애를 하고 있다고 말한다. 그녀는 가상의 인물이나 당시의 예술가들이 얼마나 자유분방했는지를 알 수 있다. 모딜리아니는 긴 무명에서 벗어나지 못해 가난과 술에 빠져 살았지만 검은 눈의 아름다운 외모로 뭇 여성의 사랑을 받았다. 그러나 그가 열정적으로 사랑한 여성은 그녀의 뮤즈이자 화가 지망생인 14살 연하의 잔느였다. 모딜리아는 조각을 하고 싶었으나 건강악화와 재료비 문제로 그림을 그리면서 잔느를 모델로 한 수많은 인물상에는 조각의 분위기가 배어있다. 그들은 함께 살면서 공동으로 데생을 하고 아이를 낳아 행복했으나 모딜리아니의 개인전이 실패하여 겨울에 난로조차 뗄 수 없게 되자 잔느는 아이와 친정에서 지내게 된다. 홀로 지내던 모딜리아니가 결핵이 심해져 자선병원에 입원한지 이틀 만에 사망하자 다음 날 임신 상태의 잔느는 친정집 건물 5층에서 투신자살을 한다.

피카소는 "나에게 여성은 크게 두 부류로 나눠진다. 여신이거나, 집을 지키는 문지기이다"라고 말하며 평생을 여신을 찾아 전전했다. 피카소가 비교적 오래 관계를 유지한 여성은 7명으로, 2명이 그와 정식 결혼을 하고 2명이 자살했으며 2명은 정신병에 걸렸다. 피카소는 결혼 중에도, 연애 중에도 끊임없이 새로운 여신을 찾아 외도를 멈추지 않았으나 그의 문지기가 되어버린 여인들은 한 명만 제외하고는 모두 그를 떠나지 못하고 불행한 삶을 살았다. 피카소가 이처럼 끊임없이 새로운 여신을 추구한 것은 그에게 여성은 진정한 사랑의 대상이 아닌 작품의 주요 주제였고, 따라서 여성을 오브제로 여겼기 때문인지도 모른다. 그래서인지 피카소는 새로운 여인을 만날 때마다 작품경향이 변해갔다.

GIL: M..M...Modigliani? You lived with... You lived with Modigliani?

ADRIANA: You asked me, so I'm telling you my sad story. With Braque, though, there was another woman. Many. And now, with Pablo. I mean, he's married, but...every day, it's on—again, off—again. I don't know how any woman can stay with him. He's so difficult.

GIL: My God, you take 'art groupie' to a whole new level!

G: 모, 모딜리아니와 동거했어요?

A: 물어보시니 저의 슬픈 이야기를 들려드릴게요. 브라크의 경우 다른 여자가 있었죠. 여러 명이나. 그리고 피카소는, 물론 결혼한 사람이지만, 매일 헤어졌다 다시 만났 다 해요. 어떤 여성이 그의 곁에 붙어 있을지 생각조차 할 수 없어요. 그는 정말 힘 든 사람이에요.

G: 세상에, 당신은 '예술가 추종자'를 다른 차원으로 승격시키는군요.

▬▬▬ 모딜리아니/ 잔느/ 모딜리아니가 그린 잔느 초상화

피카소가 입체주의 양식으로 그린 그의 여인들

영화는 길과 이네즈의 어머니와 나누는 대화를 통해 미국영화에 대한 자조적인 풍자도 가한다. 프랑스는 영화의 종주국인 만큼 영화에 대한 자부심이 대단하나 세계화 이후로 할리우드 영화가 프랑스 영화시장의 반을 점유하자 영화감독 베르트랑 티베르니는 "뇌도 영혼도 없는 거대한 영화들이 산업의 힘을 앞세워 세계 영화계를 정복하려는 게 문제다. 패스트푸드 영화 일원화에 맞선 다원주의를 회복하는 일이 필요하다. 미국영화의 세계지배욕은 독일 나치즘의 발상과 놀랄 만큼 유사하다"라고 비판한다. 오늘날 전 세계적으로 할리우드의 점유율이 엄청나 할리우드 없이 미국영화를 설명할 수는 없으나 할리우드만으로 미국영화를 평가해서는 안 된다. 할리우드와 차별화된 뉴욕파와 수많은 작가주의 성향의 독립 스튜디오들 또한 미국영화의 주요 부분이기 때문이다. 앨런이 속한 뉴욕파는 주로 예술영화와 다큐멘터리 위주로 발달해오면서 할리우드에 영향을 미치고 있고, 최근에는 OTT 플랫폼들이 오리지널 영화들을 제작하면서 콘텐츠가 더욱 다양해지고 있다.

HELEN: We saw a wonderfully funny American film.

GIL: Who was in it?

HELEN: Oh, I don't know. I forget the name.

GIL: Wonderful but forgettable. That sounds like a picture I've seen. I probably wrote it.

HELEN: Well, I know it was moronic and infantile, and utterly lacking in any wit or believability, but John and I laughed in spite of all that.

H: 정말 재밌는 미국영화를 봤어.

G: 누가 나왔어요.

H: 몰라. 이름은 기억이 안 나.

G: 좋았으나 기억은 안 난다. 제가 본 그림과 마찬가지네요. 제가 쓴 건지도 몰라요.

H: 멍청하고 유치하고, 재치나 개연성이 전혀 없는데도 불구하고 존과 나는 많이 웃었어.

다시 과거로 간 길은 카페에서 초현실주의자인 화가 달리, 감독 루이스 부뉴엘, 사진작가 만 레이를 만나자 시간여행을 하고 있고 약혼녀가 있음에도 아드리아나에게 사랑을 느끼는 자신의 복잡한 상황을 토로한다. 그러나 그들은 자신들 또한 현실과 초현실이라는 두 개의 세계에 살고 있다며 길의 고민을 대수롭지 않게 여긴다.

DALI: You have to remember. Pender is in a perplexing situation.

GIL: It sounds so crazy to say. You guys are going to think I'm drunk, but I have to tell someone. I'm... from a... a different time. Another era. The future. OK? I come... from the 2000th millenium to here. I get in a car, and I slide through time.

MAN: Exactly correct. You inhabit two worlds. So far, I see nothing strange. Why?

GIL: Yeah, you're surrealists! But I'm a normal guy See, in one life, I'm engaged to marry a woman I love. At least I think I love her.

D: 이 친구가 지금 아주 복잡한 상황에 놓여있대.

G: 미친 소리처럼 들리고 제가 취했다고 생각하겠지만 그래도 누군가에게 털어놔야겠어요. 전 다른 시대에서 왔어요. 미래요. 아시겠어요? 2000년대에서 여기로 왔다고

요. 차를 타니 이 시간대로 넘어왔어요.

M: 바로 그거죠. 당신은 두 세계에서 사는 거죠. 지금까진 하나도 이상할 게 없는데, 왜죠?

G: 세 분은 초현실주의자지만 전 보통사람이거든요. 현실에선 사랑하는 여인과 약혼했구요. 적어도 그녀를 사랑한다고 생각해요.

길은 이네즈와 아드리아나에 대한 자신의 감정을 확인하기 위해 폴 커플과 같이 갔던 로댕미술관으로 다시 가서 가이드에게 한 남자가 두 여성을 동시에 사랑하는 게 가능한지 묻는다. 당시 최고의 조각가로 인정받던 로댕은 오랜 세월 함께하며 아들까지 낳은 동반자인 로즈가 있었으나 조수로 발탁한 18세의 까미유 끌로델과 사랑에 빠진다. 까미유 역시 그를 사랑하여 그의 조수이자 모델로 헌신하지만 세 명이 함께 하는 삶에 지쳐 결국 그를 떠나 자신의 아틀리에를 차린다. 그녀는 살롱전에서 최고상을 탈 만큼 뛰어난 조각가였으나 11년간 로댕의 제자이자 연인으로 지낸 그늘이 너무 깊어 독자적인 예술가로 인정받지 못하고 작품도 팔리지 않았다. 그로 인해 생활고와 정신질환에 시달리던 까미유는 자신의 유일한 후원자인 아버지가 사망하자 그녀와 사이가 좋지 않았던 어머니에 의해 정신병원에 강제입원 되어 30년을 갇혀 지내다 뇌졸중으로 죽는다. 무연고자로 처리되어 무덤조차 없는 그녀의 비극적인 일생은 영화 〈까미유 끌로델〉(1988)에서 볼 수 있다.

GIL: Hello! I have a quick question for you about Rodin.

GUIDE: Hello.

GIL: OK, now, I understand he loved his wife and he also loved his mistress.

GUIDE: Yes.

GIL: But do you think that's possible to love two women at once?

GUIDE: Well, he loved them both, but in a different way. You know...

GIL: That's very... That's very French. You guys are way... you know... much... more evolved in that department than we are.

GUIDE: In the group with the pedantic gentleman.

GIL: Pedantic? Yes. That's a perfect word.

G: 안녕하세요, 로댕에 관해 간단히 물어볼 게 있어요.

G: 안녕하세요.

G: 저기, 로댕은 부인도 사랑하고 정부도 사랑했잖아요.

G: 그렇죠.

G: 근데 두 여성을 동시에 사랑하는 게 가능해요?

G: 두 사람을 각각 다른 방식으로 사랑한 거죠. 알다시피...

G: 매우... 매우 프랑스적이네요. 당신네는 우리 미국인보다 그런 면에서 훨씬 앞서가죠.

G: 그 현학적인 남자와 동행이었죠.

G: 현학적이라? 완벽하게 어울리는 단어네요.

■■■■ <중년>, 1894~1903. 까미유 끌로델. 그녀와 로댕, 로즈의 삼각관계를 묘사한 것으로 해석되
기도 하고 젊음을 상실하고 어쩔 수 없이 운명에 의해 끌려가는 한 남성을 통해 시간에 대한 알
레고리를 나타낸 것으로 해석되기도 한다.

다시 과거로 간 길은 스타인에게 아드리아나가 헤밍웨이와 함께 아프리카로 사냥을 떠났다는 소식을 듣는다. 스타인은 길에게 그의 소설이 매우 독특하다고 평하면서 당당하게 글을 쓰라고 격려한다.

STEIN: It's very unusual, indeed. I mean, in a way, it's almost like science fiction. We all fear death, and question our place in the universe. The artist's job is not to succumb to despair, but to find an antidote for the emptiness of existence. You have a clear and lively voice. Don't be such a defeatist.

S: 소설이 정말 특이해요. 거의 공상과학소설처럼 특이해요. 우린 죽음을 두려워하고 우주에서의 우리 위치를 묻죠. 예술가가 할 일은 절망에 굴하지 않고 존재의 공허함에 대한 해결책을 찾는 거예요. 표현이 명료하고 힘 있어요. 패배주의자처럼 굴지 말아요.

현재로 돌아와 골동품 거리에서 우연히 아드리아나가 쓴 책을 발견한 길은 그녀도 자신을 사랑했음을 알게 되면서 그녀를 위해 귀걸이를 사서 과거로 그녀를 만나러 간다. 그녀는 피카소와도 헤밍웨이와도 헤어지고 혼자인 상태였다. 길은 아드리아나와 밤거리를 걸으며 자신의 마음을 털어놓은 후 그녀와 키스를 하고 귀걸이를 선물한다. 두 사람이 현실에 대한 불만을 이야기하고 있을 때 그들 앞에 그들을 또 다른 과거로 데려갈 마차가 나타난다.

GIL: I did feel, for a minute there, while I was doing it, like I was immortal.

ADRIANA: But you look so sad.

GIL: Because life is too mysterious.

ADRIANA: This is the time we live in. Everything moves so fast. Life is noisy and complicated.

GIL: I've always been a logical person. I've never I never acted too crazy. I didn't stay here. When I first came out here, I didn't take a real shot at being a writer. I'd just, kind of, be a hired Hollywood hand.

G: 키스하는 동안 잠시나마 불멸의 존재 같았어요.

A: 근데 당신은 너무 슬퍼 보여요.

G: 인생이 너무 알 수 없기 때문이죠.

A: 우리가 사는 시대가 그래요. 모든 게 너무 빨리 움직이고, 삶은 시끄럽고 복잡하죠.

G: 난 언제나 논리적인 사람이었고 미친 짓도 한 적이 없어요, 여기 머물지도 않고. 처음 여기 왔을 땐 진심으로 작가가 될 마음도 없었어요. 그냥 할리우드 일이나 하지 싶었죠.

마차를 타고 벨 에포크 시대로 간 그들은 왈츠가 연주되는 막심을 들린 후 무희들이 캉캉춤을 추는 물랭루주로 가서 로트렉을 만난다. 그곳에서 무희들을 그리고 있는 로트렉은 아드리아나가 피카소도 마티스도 그의 스케치는 따라갈 수 없다고 말할 만큼 뛰어난 데생 실력을 지녔다. 귀족 집안 출신이나 어릴 적 사고로 하반신 성장이 멈추어 단신인 로트렉은 화가 수잔 발라동의 연인이었다. 여러 화가의 모델로 일하며 생계를 유지했던 발라동은 자신의 육체만 사랑한 다른 화가들과 달리 자신을 인간적으로 대하고 화가가 되게 도와준 로트렉을 진정한 남자로 생각하여 그에게 청혼하나 로트렉은 자신의 신체적 결함을 의식하여 이를 거절한다. 발라동은 프랑스 작곡가 에릭 사티가 첫 만남에 청혼을 할 정도로 유일하게 사랑한 여인이기도 했으나 발라동이 5개월 만에 그를 떠난다. "나는 너무 낡은 시대에 너무 젊게 이 세상에 왔다"라고 말하며 시대를 앞서가는 음악을 추구하고 고독과 기행의 삶을 살았던 에릭 사티는 〈짐노페디〉와 같은 미니멀한 선율과 공간에 자연스레 자리잡고 있는 가구처럼 주목을 끌지 않고 여백을 느끼게 하는 '가구음악'을 탄생시켜 프랑스 뉴에이지 음악가들에게 큰 영향을 미쳤다. 몽마르트에 머물며 사창가 여성과 무용수들의 일상적인 모습을 즐겨 그렸던 로트렉은 그들의 육체나 외면보다 인간성을 찾아내어 그렸고, 클럽 홍보용 포스터를 의뢰받아 그려주면서 포스터 아트라는 장르도 창시했다.

ADRIANA: Oh, my God! Pablo admires him so much! I have to say hello.

GIL: No, maybe we shouldn't bother him.

ADRIANA: Come with me! I'm nervous.

GIL: Really? OK.

ADRIANA: But, we know he's a lonely man. I'm sure he would love some company.

A: 세상에! 피카소가 정말 존경하는 분인데! 인사해야겠어요.

G: 방해하지 않는 게 좋을 것 같아요.

A: 같이 가요, 떨려요.

G: 정말요? 그러죠.

A: 외로운 분이잖아요. 동석하자면 반가워할 거예요.

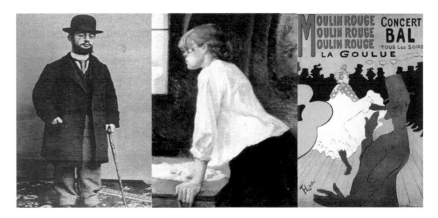

■■■■ 로트렉/ 로트렉이 발라동을 모델로 그린 〈세탁부〉/ 물랭루주 포스터

아드리아나와 길이 로트렉의 테이블에 앉자 드가와 고갱도 등장한다. 그들은 아드리아나와 길에게 자신들의 시대를 공허하고 상상력이 없는 시대라고 불만을 표하며 르네상스 시대를 동경한다.

GAUGUIN: Degas and I were just talking about how this... um... this... cette...génération est plus vide, et il manque d'imagination. (...this generation is empty, and is missing imagination.)

ADRIANA: He said... He says that this generation is empty, and has no imagination.

GAUGUIN: Better to have lived during the... la Renaissance.

ADRIANA: No! This is the golden age. Non. C'est l'âge d'or! (It's the golden age!)

DEGAS: Pas de tout. La Renaissance, c'est beaucoup mieux. (Not at all. The Renaissance is much better.)

G: 드가와 난 우리 세대가 얼마나 공허하고 상상력이 없는지를 얘기하고 있었어요.

A: 이 세대가 공허하고 상상력이 없대요.

G: 르네상스 시대에 사는 게 더 낫죠.

A: 아녜요, 지금이 황금시대죠. 황금시대라고요.

D: 아뇨, 르네상스가 훨씬 낫죠.

아드리아나가 의상공부를 했다고 하자 고갱은 그녀에게 발레 의상을 담당해볼 것을 제안하고, 아드리아나는 그의 제안에 흥분하며 길에게 벨 에포크의 시대에 함께 남자고 청한다. 이에 길은 그녀에게 지금 자신들이 과거로 왔듯 그도 2010년에서 왔다고 고백하면서 황금시대에 대한 동경은 결국 현재에 대한 거부에 지나지 않는다고 말해준다. 아드리아나는 그의 말에 동의하지 않고 혼자라도 남을 것을 결정한다.

GIL: I was trying to escape my present the same way you're trying to escape yours, to a golden age.

ADRIANA: Surely you don't think the '20s are a golden age!

GIL: Well, yeah. To me they are.

ADRIANA: But I'm from the '20s, and I'm telling you the golden age is La Belle Époque.

GIL: And look at these guys. I mean, to them, their golden age was the Renaissance. You know, they're trade Belle Époque to be painting alongside Titian and Michelango. And those guys probably imagined life was a lot better when Kublai Khan was around.... Adriana, if you stay here, and this becomes your present, then, pretty soon, you'll start imagining another time was really your, you know, was really the golden time. That's what the present is. That it's a little unsatisfying, because life's a little unsatisfying.

ADRIANA: That's the problem with writers. You are so full of words. But I am more emotional, and I'm going stay, and live in Paris' most glorious time.

G: 나도 당신처럼 현재를 벗어나 황금시대로 가고 싶었어요.

A: 설마 20년대를 황금기로 생각하는 건 아니죠.

G: 맞아요, 나에겐 20년대가 황금기예요.

A: 전 20년대에 살지만 저에게 황금기는 벨 에포크 시대예요.

G: 저분들을 봐요. 그들에겐 르네상스가 황금기예요. 그들은 그때로 가서 티치 아노와 미켈란젤로와 같이 작업하고 싶어할 걸요. 티치아노와 미켈 란젤로는 또 쿠빌라이 칸 시대가 더 낫다고 생각할 거고요... 아드리아나, 당신이 여기에 머물면 여기가 현재가 될 거고, 그러면 또다시 다른 시기가 황금시대였다고 생각하겠죠. 현재란 그런 거예요, 늘 불만족스럽죠. 삶이 원래 불만족스러운 거니까.

A: 이게 작가들의 문제예요. 너무 말이 많아요. 전 감정에 치우치는 사람이니 여기 머물면서 파리의 가장 찬란했던 시절에서 살겠어요.

아드리아나와 헤어진 길은 스타인에게 가서 자신의 소설에 관해 이야기를 나눈다. 스타인은 헤밍웨이가 소설을 읽은 후 소설 화자가 그의 약혼녀가 현학적인 남자와 바람피우는 걸 모르는 게 말이 안 된다고 말했다고 전해준다. 현재로 돌아간 길이 헤밍웨이에게 들었다며 이네즈를 추궁하자 그녀는 폴과 섹스를 했다고 털어놓는다. 이네즈와 헤어지고 파리에서 살기로 결정한 길은 밤길을 걷다가 벼룩시장 레코드점에서 일하는 여성과 마주친다. 그녀는 콜 포터의 앨범이 들어와서 길이 생각났다고 말하고, 길은 파리로 이

사 올 거라고 말하면서 커피라도 마시지 않겠냐고 묻는다. 비가 오자 가브리엘은 비에 젖는 걸 개의치 않으면서 파리는 비가 올 때 가장 아름답다고 말한다. 황금시대의 환상에서 벗어난 길은 마침내 현실에서 자신과 공감할 수 있는 여성을 만난다.

GIL: Oh, OK, now it's starting to rain.

GABRIEL: No, but that's OK. I don't mind getting wet.

GIL: Really?

GABRIEL: Yeah. Actually, Paris is the most beautiful in the rain.

GIL: I feel that's what I'm always saying. I couldn't agree more with you. Yes, it is more beautiful.

GABRIEL: By the way, my name is Gabrielle.

GIL: Gil. Nice to meet you. That's a pretty name.

G: 오, 비가 오네요.

G: 괜찮아요, 전 젖는 거 상관없어요.

G: 정말요?

G: 네, 사실 파리는 비 올 때 제일 예뻐요.

G: 저도 늘 그렇게 말하죠. 전적으로 동감해요, 비 올 때 더 예쁘죠.

G: 참, 전 가브리엘이에요.

G: 길이에요. 만나서 반가워요. 예쁜 이름이네요.

〈파리의 거리, 비 오는 날〉, 1877. 구스타브 카유보트

02

우먼 인 골드:

문화재 약탈과 환수의 의미

Woman in Gold (2015)

〈아델레 블로흐-바우어의 초상〉(1907)은 오스트리아 유대인 사업가인 페르디난트 블로후 바우어가 클림트에게 의뢰한 그의 아내의 초상화로, 클림트의 '황금시대'의 작품 중 금이 가장 많이 사용된 작품이다. 황금빛 배경과 거의 일체화된 가운데 이집트문양의 기하학적 패턴과 장식들이 두드러지는 아델레의 호화로운 가운은 세기말의 새로운 예술 양식인 아르누보(art nouveau)의 정점을 보여주는 동시에 블로흐 가문의 부유함을 잘 나타내어준다. 당시 유대인들은 오스트리아제국에서 상업과 금융업 등을 통해 자본을 축적하며 부를 누렸다. 블로흐 가족 역시 부유했고 예술적 소양도 풍부했다. 그들은 예술품을 수집하고 직접 악기를 연주했으며 살롱을 열어 예술가, 지식인, 정치가들과 교류했는데 그 집을 드나들던 사람 중에는 같은 유대인인 프로이트, 말러, 쇤베르크도 있었다.

평생을 독신으로 살며 자유연애를 즐겼던 클림트는 당시 발표된 프로이트의 정신분석학의 영향으로 에로스를 인간의 가장 중요한 본성으로 여기며 대부분의 초상화에서 예술인지 외설인지의 논란이 일 정도로 강한 에로티시즘을 보였다. 후일 나치가 블로흐 가족 저택에 있던 예술품을 모두 약탈해가면서 아델레의 초상화는 두고 간 것도 퇴폐성이 짙어서였다. 그 덕분에 아델레의 초상화는 오스트리아에 남아 벨베데레 국립미술관에 소장된다. 그러나 1998년 오스트리아 정부가 나치 약탈품 원상회복을 위한 문화재 환수법을 제정하자 나치를 피해 미국으로 이주한 페르디난트의 조카이자 상속자인 마리아가 반환소송을 제기해 8년간의 법정 투쟁 끝에 그림을 되찾는다.

클림트가 활동하던 19세기 후반의 빈은 인구 2백만에 세계 6위 규모의 국제적인 도시이자 예술의 도시였다. 모차르트, 하이든, 베토벤 등의 빈 고

전파를 위시하여 빈 태생의 슈베르트와 요한 슈트라우스 부자, 리스트와 브람스 등 수많은 음악가의 활동 근거지였던 빈은 궁정이 음악을 향유하고 적극 후원한 데다 1842년 빈 필하모닉 오케스트라가 창단되고 1869년 빈 국립오페라극장이 개관되면서 유럽음악의 중심지가 되었다. 미술에서는 당시 유럽 각지로 번지던 미술 양식인 아르누보의 일환으로 빈 분리파가 등장하여 활동하였다.

신예술을 뜻하는 아르누보는 19세기에서 20세기로 넘어가는 세기말에 유럽의 예술가들이 과거의 전통양식에서 벗어나 새로운 미술을 구축할 필요성을 절감하면서 생겨났다. 아르누보의 진원지는 영국으로, 산업혁명으로 인해 모든 제품이 기계로 대량생산되자 미술평론가 존 러스킨은 "모든 아름다운 미술작품은 의도적이든 우연적이든 자연의 형태를 닮아야 한다"라며 미술에서의 디자인 개혁을 주창했고, 그의 제자인 윌리엄 모리스는 산업화의 가속화에 반발하여 전통 공예기술의 부활을 추구하는 '미술공예운동'을 일으켰다. 그는 이를 실천하기 위해 모리스 상회를 설립하여 벽지, 카펫, 책삽화, 직물 등에 꽃이나 식물 덩굴 등에서 영감을 받은 패턴을 디자인하여 수공예로 제작하면서 생활 속에서 미적 쾌감을 추구했다. 이 운동은 세계 각지로 퍼져 다양한 방식으로 발전하면서 프랑스, 영국, 벨기에에서는 아르누보가, 오스트리아에서는 빈 분리파가, 독일에서는 유겐트슈틸 등이 탄생한다.

아르누보는 고전 예술을 모방의 대상으로 삼던 역사적 양식에서 벗어나 덩굴풀이나 나뭇잎, 꽃 등의 자연에서 모티브를 찾으면서 유연한 선과 유기적인 움직임, 비대칭적이고 역동적인 구성을 중시하였다. 회화에서는 원근법을 사용하여 대상을 최대한 똑같이 묘사하는 전통회화규범에서 벗어나서 일본 채색판화인 우키요에처럼 평면적이고 간략화된 묘사로 화폭을 채우는 기법이 활용되었고, 건축에서도 자연의 형태를 모방한 유연한 곡선을 적용하였다. 아르누보는 금속공예, 도자기, 가구, 직물, 보석과 같은 응용미술에서 두드러져 기능성과 아름다움을 함께 추구하면서 순수미술과 장식미술의 위계를 없앴다. 이처럼 세기말의 예술가들은 각자의 방식으로 삶 속의 미술, 미술 속의 삶을 추구했으나 1차 세계대전 이후 사회 분위기가 냉소적이고 자기 비판적으로 변하면서 탐미성과 장식성이 강한 아르누보는 퇴폐 미술로 여겨져 사라진다.

꽃과 식물 넝쿨에서 영감을 받은 윌리엄 모리스의 디자인

일본 채색판화, 우키요에

아르누보의 정수를 보여준 가우디(1852~1926)의 건축물, 바르셀로나

오스트리아에서는 아르누보의 한 유파로 1897년 클림트가 '빈 분리파'를 창설하여 보수적인 제도권과의 결별을 선언했다. 당시 빈은 유럽에서 손꼽히는 국제도시임에도 나폴레옹전쟁 이후 유럽 구체제를 복원하기 위한 '빈 체제'의 중심 역할을 하고 군주제를 유지하면서 사회 전반적으로 보수주의로 흘렀다. 빈 응용미술학교에서 장식회화를 공부한 클림트는 초창기에는 건축물의 천장화와 벽화를 그리면서 전통적이고 사실적인 화풍을 보였으나 유럽 각지에서 발생한 아르누보의 영향을 받으면서 상대적으로 낙후된 오스트리아 미술계의 보수성에 반발하기 시작한다.

그 선두 작품이 빈 대학 천장화이다. 1894년 빈 대학은 클림트와 프란츠 마치에게 대연회장 천장화를 의뢰하면서 마치는 신학을, 클림트는 철학·법학·의학을 맡아 각 학문의 위대함을 나타내어주기를 요청한다. 마치는 대학이 원하는 그림을 그렸으나 클림트는 세 학문의 불편한 진실과 한계를 어둡고 관능적인 이미지로 그려 교수들이 설치를 반대했다. 벽화는 클림트가 유명해진 후 원래 자리에 설치되었으나 나치가 퇴각하며 불태워버려 흑백사진을 재현한 복사본이 남아있다. 이후 클림트는 동료 예술가들과 빈 분리파를 창설하고 미술관 체제시온을 지어 전위적인 작가들을 위한 전시공간을 마련한다. 체제시온 정문에는 '시대에는 예술을, 예술에는 자유를'이라는 모토가 새겨있는데, 그 정신을 실천한 작품이 클림트의 〈베토벤 프리즈〉이다. 이 작품은 예술가가 후원자에 휘둘리던 시절에 독자적인 곡을 써서 자유로운 예술의 힘을 보여준 베토벤에 대한 오마주로, 유리·금속·자개·보석·금박을 사용하여 교향곡 9번 4악장 '환희의 송가'를 삼면 벽화로 구현한 아르누보의 결정체이다. 그는 얇게 편 금박을 일일이 그림 위에 붙여 물감으로는 한계가 있는 황금색을 표현해내며 몽환적이고 신화적인 인물들을 그려냈다.

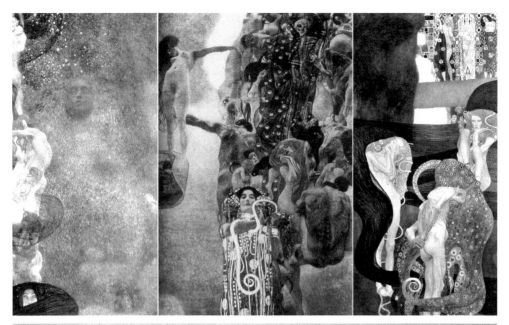

위: 클림트의 〈철학〉, 〈의학〉, 〈법학〉 벽화
아래: 〈베토벤 프리즈〉, 1902.

클림트가 회화에 금을 사용하게 된 데에는 아버지가 금 세공사였던 배경도 있으나 동로마제국의 비잔틴 미술의 영향이 컸다. 비잔틴 미술의 특징은 교회 벽면과 천장을 가득 채운 모자이크 장식과 금빛 성상화로, 다양한 색채의 인조유리 조각들로 만들어진 모자이크 장식은 빛과 어우러져 성당 내부를 신성함으로 가득 채웠고 그리스도와 성모 마리아 성상화는 물감 대신 순금가루로 후광을 장식하여 외경심을 고취시켰다. 클림트는 비잔틴 미술의 정수를 알기 위해 1903년에 이탈리아 라벤나의 산비탈레성당을 방문하여 교회 천장화를 보면서 깊은 감동과 영감을 얻는다. 이후 그는 빈 분리파 내에서 회원들 간의 예술적 갈등이 심해지자 1905년에 분리파에서 탈퇴한 후회화에 본격적으로 금박을 사용하는 '황금시대'로 접어든다.

▬▬▬▬ 산비탈레성당의 천장화

클림트와 함께 오스트리아를 대표하는 화가로 에곤 실레와 오스카 코코슈카가 있다. 에곤 실레는 초기에는 클림트의 영향으로 빈 분리파에서 활동하며 아르누보 화풍을 답습했으나 점차 성과 죽음, 실존적 불안에 관심을 가지면서 자신의 내적 감정과 심리를 표출하는 표현주의로 흐른다. 실레는 실존의 고통과 성에 대한 욕망을 표현하기 위해 인간의 육체를 마르고 왜곡되고 뒤틀린 형태로 묘사하였고, 풍경화에도 자신의 감정과 인간적인 숨결을 집어넣었다. 그는 미성년자를 모델로 누드를 그려 사회적 물의를 일으키기도 했으나 앙상한 선으로 인간의 불안과 혼란을 표현한 그의 크로키들은 현대미술의 한 획을 그었다. 한편 현대인의 불안을 표현한 심리적 초상화에 뛰어난 코코슈카는 렘브란트처럼 자신의 초상화를 시기별로 다수 남겼다. 그는 말러의 미망인인 알마의 연인이던 시절에 그녀를 모델로 그린 〈바람의 신부〉(1913)로 큰 명성을 얻는다.

에곤 실레의 불안하고 도발적인 자화상과 누드화 등에는 빈의 시대적 분위기가 투영되어 있다. 세기말의 빈은 '허영심과 욕망이 넘쳐나는 유럽의 라스베이거스'로 표현될 정도로 화려하고 퇴폐적이었다. 독일통일에서 제외된 후 오스트리아–헝가리 이중제국이라는 불안한 체제가 유지되는 가운데 상류 부르주아들은 산업혁명으로 축적한 부로 귀족 흉내를 내며 빈을 화려함으로 치장했다. 빈 한쪽에서는 홍등가가 성행하고 포르노가 번지면서 사회 전반적으로 성적 욕구가 분출했는데, 때마침 프로이트가 『성욕에 관한 세 편의 에세이』(1922)를 발표해 성적 본능이 인간의 본질적인 본능임을 과학적으로 설명하였다. 그러나 빈 한편에서는 수많은 하층민이 가난과 고통 속에서 죽어 나갔고 보수와 진보, 억압과 자유에 대한 갈망이 충돌했는데, 실레는 자신의 그림을 통해 이런 위선과 갈등과 퇴폐의 사회를 드러내었다.

위: 〈추기경과 수녀〉, 〈자화상〉, 에곤 실레
아래: 〈누드화〉, 〈풍경화〉, 에곤 실레

오스카 코코슈카의 자화상. 왼쪽 위부터 1913, 1917, 1919, 1923년도

합스부르크가의 도시, 빈

오스트리아 빈이 19세기까지 문화와 예술의 중심지이자 국제적인 도시가 된 배경에는 합스부르크가가 있다. 신성로마제국(800~1806) 중기 이후로 유럽 최강의 왕가는 합스부르크가였고 그들의 본거지가 빈이었다. 합스부르크 시대는 스위스 알프스 산악지대의 합스부르크성 봉건영주였던 백작 루돌프 4세가 1273년에 독일 국왕으로 선출되면서 시작된다. 루돌프 1세로 즉위한 그가 오스트리아 공작령을 통합하면서 빈에서는 성당이 개축되고 대학이 세워지는 등 문화와 상업이 발달하기 시작한다. 1440년에 더욱 강성해진 합스부르크가가 빈으로 거주지를 옮기자 빈은 신성로마제국의 실질적인 수도가 되어 과학과 예술이 발달하고 르네상스 문화의 중심지가 된다. 이후 빈은 잠시 헝가리에 점령당하고 1529년과 1683년에 두 차례 오스만제국의 침입을 받으나 이를 다 막아내면서 전성기를 맞이한다. 오스만제국과의 전쟁에서 승리한 후 빈에서는 로마 가톨릭교회와 프랑스 궁전에서 발달한 화려한 바로크 예술이 개화하여 바로크식 건축물들이 들어서고 궁전도 개축된다. 당시 합스부르크가의 유일한 여제인 마리아 테레지아는 국력을 과시하기 위해 왕가의 여름 궁전인 쇤브룬궁전을 보수 확장하여 베르사유궁을 능가하는 축제용 정원궁전으로 짓고자 했으나 프로이센과의 왕위계승 전쟁으로 재정이 어려워 그 규모를 3분의 2 정도로 줄여 개축했다. 이후 빈은 도시개조사업까지 완성하여 합스부르크가의 도시다운 위용을 펼치고 있어 빈을 본 히틀러는 도시 자체가 천일야화 속의 마법 같다고 감탄했다고 한다.

빈은 프랑스혁명과 나폴레옹세력에 반발하는 유럽 보수체제의 중심이기도 했다. 1804년 나폴레옹이 황제로 즉위하여 프랑스 제1제정을 건립한 후 유럽정복에 나서자 오스트리아의 프란츠 2세가 이에 대항하기 위해 신성로마제국 안팎의 영지들을 통합하여 오스트리아대공국을 오스트리아제국으로 승격시킨 후 유럽 국가들과 대프랑스동맹을 결성한다. 프란츠 2세가 나폴레옹에게 패하면서 신성로마제국이 해체되나 나폴레옹이 러시아원정(1812) 실패로 연합군에 패배하자 절대왕정의 군주들은 빈에 모여 유럽 사회를 구체제로 되돌리기 위한 빈체제(1814~1815)를 형성한다. 오스트리아는 빈 회의를 이끌고 영토를 회복하여 유럽 최강대국의 지위를 확인했으나 프랑스혁명 이후 전 유럽으로 확산된 자유주의와 민족주의를 막을 수는 없었다. 제국에 속한 여러 민족이 연이어 독립을 시도했고, 1848년에는 국내에서도 혁명이 일어나 빈체제를 주도한 수상 메테르니히가 실각하고 황제 페르디난트 1세도 퇴위한다. 그의 뒤를 이은 프란츠 요제프 1세는 공화제를 주장하는 혁명 세력은 단호히 탄압하는 한편 황제의 절대권력을 해치지 않는 범위 내의 근대적 개혁에는 크게 반대하지 않으면서 보수와 개혁 사이에서 균형을 잡고자 했다. 그는 독일통일 전쟁에서 패하자 오스트리아-헝가리 이중국가 체제를 구축했고, 빈을 근대 도시로 탄생시키기 위해 1857년에 도심을 둘러싼 성벽을 허물고 주변의 원형부지 일대를 개발하는 '링슈트라세'(ring road) 개발에 착수한다. 당시 프랑스에서는 파리 개조사업이 진행 중이었다.

빈은 원래 중세 성곽도시로, 13세기부터 성벽을 건설하여 외부의 적들을 막아왔다. 그런데 1683년 오스만제국이 빈을 침범하자 성벽 밖의 건축물이 오스만군의 은폐물이나 성벽을 넘는 데 사용될 가능성을 차단하기 위해 성 밖 건축물을 모두 불태우면서 폭 200~450m, 총연장 5.2km에 이르는 원형 띠 모양의 공터가 생겨난다. 이후에도 군사적 이유로 성벽 주위로 건축물은 물론 나무도 심지 못했으나 시간이 흘러 전쟁의 양상이 바뀌면서 성벽이 갖는 방어적 의미가 미미해진다. 이에 프란츠 요제프 1세는 성벽이 오히려 도시 성장을 가로막는 장벽이 된다고 판단하여 성벽과 해자를 철거하라는 칙령을 공포한 후 그 자리에 도로와 건축물들을 짓는 사업에 착수한다. 원형의 공공부지에는 제국의 권위를 상징하는 바로크양식의 신 궁전, 미술사 박물관, 자연사 박물관과 함께 시민 정치를 상징하는 시청사와 대학과 국회의사당이 들어섰다. 한 도시에 전제 권력과 자유주의의 상징물들이 함께 들어선 것으로, 이는 시대의 요구를 따른 것이었다. 1848년 혁명으로 즉위한 프란츠 요제프 1세는 원활한 통치를 위해 자유주의 세력의 요구를 일부 수용하면서 일찍이 시 정부에 자치권을 허용했다. 이후 링슈트라세 개발을 추진할 때 성벽 철거에 대한 찬반 대립이 심해 시 정부의 지지가 필요해지자 시 정부는 지지 조건으로 시민을 위한 공공건물을 대폭 요구하였고, 프로이센전쟁에서 패하여 세력이 약해진 정부는 이를 수용할 수밖에 없었다. 그 덕분에 빈은 전통과 자유가 공존하는 아름다운 근대 도시로 탄생한다.

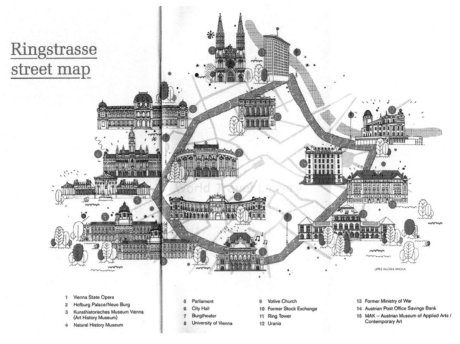

Ringstrasse street map

1 Vienna State Opera
2 Hofburg Palace/Neue Burg
3 Kunsthistorisches Museum Vienna
  (Art History Museum)
4 Natural History Museum

5 Parliament
6 City Hall
7 Burgtheater
8 University of Vienna

9 Votive Church
10 Former Stock Exchange
11 Ring Tower
12 Urania

13 Former Ministry of War
14 Austrian Post Office Savings Bank
15 MAK – Austrian Museum of Applied Arts /
   Contemporary Art

합스부르크가의 역사

합스부르크가가 역사에 등장한 것은 신성로마제국 황제 자리가 20년간 공석이었던 대공위시대(1254~1273)가 끝나면서이다. 프리드리히 2세가 신성로마제국 황제였던 시절에 교황은 그를 십자군 참여서약을 제대로 지키지 않았다는 이유로 수차례 파면했을 뿐만 아니라 그를 계승한 콘라드 4세 또한 폐위를 선언하고 네덜란드의 빌헬름을 대립왕으로 내세우면서 교황과 황제 간의 갈등이 극심했다. 1254년 콘라드 4세가 사망하면서 신성로마제국 황제 재위를 잇던 호엔슈타우펜 왕조가 단절되고 2년 후 대립왕 빌헬름까지 죽자 제후와 주교들은 각자의 이해관계에 따라 두 타국 출신의 왕들을 옹립하나 그들은 실질적인 지배력도 없고 황제 대관도 받지 못해 신성로마제국 황제 자리가 공석이 된다. 교황은 이를 20년간 방치하다 정치적 혼란이 커지자 비로소 선제후단에 독일 국왕 선출을 요청한다. 선제후단은 3명의 대주교와 4명의 막강한 권력을 지닌 세속 선제후로 구성되는데, 그들이 선출한 독일 국왕이 로마에서 대관식을 올리면 신성로마제국 황제가 되었다. 당시 선제후단이 세력 균형을 뒤흔들 만한 군주를 피하고자 미미한 가문의 합스부르크가 백작 루돌프 4세를 왕으로 선출하면서 그가 루돌프 1세로 즉위한다.

뜻밖에 독일 국왕이 된 루돌프 1세는 미약한 세력을 공고히 하기 위해 자녀들을 선제후들과 정략결혼시켜 친인척 관계를 형성하고, 오스트리아 공작이 후사 없이 사망하자 오스트리아 공작령을 점령하여 세를 늘린다. 루돌프 1세는 장남에게 오스트리아 영지와 국왕 바로 아래의 공작 작위를 주어 합스부르크 가문의 오스트리아 역사가 시작되게 했고, 상속권을 보장하는 협약을 만들어 가문의 영토가 분할되는 것도 사전에 방지했다. 이후 합스부르크가는 본거지를 빈으로 옮겨 약 600년간 오스트리아를 통치한다.

　루돌프 1세는 아들에게 독일 왕위를 세습하고자 했으나 선제후들이 합스부르크가의 세력이 커지는 것을 원하지 않아 다른 가문의 왕을 선출하면서 합스부르크가는 150년 후 알브레히트 2세에 와서야 왕위를 되찾는다. 알브레히트 2세는 신성로마제국 황제이자 독일과 보헤미아 왕인 지기스문트가 이단세력을 상대로 벌인 전쟁에서 그를 보좌한 공으로 그의 사위가 되어 1442년에 헝가리·보헤미아·독일 국왕의 지위에 오른다. 이로 인해 합스부르크가의 세력이 동부와 중부 유럽까지 확대되어 오스트리아는 대공국으로 승격된다. 지기스문트가 후사 없이 죽자 알브레히트 2세가 신성로마제국 황제로 추대되나 그 역시 병으로 갑자기 사망하여 그의 6촌인 프리드리히 3세가 독일 국왕으로 선출된 후 합스부르크가 최초의 신성로마제국 황제로 등극한다. 이후 합스부르크가는 단 한 차례를 제외하고 1806년 나폴레옹이 신성로마제국을 해체할 때까지 황제 재위를 잇는다.

　합스부르크가는 독일 국왕이 된 이후 결혼동맹을 통해 그들의 세력을 불려왔는데, 특히 막시밀리안 1세는 자신은 물론 후손들의 정략결혼까지 주선하여 합스부르크가가 유럽 최고 왕가가 되는 기반을 다진다. 그는 당시의 강대국인 부르고뉴공국의 공작 샤를이 전쟁에서 전사하여 외동딸인 마리가 후계자가 되자 그녀와 결혼하여 현 네덜란드와 벨기에 지역인 플랑드르 지역을 차지하면서 서유럽에 왕가의 기반을 마련한다. 마리는 프랑스 왕가의 친척이기에 프랑스 왕 루이 11세는 마리를 7세의 아들 샤를 8세와 결혼시켜 왕자령이었던 부르고뉴를 되찾고자 했으나 마리가 이를 거부하여 그녀를 겐트 성에 감금한다. 이에 마리가 막시밀리언에게 심복을 보내어 구원을 요청하고 막시밀리언이 사비로 용병을 모아 그녀를 구출하면서 둘의 결혼이 성사된다. 그들은 정략결혼임에도 금실이 좋았으나 결혼 5년 만에 마리가 낙마 사고로 사망한다. 그들의 이야기는 드라마 〈막스밀리언＆마리〉(2017)에 자세히 서술되어 있다.

막시밀리안은 마리가 죽은 후 부르타뉴 공국의 상속녀인 안과 결혼하는데, 결혼식 날 그가 헝가리 전쟁에 참여 중이어서 대리를 내세워 결혼식을 올렸다. 이에 프랑스 샤를 8세가 부르고뉴를 침략하여 두 사람의 결혼을 무효화시킨 후 자신이 안과 결혼하여 부르고뉴를 차지한다. 당시 프랑스 왕실에는 막시밀리안의 딸 마르게리타가 샤를 8세와 결혼하기 위해 3살 때부터 와서 교육을 받으며 지내고 있었으나 샤를 8세는 그 결혼을 무효화시켰다. 이때부터 프랑스 부르봉왕조와 합스부르크가 200년간 숙적으로 지내게 된다. 안과의 결혼이 무산된 막시밀리안은 프랑스를 견제하기 위해 아들 펠리페 1세와 딸 마르게리타를 스페인 국토회복을 완성하고 아메리카 식민지까지 개척한 아르곤·카스티야 연합왕국의 공주와 왕자와 각각 결혼시켜 겹사돈을 맺는다. 이후 스페인 왕자가 후손 없이 죽고 펠리페 1세도 사망하자 그의 아들 카를 5세가 스페인을 비롯한 모든 영토를 물려받으면서 합스부르크가 최초의 스페인 국왕이 된다.

막시밀리안 1세는 손주 대에도 성공적인 정략결혼을 치렀다. 그는 장손주인 카를 5세는 이종사촌인 포르투갈의 왕녀와, 페르디난트 1세와 마리아는 보헤미아와 헝가리 등지에 막대한 영토를 보유한 야기에우워왕조의 공주와 왕자와 겹사돈을 맺는다. 그런데 마리아의 남편이 후사 없이 죽자 페르디난트 1세가 아내가 물려받은 땅 대부분을 차지하면서 오스트리아는 중부유

럼의 최강자가 되어 영국보다 먼저 해가 지지 않는 나라가 된다. 이후에도 결혼동맹이 계속되어 유럽에서 합스부르크 피가 섞이지 않은 귀족이 없을 지경에 이르자 "전쟁은 다른 이들이 하고 행복한 오스트리아여, 그대는 결혼을 하라"라는 경구까지 생겨났다.

합스부르크가는 카를 6세에 이르러 역사상 가장 거대한 영토를 가지나 아들이 없어 후손이 끊일 위기에 처한다. 이에 카를 6세는 장자상속제도를 엄격히 따르되 남자상속인이 없으면 여자도 상속자의 권한을 갖는다는 조칙을 만들어 장녀 마리아 테레지아에게 왕위를 물려준다. 그러나 신성로마제국 황제직은 여성이 승계할 수 없어 그녀의 남편이 대신 물려받아 명목상의 황제가 된다. 마리아 테레지아 여제는 즉위하자마자 여성의 왕위계승에 반발한 프로이센과 두 차례 전쟁을 치르며 영토 일부를 빼앗겼으나 내정 개혁을 성공적으로 실시하여 국력을 회복한다. 그녀는 사회 전 분야에 걸쳐 개혁을 추진하고 성직자와 귀족에 대한 과세를 시행하는 등 계몽군주의 역량을 펼쳐 온 국민의 사랑을 받았다.

오늘날까지도 오스트리아의 국모로 존경받는 마리아 테레지아 여제는 정략결혼으로 세력을 확장하던 합스부르크가에서 유일하게 사랑으로 결혼한 왕족으로, 16명의 자녀 중 12명이 생존하여 근친혼으로 후손이 귀해지던 합스부르크가의 후사도 공고히 했다. 그녀는 남편이 죽자 영국 빅토리아여왕처럼 항상 검은 옷을 입고 지내며 남편을 애도했다. 이처럼 자신은 사랑으로 결혼했으나 군주로서 프로이센을 견제하고 국력을 신장시키기 위해 자녀들을 모두 유럽 왕실과 정략결혼을 시켰는데, 루이 16세와 결혼하여 단두대에서 처형당한 마리 앙투아네트가 그녀의 막내딸이다.

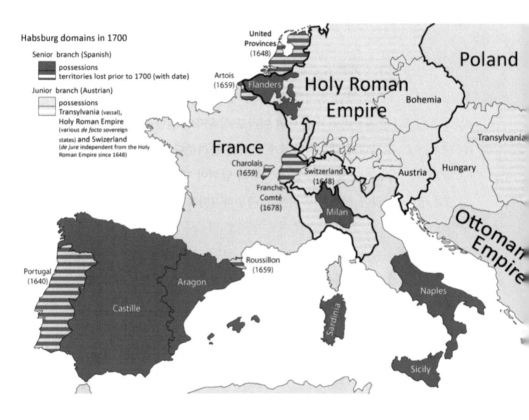

Habsburg domains in 1700

Senior branch (Spanish)

■ possessions
territories lost prior to 1700 (with date)

Junior branch (Austrian)

possessions
Transylvania (vassal),
Holy Roman Empire
(various *de facto* sovereign
states) and Swizerland
(*de jure* independent from the Holy
Roman Empire since 1648)

United
Provinces
(1648)

Artois
(1659)

Flanders

Holy Roman
Empire

Poland

Bohemia

France

Charolais
(1659)

Franche-
Comté
(1678)

Switzerland
(1648)

Milan

Austria

Hungary

Transylvania

Ottoman
Empire

Portugal
(1640)

Roussillon
(1659)

Aragon

Naples

Castille

Sardinia

Sicily

■■■■ 최대 영토 시기의 오스트리아계 합스부르크가와 스페인계 합스부르크가

근친혼의 비극

합스부르크가의 시조 루돌프 1세는 일찍이 가문의 영토가 분리되는 것을 금했으나 스페인을 물려받은 카를 5세는 영토가 방대해진 데다 건강까지 악화되자 신성로마제국 황제 재위는 동생 페르디난트 1세에게, 스페인·네덜란드·이탈리아반도·아메리카대륙 등은 아들 펠리페 2세에게 양위한다. 이로 인해 합스부르크가가 오스트리아계와 스페인계로 나뉘게 되자 그들은 두 대륙의 결속을 다지고 영토를 다른 가문에게 빼앗기지 않도록 혈통유지에 특별히 신경을 쓰게 된다. 그들은 자신들이 혼사를 맺은 가문들의 혈통이 끊겨 그 영토들을 차지하며 번성해왔기에 혈통 보존의 중요성을 누구보다도 잘 알고 있었다. 이에 그들이 혈통 보존책으로 실시한 것이 근친혼이었다. 오스트리아계는 스페인계보다 타 왕조와의 결혼이 더 빈번히 성사되어 근친혼이 덜했으나 스페인의 경우 프랑스의 끊임없는 견제와 위협 속에서 혈통을 지키고자 근친혼에 근친혼을 거듭하면서 비극이 시작된다. 근친혼은 자손들이 열성유전자를 이어받게 하여 심각한 유전병을 초래했는데 그 증상으로 '합스부르크 턱'으로 불리는 길게 돌출된 턱과 튀어나온 아랫입술 등의 기형적 외모, 불임, 지적 장애, 폭력성, 정신질환 등이 나타났다.

스페인 합스부르크가의 근친혼은 상식을 뛰어넘은 것이었다. 펠리페 2세는 4번의 결혼 중 2번이 근친혼으로 사촌, 그리고 21살 연하의 조카와 결혼했다. 그의 아들 돈 카를로스는 주걱턱에 정신장애가 심해 기행과 폭력을 일삼다 탑에 유폐되어 23세의 나이로 사망한다. 펠리페 3세는 6촌과 결혼하였고, 펠리페 4세는 29살 연하의 조카와 재혼했다. 펠리페 4세는 2번의 결혼에 13명의 자녀를 두었는데 그들 중 생존한 자녀는 루이 14세의 왕비가 된 마리아 테레사와 막내딸 마르가리타, 유일하게 살아남은 막내아들 카를로스 2세뿐이었다. 카를로스 2세는 왕위에는 오르나 성 장애로 후사가 없어 그에게서 스페인 합스부르크가의 대가 끊긴다.

선대 때부터 근친혼에 근친혼을 거듭하며 태어난지라 카를로스 2세는 유전병이 특히 심했다. 어릴 때부터 주걱턱으로 부정교합이 심해 말하는 법을 제대로 배우지 못했고 음식도 제대로 씹지 못했다. 상반신은 크고 다리는 가늘고 왜소하여 서 있는 것이 힘들었으며 지적 장애와 뇌전증까지 앓았다. 오스트리아계 합스부르크가는 근친혼이 스페인보다는 심각하지 않아 이런 일이 눈에 띄게 일어나지는 않았지만 마리 앙투아네트 역시 주걱턱이었고 페르디난트 1세와 카를 대공은 뇌전증에 시달렸으니 근친혼의 폐해가 얼마나 심각한지 알 수 있다.

펠리페 4세의 막내딸로 사랑스런 외모를 지닌 마르가리타는 커가면서 턱이 조금씩 길어지기는 했으나 심각한 건강 문제나 정신질환이 없이 황제 부부의 사랑을 듬뿍 받으며 자라났다. 그녀는 벨라스케스의 걸작 〈시녀들〉의 주인공이다. 이 그림은 구성이 특이하고 누구를 그리고 있는지가 명확하지 않아 해석이 분분하다. 얼핏 화가가 공주를 그리고 있는 것 같으나 그는 공주 뒤편에 서 있고, 거울에 펠리페 4세와 왕비의 모습이 희미하게 보여 그들을 그리는 것으로 추측할 수도 있으나 당시 스페인 합스부르크 왕실의 초상화 규정에는 왕과 왕비를 한 화폭에 담지 못했다. 이처럼 누가 주인공인지 알 수 없고 거울을 통해 캔버스의 공간을 확장하여 매우 모호하고도 사실적인 이 그림은 후대의 화가들에게 큰 영향을 주며 여러 오마주 작품들을 탄생시켰는데, 피카소는 무려 58점의 연작을 남겼다. 마르가리타는 15세에 신성로마제국 황제인 레오폴트 1세와 결혼하는데, 그는 어머니의 동생이자 고모의 아들이었다. 그녀는 2남 2녀를 낳지만 살아남은 자녀는 1명뿐이었고 그녀 또한 잦은 임신과 유산, 사산으로 건강이 나빠져 22세에 사망한다. 이처럼 근친혼은 합스부르크가 후손들의 수많은 육체적, 정신적 질환과 죽음을 초래했다.

스페인 합스부르크가(카를로스 2세, 카를 5세, 마가렛 왕비)

■■■ 〈시녀들〉, 1656. 디에고 벨라스케스

▬▬▬ 〈시녀들〉, 1957. 피카소

독일과 오스트리아의 통합

독일과 오스트리아는 동프랑크왕국부터 신성로마제국과 독일연방까지 역사와 문화와 언어를 공유한 같은 서게르만계 민족으로, 오스트리아 합스부르크가는 13세기말부터 독일 국왕 재위를 면면히 이으며 500여 년간 신성로마제국을 이끌어왔다. 신성로마제국은 프랑크왕국의 최전성기를 이끈 카를로스 1세가 왕권 강화정책으로 교회의 보호는 물론 땅은 황제가 다스리고 정신은 교황이 다스리는 종교적 수위권까지 보장해주자 교황이 그 대가로 800년에 그에게 서로마황제의 관을 하사하며 탄생하였다. 교황의 대관은 서로마를 무너뜨리고 탄생한 프랑크왕국이 고대 로마제국의 연장이자 그리스도교회와 일체라는 의미를 함축한다.

프랑크왕국은 843년에 오늘날의 독일·프랑스·이탈리아의 원형인 동·서·중 프랑크로 삼분되어 세력이 약해지면서 중프랑크는 875년에, 동프랑크는 911년에, 서프랑크는 987년에 혈통이 끊어진다. 이후 동프랑크에서는 작센왕조의 독일왕국이 성립되고 서프랑크에서는 카페왕조의 프랑스왕국이 성립된다. 독일왕국의 오토 1세가 교회를 보호해주는 대가로 962년 로마에서 대관식을 치러 황제가 되면서 신성로마제국이 부활하였고, 이후 신성로마제국의 모체인 독일왕국의 국왕이 로마에서 대관식을 치르면 신성로마제국의 황제가 되었다. 신성로마제국은 수백 개의 왕국·공국·후국·백국·자유시 등으로 이루어진 봉건질서체계의 국가연합체로 오늘날의 독일 일대를 중심으로 오스트리아, 스위스, 이탈리아 일부, 네덜란드, 체코 등을 포함했다. 중세 천년을 이끌어 온 신성로마제국은 1806년에 나폴레옹의 점령으로 해체되고 이후 독일연방(1815~1866)이 탄생한다.

독일연방은 합스부르크가의 오스트리아제국과 호엔촐레른가의 프로이센 왕국 두 강국과 다수의 중소국이 연립한 형태로, 프로이센은 순수 독일계인 반면 오스트리아는 독일·헝가리·이탈리아·폴란드·터키·크로아티아·세르비아 등을 포괄한 다민족국가였다. 19세기 중반부터 오스트리아와 프로이센은 각자 자국 중심의 독일통일을 추구하면서 다민족 연합국가인 오스트리아를 포함하는 대독일주의와 단일한 독일인만으로 이루어진 국민국가를 건설하자는 소독일주의가 충돌한다. 오스트리아는 그동안 유럽 최고 왕조의 지위를 유지해왔기에 자신들의 영토를 포기할 생각도, 호엔촐레른 가문 아래로 들어갈 생각도 없었다. 그러나 1866년 프로이센과의 전쟁에서 패하여 독일지역 내의 영토를 상실하고 통일에서도 제외되자 오스트리아는 헝가리와 대타협을 하여 1867년 오스트리아-헝가리제국을 형성한다. 독일은 1870년에 프로이센 중심의 북독일연방과 바이에른 중심의 남독일연방이 연합하여 독립을 저지하려는 프랑스와 전쟁을 치러 승리한 후, 1871년에 베르사유궁 거울의 방에서 독일민족 통일국가인 독일제국을 탄생시킨다. 이처럼 독일의 통일로 오스트리아와 독일은 결별하였으나 함께 한 역사가 유구한지라 이후에도 양측에서 통합에 대한 담론이 계속되었다.

1차 세계대전에서 동맹국이었던 독일과 오스트리아-헝가리는 전쟁에서 패망하자 통합논의가 급물살을 탄다. 종전 후 오스트리아-헝가리제국은 조약에 의해 두 나라로 분해되고 타민족들 또한 모두 독립하여 독일어권 일부 지역만 남으면서 오스트리아 제1공화국으로 전락한다. 이로 인해 그간 두 나라의 통합에 걸림돌이 되었던 다민족 요소가 사라지자 오스트리아에서는 독일과 통합하여 독일민족 국가를 만드는 것이 큰 이슈로 떠오른다. 때마침 민족자결주의 열풍이 일어 이런 분위기를 더욱 부추겨 오스트리아 의회가 독일과의 통합을 의결하나 독일이 강국으로 재기하는 것을 우려한 협상국이 20년간 합병을 금지하면서 두 나라의 합병은 일차적으로 좌절된다.

1933년 오스트리아 린츠 태생의 히틀러가 독일 수상이 되자 오스트리아 나치당은 다시 독일과의 통합을 주장했고, 1938년에는 히틀러가 오스트리아 수상을 초대해 오스트리아를 독일의 보호국으로 만들겠다는 의사를 밝힌다. 이에 오스트리아 수상이 독립국 지위를 고수하기 위해 은밀히 국민투표를 추진하자 히틀러는 국민투표 중단을 요구하며 오스트리아로 진격명령을 내린다. 당시 오스트리아 국경수비대가 독일군에게 문을 열어주고 주민들이 나치 깃발과 꽃을 들고 '하일 히틀러'를 외치며 환영해주어 독일은 오스트리아 침공을 '꽃의 전쟁'으로 불렀다. 나치와 오스트리아 정부는 합병 직후 반체제 정치인과 유대인에 대한 박해에 나서면서 불과 수 주 만에 6만 명의 유대인이 강제노동수용소로 끌려갔다. 영화 〈우먼 인 골드〉의 과거 시절 배경이 이때이다. 영화 〈사운드 오브 뮤직〉(1965)도 이 시절을 배경으로 한 것으로, 1차 세계대전 참전용사였던 폰 트랍 대령이 독일과의 합병에 반대하여 독일군 징집명령을 거부한 후 가족과 함께 알프스산맥을 넘어 스위스로 망명한 실화를 다루었다.

합병 후 곧바로 2차 세계대전이 발발하자 오스트리아는 군인 60만 명을 독일군에 편입시켜 침략전쟁에 동참하면서 점령군의 지위를 누렸으나 독일의 패배로 미국·소련·영국·프랑스 4개국의 분할통치를 받는다. 연합군은 오스트리아와 독일의 합병이 무효임을 선언하고 오스트리아에 전쟁 책임을 요구했으나 오스트리아는 자신들이 독일의 첫 번째 희생자임을 강조하며 책임을 회피하였다. 오스트리아는 연합군에 의해 나라가 분할통치 되는 것을 막기 위해 영구중립을 선언하여 1955년에 주권을 회복한다. 이후 오스트리아는 전범에 대한 처벌과 공직 추방을 제대로 하지 않았을 뿐만 아니라 1986년에 나치 전력을 지닌 전 유엔사무총장 발트하임을 대통령으로 당선시켜 국제적으로 물의를 일으켰다. 당시 이스라엘 정부는 즉각 대사를 소환했고 미국과 유럽 대부분의 국가들은 발트하임을 '외교적 기피인물'로 선포해 오스트리아를 국제적으로 고립시켰다. 오스트리아는 자신들의 과오를 모두 독일 탓으로 돌리며 좀처럼 책임을 지지 않다가 1991년 프라니츠키 수상이 의회에서 처음으로 2차 세계대전과 그 결과에 대한 오스트리아의 공동 책임을 시인했다.

히틀러를 환영하는 빈 시민들, 1938.

나치의 문화재 약탈과 환수

나치의 오스트리아 합병이 가시화되자 부유한 유대인 사업가였던 페르디난트는 유대인 탄압을 예상하여 클림트가 그린 아내의 초상화를 비롯한 다수의 예술품과 재산을 그대로 두고 스위스로 망명한다. 이에 나치가 그를 탈세 혐의로 기소하여 그의 재산과 소장품을 몰수하면서 아델레 초상화는 퇴폐 미술로 여겨 남겨두어 그림이 벨베데레 국립미술관으로 옮겨진다. 아델레의 초상화는 그녀가 유대인임을 숨기기 위해 〈우먼 인 골드〉라는 타이틀로 전시되면서 '오스트리아의 모나리자'로 불릴 만큼 국민의 사랑을 받았다. 벨베데레 미술관의 또 다른 대표작은 클림트의 〈키스〉로, 그들은 "오스트리아에 와서 반드시 봐야 할 한 가지가 있다면 그것은 바로 클림트의 키스이다"라고 말할 정도로 작품에 자부심을 지니면서 외부 반출도 일절 하지 않는다.

2차 세계대전 당시 한때 미술학도였던 히틀러는 자신의 고향인 오스트리아 린츠에 총통미술관을 세우기 위해 문화재수집 특수부대를 조직하여 점령지 전역에서 수많은 예술품과 문화재들을 약탈했다. 나치의 2인자였던 헤르만 괴링 또한 미술품을 약탈하여 독일과 오스트리아 곳곳에 숨겼다. 이에 1941년 미국 메트로폴리탄 미술관에 미 전역 박물관 관장들이 모여 약탈당한 문화재를 되찾기 위한 특수부대 창설을 논의한 끝에 1943년 MFAA((Monuments, Fine Arts and Archives section)가 결성된다. 13개국의 전문가들로 구성된 이 부대는 유럽 전선에 뛰어들어 1946년까지 500만 점이 넘는 문화재들을 찾아내어 반환했다. 그 부대의 활약상을 담은 영화가 〈모뉴먼츠 맨: 세기의 작전〉(2014)이다. 예술품 전담부대는 영국에서 기초 군사훈련을 마친 후 프랑스 노르망디에 상륙하여 본격적인 문화재구출 작전을 개시하는데, 사람 목숨조차 위태로운 전쟁터에서 문화재를 지키고자 하는 임무는 비현실적으로 보여 아군에게조차 외면당한다. 그러나 영화에서 부대 수장인 미술 역사학자 프랭크 스톡스는 "사람들이 그렇게 죽어 나가는데 누가 예술에 신경 쓰냐고 얘기합니다. 우리는 문화와 우리의 삶의 방식을 위해 싸우는 겁니다. 한 세대의 인류를 휩쓸어 버릴 수는 있겠지만, 집은 전부 불태워 버릴 수도 있겠지만, 결국엔 어떻게든 되돌아옵니다. 하지만 인류가 이룬 성취와 역사를 파괴한다면 우리가 존재했다는 근거조차 사라지게 됩니다"라며 그들 소임의 중요성을 피력한다.

히틀러는 연합군의 노르망디 상륙작전(1944)으로 궁지에 몰리자 유럽 각지에서 약탈한 예술품들을 비밀리에 독일과 오스트리아의 은신처로 이동시켰다. 특히 오스트리아 알타우세 소금광산은 공중 폭격을 견딜 만큼 땅속 깊이 자리하고 습도와 온도가 일정해 미술품을 보관하기 좋은 장소여서 히틀러가 보낸 수천 점의 미술작품이 폭탄과 함께 그곳으로 이송되었다. 모뉴먼츠 맨은 그곳을 패망한 나치가 폭파하기 전에 발견하여 기독교 미술의 최고 작품 중의 하나로 여겨지는 안 반 에이크의 〈겐트 제단화〉를 비롯한 귀중한 문화재들을 되찾는다. 그들은 베를린박물관에 있던 트로이의 황금유물도 되찾고자 했으나 이미 사라져 회수하지 못했는데, 1996년에 모스크바 푸시킨 박물관에서 '트로이의 보물-하인리히 슐리만의 발굴품 전'이 열린다. 슐리만은 호메로스의 『일리아드』를 읽고 감명받아 그 책을 기반으로 전설 속의 트로이를 실제로 발굴한 독일 고고학자이다. 그 유물은 독일 패망 당시 소련의 문화재 부대가 한발 앞서 찾아내어 소련으로 가져가서는 50년이나 숨겨 두었다가 전시한 것이다. 이에 독일 정부가 즉각 반환을 요구했으나 러시아는 자국 유물임을 선언한 후 2003년에 최종적으로 러시아에 귀속시킨다. 독일은 2차 대전 중에 100만 점이 넘는 러시아 문화재를 불태우거나 독일로 가져갔기 때문에 더는 환수를 주장하지 못했다.

역사적으로 전쟁과 제국주의를 통한 문화재 약탈은 끊임없이 이어졌다. 영국은 제국주의 시절 약탈한 수많은 문화재로 대영박물관을 채웠고, 나폴레옹도 이집트와 유럽 점령지에서 약탈한 문화재와 예술품으로 루브르박물관을 채웠으며, 히틀러도 같은 꿈을 꾸었다. 문화재는 유형적 가치를 넘어서서 그 나라의 역사와 문화, 종교, 신화 등을 담고 있어 문화재 약탈은 곧 그 민족의 정신을 훼손하는 것이다. 그 때문에 오늘날 대영박물관에 전시된 파르테논신전의 조각들을 되돌려달라는 그리스의 반환소송을 위시하여 문화재를 강탈당한 국가들의 문화재 반환소송이 줄 잇고 있다. 2015년에는 인도가 영국 여왕이 대관식 때 쓰는 왕관에 박힌 109.92캐럿의 인도산 다이아몬드 '코이누르'가 식민지 시절 강제로 여왕에게 바쳐진 것이라며 반환소송을 추진하기도 했다.

제국주의의 결실인 세계 유수의 박물관들은 제국주의의 전리품인 문화재들을 '인류문화유산'으로 명칭 세탁하고 2002년에는 '인류 보편의 박물관 선언문'까지 발표한다. 그 내용은 "다른 문명과 교차하는 인류 보편의 문화재는 한 국가에 속한 것이 아니라 인류 전체를 위한 것이며, 박물관에서 다른 문명과 비교됨으로써 그 지속적 중요성이 인식된다"라는 것이다. 유럽의 유수 박물관들은 그들이 약탈해온 수많은 문화재가 반환된다면 박물관에 남아 있는 게 별로 없어 인류문화의 보고 역할을 하지 못하게 된다. 따라서 그들은 문화재 반환을 인류 보편의 맥락을 파괴하는 것이라고 주장하며 어떤 반환소송에서든 지지 않으려 한다. 오늘날 우리가 유럽의 갤러리와 박물관에서 접하는 예술품들 상당수가 MFAA 부대의 활약 덕분에 나치로부터 제자리로 돌아와 있으나 그곳에 있지 않아야 할 작품과 유물의 수는 더더욱 많다.

1945년 알타우세 소금광산에서 발견한 〈겐트 재단화〉, 1432, 얀 반 에이크

대사로 보는 영화

영화는 1907년 오스트리아에서 클림트가 금박을 잘라 화폭에 붙이며 아델레의 초상화를 그리는 장면으로 시작한다. 이어 현재로 장면이 바뀌어 미국에 거주하는 아델레의 조카 마리아가 언니 루이즈의 유품에서 그림과 관련된 편지를 발견하면서 언니 장례식에 참석한 동향의 지인 바바라에게 변호사 아들의 조언을 부탁한다. 변호사 개업을 했다가 파산 직전에 있는 바바라의 아들 랜디는 대형 로펌에 면접을 보러 간다. 그는 나치의 탄압을 피해 오스트리아에서 미국으로 이주한 유대인 작곡가 쇤베르크의 손자이다. 쇤베르크는 기계문명의 불안함을 표현하기 위해 불협화음과 반음계 등을 빈번히 사용하다 조성이 흔들리자 조성의 구속에서 벗어난 무조 음악으로 나아가서 12음 기법을 창안했다. 당시 대중들은 그의 음악을 이해하지 못했고 음악계에서도 예술적 직관과 감성을 무시한 지적이론의 산물이라는 비난이 쏟아졌으나 쇤베르크는 자신의 음악이 향후 100년간 독일음악의 우위를 보장할 것으로 자신했다. 그의 말대로 12음 기법은 현대음악에서 중요한 비중을 차지한다.

SHERMAN: You any relation to the famous composer, Schoenberg?

RANDY: Arnold was my grandfather, sir. But he died before I was born.

SHERMAN: His music demands a certain quality of application. But the rewards validate the effort.

RANDY: One of the things I'd most look forward to about, uh, working here is exploring your larger scale...

SHERMAN: And Judge Schoenberg is your father.

RANDY: Retired now, yes, sir.

SHERMAN: Outstanding lineage, Mr. Schoenberg.

S: 자네 작곡가 쇤베르크 씨와 연관이 있나?

R: 제 할아버지십니다. 제가 태어나기 전에 돌아가셨습니다.

S: 그 분 음악을 알려면 많은 노력이 필요하나 일단 이해하면 아주 좋지.

R: 제가 여기서 일하게 되면 이 회사의 거대한 규모의...

S: 그럼 쇤베르크 판사님이 자네 아버지인가.

R: 지금은 은퇴하셨지만, 맞습니다.

S: 자네 아주 우수한 집안의 자손이군.

    로펌에 취직한 랜디는 어머니의 부탁으로 마리아를 만나서 그녀의 숙모 초상화를 비롯한 약탈당한 미술품에 관해 가족 변호사가 그녀의 언니에게 보냈던 편지를 읽어본 후 마리아에게 오스트리아 상황이 변하고 있어 예술품 반환법을 개정 중이라고 알려준다.

MARIA: My uncle Ferdinand and his wife, Aunt Adele, who died so young. Adele didn't have any children, so we all lived together as one family... I found these letters amongst my sister's belongings. Look, I've translated them for you, on the back.

RANDY: 1948?

MARIA: From our family lawyer in Vienna, Johann Rinesch. All about our paintings that were stolen by the Nazis.

RANDY: Okay. I read in The New York Times that things are changing in Austria.

MARIA: How are they changing?

RANDY: They're redrafting the art restitution laws. Reviewing old cases.

M: 삼촌과 일찍 돌아가신 숙모야. 숙모가 아이가 없어 우린 한 가족으로 지냈어. 언니 유품에서 이 편지들을 찾았는데 봐봐. 뒷면에 번역해놨어.

R: 1948년이요?

M: 빈에 있던 가족 변호사가 보낸 건데 나치가 훔쳐간 그림에 관한 내용이야.

R: 그렇군요. 뉴욕타임스에서 오스트리아 상황이 변하고 있다고 읽었어요.

M: 어떻게?

R: 예술품 환수법을 개정하면서 예전 사건들을 다시 검토 중이래요.

마리아는 랜디에게 클림트가 그린 숙모 초상화의 사진을 보여준다. 그 초상화는 오스트리아가 나치에 합병되던 당시 몰수당하여 현재 벨베데레 미술관에 걸려 있다. 랜디가 소송을 하면 큰돈을 벌겠다고 말하자 마리아는 돈이 목적이 아니라 자신의 과거를 기억하고 정의를 바로잡기 위해서라고 말한다.

MARIA: Ah, here she is. My Aunt Adele. My uncle commissioned Gustav Klimt to paint her.

RANDY: That's quite a painting.

MARIA: It's magnificent. She was taken off the walls of our home by the

Nazis, and since then, she's been hanging in the Belvedere Gallery in Vienna.

RANDY: And now you'd like to be reunited.

MARIA: Wouldn't that be lovely?

RANDY: Make you a rich woman, I'm sure.

MARIA: You think that's what this is about? No, I have to do what I can to keep these memories alive. Because people forget, you see. Especially the young. And then, of course, there's justice.

M: 아 여기 숙모 초상화 사진이 있네. 삼촌이 구스타프 클림트에게 의뢰해서 그린 거지.

R: 멋진 그림이네요.

M: 훌륭하지. 나치에게 강탈당한 후 쭉 빈 벨베데레 박물관에 걸려 있어.

R: 그림을 되찾고 싶은 거죠?

M: 그러면 좋지 않겠니?

R: 그럼 부자가 되시겠어요.

M: 내가 돈 때문에 이런다고 생각하니? 아니야, 추억들을 지키기 위해 내가 할 수 있는 일을 하려는 거야. 사람들은 쉽게 추억을 잊지, 특히 젊은이들은. 물론 정의를 위해서이기도 하지.

　　가족 변호사가 언니에게 보낸 편지에는 삼촌이 소유했던 5점의 클림트 그림을 되찾고자 했으나 미술관은 숙모의 유언에 따라 미술관에 기증되어 합법적으로 전시되고 있기에 되돌려 줄 수 없다는 입장이며, 숙모의 유언장을 보여줄 것을 계속 요청했으나 보지 못했다는 내용이 적혀있다. 따라서 현재 유언장을 본 사람은 아무도 없는 상황이다. 다음날 랜디는 마리아에게 오스트리아 문화부가 50년 만에 정부 자료실을 공개했으니 오스트리아에 사람을 구해 숙모의 유언장을 찾고 문화부위원회에 다음 달까지 환수신청을 하라고 알려준다. 랜디는 전문변호인을 고용하라고 말하나 그녀는 돈이 없다며 랜디에게 도움을 청한다. 랜디는 처음에는 관심이 없었지만 그림의 가치가 1억 달러가 넘는다는 사실을 알고서는 로펌에 좋은 투자 건으로 보고한 뒤 직접 오스트리아로 가서 유언장을 찾을 수 있도록 일주일의 시간을 얻는다. 그는 마리아에게 일을 빨리 진척시키기 위해 오스트리아에서 열리는 문화재 환수 회의에 참석하여 연설할 것을 권하나 마리아는 가지 않겠다고 말한다.

RANDY: And I have another idea. There's an art restitution conference planned for later this month. They're looking for speakers. I think you should be one of them.

MARIA: What are you talking about?

RANDY: Elegant descendant from one of the great Viennese families. The press would love you. It would speed things up. It'd apply pressure.

MARIA: But I'm afraid, in your haste, there's been a misunderstanding.

RANDY: How's that?

MARIA: I'm not going back to that place. Not now, not ever.

RANDY: I—I don't understand.

MARIA: They destroyed my family, they killed my friends, and they forced me to abandon the people and the places that I loved.

RANDY: That was over a half a century ago.

MARIA: You think that's a long time?

R: 그리고 좋은 생각이 있어요. 이달 말에 예술품 환수에 대한 회담이 열린다고 해요. 연설자를 구하는데 아주머니가 참가하시는 거죠.

M: 그게 무슨 소리야?

R: 위대한 비엔가 가문의 품격 있는 후손으로 참석하는 거죠. 언론이 관심을 가지면 일이 빨리 진행될 거예요. 압박을 가해야죠.

M: 서두르는 건 좋은데 착오가 있어.

R: 무슨 착오요?

M: 난 그곳에 가지 않을 거야, 지금도 앞으로도.

R: 왜, 왜죠.

M: 그들은 내 가족을 파괴하고 친구들을 죽였고 내가 사랑한 사람들과 장소들을 저버리게 했어.

R: 50년도 넘은 일이잖아요.

M: 넌 그 시간이 길다고 생각하니?

이후 랜디의 설득에 마음을 바꾼 마리아는 그와 함께 오스트리아로 가서 옛집을 찾아간다. 그때 한 잡지사의 편집장인 후베르투스가 그들에게 다가와 말을 건다. 그는 현 대통령이 나치 일원이었다는 사실을 밝혀 곤욕을 겪은 언론인으로 마리아를 돕고자 한다.

MARIA: And what makes you interested in a couple of Californian tourists, Mr. Czernin?

HUBETUS: I just thought you could do with an Austrian friend.

RANDY: What for?

HUBERTUS: You know, this whole restitution thing began as a PR exercise. Austria wanted to improve its image abroad, but now it's turning into a Pandora's box.

MARIA: They don't want to give away their treasures.

HUBERTUS: So they're going to put as many obstacles in your way as possible, and I might just be able to help you get over some of them.

RANDY: What's in it for you? What's your motive?

HUBERTUS: Let's just say it's a very particular brand of patriotism.

M: 그런데 우리 같은 미국인에게 왜 관심을 가지시죠?

H: 오스트리아인 친구가 있으면 좋으실 것 같아서요.

R: 왜죠?

H: 예술품 환수법 개정은 국가 홍보용으로 시작되었어요. 대외적으로 오스트리아 이미지 향상을 위해 시작한 건데, 판도라의 상자를 연 게 되었죠.

M: 문화재를 내어주기 싫은 거군요.

H: 그래서 환수에 최대한 많은 장애물을 만들 건데, 제가 몇몇 장애를 넘는 데 도움을 줄 수 있을 겁니다.

R: 우릴 도와주는 이유가 뭐죠? 동기가 뭔가요?

H: 그냥 아주 특별한 종류의 애국심 때문이라고 해두죠.

마리아는 예전 집을 보면서 나치의 합병이 가시화되어 불안한 분위기 속에서 열린 자신의 결혼식을 회상한다. 아버지는 오페라 가수인 사위를 맞으며 모든 걸 오스트리아식으로 하자며 그에게 모차르트 곡을 부르게 했고, 마리아는 삼촌으로부터 돌아가신 숙모가 초상화를 그릴 때 걸었던 목걸이를 결혼선물로 받는다. 가족들이 춤추고 즐거워하는 동안 아버지와 삼촌은 나치의 오스트리아 병합을 우려하는 대화를 나눈다.

FERDINAND: The Chancellor has conceded on every front. Hitler has made an empty promise about Austrian sovereignty. But my bet is that by the end of the month the Nazis will be marching round the Ringstrasse in their jackboots.

GUSTAV: The Austrians will not allow it.

FERDINAND: I will leave for Zurich on Sunday with Luise. By next week, the rest of you must join us.

GUSTAV: There will be much to do. We must take our time.

FERDINAND: Like always, you are a dreamer.

F: 우리 수상은 매사 양보하고 있어. 히틀러는 오스트리아 주권에 관해 공허한 약속만 해왔잖아. 장담컨대 이번 달 말이면 긴 군화를 신은 나치들이 도심으로 쳐들어올 거야.

G: 오스트리아인들이 그걸 허용하진 않을 거야.

F: 난 일요일에 루이스 데리고 취리히로 떠날 거야. 너도 나머지 가족들과 다음 주까지 넘어와.

G: 정리할 게 많아서 시간이 좀 걸려.

F: 넌 여전히 현실을 직시하지 않는구나.

후베르투스는 마리아와 랜디를 미술관으로 데려가 아델레의 초상화를 보여주면서 취득방법이 어떻든 그 작품은 국가적 상징이며 오스트리아의 심장과도 같은 작품이라고 말한다. 그 말을 들은 마리아는 나치가 오스트리아를 합병한 날을 떠올린다. 그날 시민들은 모두 거리로 나와 나치 깃발을 흔들고 경례를 하며 환호하였다. 합병 후 나치가 유대인 집 대문에 유대인 표식을 하고 살던 집에서도 쫓아내는 등 탄압을 시작하자 아버지는 형의 말을 듣지 않은 것을 후회한다. 마리아는 스위스로 가기 위해 여권을 발급받으려 하지만 유대인은 출국금지여서 거부당한다. 게다가 나치는 스위스로 도피한 삼촌에게 탈세 혐의를 씌운 후 장교 한 명을 집에 상주시켜 가족의 거주지 이탈을 금지하고 귀중품들을 모두 압수한다. 압수된 보석과 예술품은 나치 상급간부들에게 넘어가 삼촌이 아끼던 에스테르하지 백작 초상화는 히틀러의 알프스 별장에, 마리아가 결혼선물로 받았던 숙모의 목걸이는 괴링 부인의 목에 걸린다.

MARIA: My uncle is a law－abiding citizen.

OFFICER: You are a family that appreciates the power of art. Holbein. Impressive. A silver cup with precious stones. A diamond necklace. Two silver candlesticks. A cello! Stradivarius. Of course, only the best.

THERESE: No, please. It is his joy.

M: 삼촌은 법을 잘 지키는 시민이에요.

O: 예술의 힘을 제대로 아는 가족이군. 홀바인 그림이야, 놀랍군. 보석 달린 은 잔, 다이아몬드 목걸이, 두 개의 은촛대. 첼로! 스트라디바리우스군. 역시 최고급뿐이야.

T: 첼로는 안돼요, 남편이 가장 아끼는 거예요.

마리아와 랜디가 숙모의 유언장을 찾고자 하나 예상대로 환수위원회가 협조를 해주지 않자 후베르투스는 벨베데레 미술관에 있는 친구에게 부탁해 휴관일에 문서를 찾아볼 수 있게 해준다. 그들은 미술관에서 숙모의 유언장과 자료들을 찾아내어 내용을 살펴본다. 아델레는 1925년에 뇌막염으로 죽는데, 죽기 2년 전에 써 놓은 유언장에는 미술관의 주장대로 자신의 초상화를 다른 클림트 작품들과 함께 남편 사망 후 벨베데레 미술관에 기증해달라는 내용이 적혀 있다. 후베르투스는 그들에게 초상화가 벨베데레 갤러리로 옮겨진 과정과 당시 그림 이름이 '우먼 인 골드'로 바뀐 이유를 설명해준다.

HUBMERTUS: The Nazis themselves were not so keen on the Klimts. They were, after all, a bit too degenerate for their taste. But the paintings caught the eye of someone with a more prescient and refined appreciation of art, Bruno Grimshitz.

MARIA: Grimshitz?!

HUBERTUS: The paintings were taken off the walls of your family home and carefully transported to the Belvedere. Certain facts had to be altered, like your aunt's name and her Jewish provenance, of course. For a short while after the war, she became simply known as... 'Woman in Gold.'

MARIA: So her identity was stolen as well.

HUBERTUS: It wasn't enough to rob your family and try to destroy it. No. You had to be eradicated from history.

H: 나치는 클림트 그림을 좋아하지 않았어요. 그들 취향엔 너무 퇴폐적이었으니까요. 그러나 그림은 예술에 대해 더 선견지명이 있고 세련된 안목을 지닌 사람의 눈에 띄게 되죠. 브루노 그림쉐츠요.

M: 그림쉐츠?

H: 부인 집에 걸려있던 그림들은 벨베데레 미술관으로 옮겨졌습니다. 물론 숙모님 이름이나 유대인 태생이라는 사실들은 숨겼죠. 전쟁 후 잠시 이 그림은 〈우먼 인 골드〉로 알려졌어요.

M: 숙모 정체성도 도둑질당한 거군요.

H: 가족을 약탈하고 파괴하는 것으론 부족했죠. 역사에서 제거하고자 했어요.

유언장을 본 마리아는 그림을 되찾을 수 없다고 낙담하나 랜디와 후베르투스는 그림 몰수과정을 되짚으며 소송 가능성을 타진한다. 그림이 미술관에 옮겨진 것은 1941년이고 삼촌은 1945년에 돌아가셨는데, 그는 임종 며칠 전에 모든 재산을 조카인 루이즈와 마리아에게 넘긴다는 유언장을 남겼다. 삼촌이 그림을 구입한 영수증도 남아있어 소유권이 명백히 삼촌에게 있으므로 숙모의 유언장은 법적 효력이 없는 부탁편지에 불과했다. 그들은 서류를 정리하여 위원장에게 제출하려 하나 면담이 거부되고 제출된 증거자료도 인정되지 않는다. 위원회가 열린 날 마리아는 환수 요청 연설을 한다.

When people see the famous portrait, they see a masterpiece by one of Austria's finest artists. But I see a picture of my aunt, a woman who... who talked to me about life while I brushed her hair in her bedroom. Restitution. You see, that's an interesting word. You know, I looked it up in the dictionary. "Restitution: the return of something to its original state." Now, that made me think. You see, I would love to return to my original state. I would love to be a happy woman living in this beautiful city. Like so many of my generation who had to flee, I will never forgive them for preventing me from living here. At the very least, we should be reunited with what is rightfully ours.

사람들은 이 그림을 보면서 단순히 오스트리아 최고 화가의 걸작으로 보겠지만 저는 숙모를 그린 그림을 보고 있습니다. 그녀의 침실에서 제 머리를 빗겨주며 인생에 관해 이야기해주시던 숙모를요. '환수'는 흥미로운 단어입니다. 사전에서 그 뜻을 찾아 봤어요. '환수: 어떤 것을 원래 상태로 돌려놓는 것.' 그리곤 생각했죠, 저도 원래의 상태로 돌아가고 싶다고. 저도 이 아름다운 도시에서 사는 행복한 여성이 되고 싶다고. 이곳에서 도망쳐야 했던 제 세대의 많은 사람처럼 제가 이곳에서 살지 못하게 한 사람 들을 절대 용서하지 않을 겁니다. 최소한 우리의 정당한 소유물은 돌려받아야 합니다.

다음날 문화부 장관은 마리아에게 자신들의 그림 소유는 숙모의 유언에 따른 합법적인 것이라고 통고한다. 이에 랜디가 그 유언장은 효력이 없는 것 이라고 반박하나 장관은 반론은 받아들이지 않는다며 이의를 제기하려면 법 정으로 가라고 한다. 마리아는 자리를 떠나면서 그들에게 부끄러운 줄 알라 고 일침을 가한다.

MARIA: Do you imagine my aunt would have written those words if she knew what was to come? Do you? The looting of her home, the murder of her people.

MINISTER: Our decision is nonnegotiable. If you don't agree with it, your only option is to pursue the case in court.

MARIA: Come on, Randy, let's go. Dr. Dreimann, you speak as if you knew my aunt, but you did not know her, and I can tell you right now, that what you have decided today would make her ashamed to call herself an Austrian. And you should be ashamed, too.

MA: 숙모님이 이런 일이 일어날 줄 알았다면 그런 유언장을 쓰셨을 것 같아요? 집안 물건을 약탈하고 유대인들을 죽이고.

MI: 저희 결정은 협상 불가능해요. 동의하지 않으면 법정으로 가셔야 합니다.

MA: 가자, 랜디. 드레이만 박사님, 마치 숙모님을 아시는 듯 말씀하시는데 전혀 모르시는군요. 제가 지금 알려드리죠. 오늘 당신들이 한 결정은 숙모로 하여금 자신이 오스트리아인인 걸 부끄러워하게 했을 겁니다. 당신들도 부끄러운 줄 알아야 합니다.

재판은 그림 가치에 비례하여 보증금 1800만 달러를 위탁금으로 내야 하고 그것도 시작비용에 불과하기에 사실상 그림을 포기하라는 것이었다. 빈에서 중재를 하면 어떻겠냐는 랜디에게 후베르투스가 아무도 편을 들어주지 않을 것이라고 말하자 마리아는 그만 포기하자고 한다. 마리아는 랜디에게 나치가 오스트리아를 합병할 때 대부분의 오스트리아인이 그들을 환영했기에 그런 사실을 감추기 위해서도 그림을 돌려주고자 하지 않는다고 말한다.

MARIA: They'll never admit to what they did, because if they admit to one thing, they have to admit to it all.

RANDY: Admit to what?

MARIA: They were never victims. Most of them threw flowers and welcomed the Nazis with open arms, and that's the simple truth... Tomorrow we will go

home, and on the way to the airport, we will stop to pay our respects at the
Holocaust Memorial. That way, we will not have come here in vain.

M: 그들은 그들이 한 짓을 절대 인정하지 않을 거야. 하나를 인정하면 전부를 인정
   해야 하니.

R: 뭘 인정해요?

M: 그들은 결코 피해자가 아니었어. 대부분의 오스트리아인은 나치에게 꽃을 던지
   고 두 팔 벌려 환영했지. 그게 명백한 진실이야... 내일 집으로 돌아가자. 공항 가
   는 길에 홀로코스트 기념관에 들러서 조의도 표하고. 그럼 우리 여행이 헛된 것만
   은 아닐 거야.

미국으로 떠나는 날 랜디는 홀로코스트 기념비 앞에서 감정이 북받쳐 올
라와 자신을 주체하지 못한다. 그는 돌아와서도 마리아와 달리 그림 환수를
포기하지 못한다. 그는 처음에는 돈 때문에 일을 맡았으나 오스트리아를 다
녀온 후 알 수 없는 사명감으로 검토를 계속해나간다. 9개월 후 그는 한 서
점에서 벨베데레 미술관에서 만든 클림트 화집이 판매되는 것을 보고는 주
권면책법 위반으로 미국에서 오스트리아를 소송할 수 있다고 판단한다. 마
리아는 더는 일을 진행하고자 하지 않았고 회사에서도 승산이 낮고 판례도
없다며 허락하지 않자 랜디는 직장까지 그만두고 혼자 고소절차를 밟은 후
마리아를 설득해서 오스트리아 정부를 상대로 고소장과 소환장을 제출한
다. 랜디는 직장을 그만둔 사실을 아내에게 말하면서 그 이유를 다음과 같
이 밝힌다.

PAM: What do you mean you quit?

RANDY: I quit my job. Hey, I talked to my father... he can give us a loan, you know.

PAM: Oh, great. Great.

RANDY: ....to keep us afloat for a few months.

PAM: Just when we're expecting another baby. Don't you think we're under pressure enough? We're supposed to make these decisions together. Isn't that the point?

RANDY: Yeah. I'm sorry. You're right. It's Austria. Something happened out there, and I don't know... I don't know why, but I can't let it go. I think it's important. I'm so sorry.

P: 직장을 그만두다니.

R: 사표 냈어. 저기, 아버지께 말씀드렸더니 돈을 빌려주실 수 있대.

P: 오, 잘됐네.

R: 몇 달간 빚지지 않고 살 돈은.

P: 둘째가 태어날 이 시점에. 우리 이미 충분히 어렵지 않아? 그런 결정을 하려면 나와 상의를 했어야지. 그래야 하는 거 아냐?

R: 그래 미안해, 당신 말이 맞아. 오스트리아에서야, 거기서 뭔가가 치밀어 올랐는데, 왠지는 모르겠으나 도저히 떨쳐지지가 않아, 중요한 일로 여겨져서. 정말 미안해.

그들의 고소가 받아들여지자 랜디가 오스트리아 측에 협상을 제의하나 그들은 대법원까지 가겠다며 거부한다. 6개월 후, 화장품 회사 에스티 로더 창립자의 둘째 아들인 로널드 로더는 마리아를 청해 만난 자리에서 자신이

어렸을 때 아델레의 초상을 보고는 바로 사랑에 빠졌다며 그림을 되찾으면 자신의 갤러리에 소장하고 싶다고 말한다.

RONALD: I have so much respect for your campaign. The artworks stolen by the Nazis are the last prisoners of World War ll, and Adele is their queen.

MARIA: My aunt would be very flattered.

RONALD: I was a young man when I first saw the portrait, and I instantly fell in love.

MARIA: Oh...

ROINALD: Which is why I want it for my gallery in New York.

MARIA: We're jumping the gun a little here, Mr. Lauder. Well, one needs to do what one can to make a favorable outcome as likely as possible. Which brings me to young Mr. Schoenberg. Now, he's been a formidable ally... And continues to be one.

R: 현재 진행하시는 일에 존경을 표합니다. 나치에 의해 약탈당한 예술작품들은 2차 대전의 마지막 포로들이고 아델레는 그들의 여왕이죠.

M: 숙모가 들으셨으면 으쓱했을 거예요.

R: 제가 어렸을 때 초상화를 처음 봤는데 바로 사랑에 빠졌죠.

M: 그렇군요.

R: 그래서 그 그림을 뉴욕의 제 갤러리에 두고 싶습니다.

M: 로더 씨, 좀 앞서가는군요. 어쨌든 최대한 좋은 결과가 나오도록 최선을 다해야 죠. 그래서 쇤베르크군과 함께 하고 있죠. 그는 정말 든든한 동료고 앞으로도 그럴 거예요.

마리아가 지금까지의 성과가 랜디 덕분이라고 하자 로더는 대법원은 그의 능력으로는 안 된다며 자신의 비용으로 최고의 변호사를 선임할 것을 제안하나 마리아는 단호히 거절한다.

RONALD: Supreme Court, Mrs. Altmann. Getting you through the complex appeal process is one thing, but Washington? It'd be a little like sending a schoolboy onto the front line.

MARIA: You think so?

RONALD: I'm willing to pay for you to have the finest representation from this point on. The man I have in mind is to art restitution what... Einstein is to relativity. He's done his homework on your case. Let's say he knows his stuff. Can I ask him to call you?

MARIA: You can ask him to take a hike. I'm sticking with my schoolboy, Mr. Lauder.

R: 대법원입니다, 알트만 여사. 복잡한 고소과정을 통과하기는 했으나 대법원은 다른 문제죠. 그건 초등학생을 최전선에 보내는 것과 같을 겁니다.

M: 그렇게 생각하세요?

R: 지금부터는 제가 비용을 내어 최고의 변호사를 선임해드리겠습니다. 제가 추천하는 사람은 예술품 환수 분야의 아인슈타인입니다. 이미 사건을 검토했는데 제대로 파악하더군요. 부인께 연락드리라고 할까요?

M: 그분은 그냥 쉬시라고 하세요. 전 초등학생과 계속 함께 할게요.

대법원 재판이 열리자 오스트리아 측은 기소건을 국내문제라고 주장하고 미 정부 대변인도 외교 문제를 들먹이며 난색을 표명하자 랜디는 자신의 물건을 되찾고자 하는 마리아에게 미국이 자유는 물론 정의를 돌려줘야 한다고 호소한다. 4개월 후 그들이 승소하여 재판이 가능해지나 오스트리아 측에서 시간을 끌 게 뻔하고 비용도 충당할 수 없어 마리아는 오스트리아 측에 불법취득을 인정하고 보상을 해주면 그림을 계속 벨베데레에 두겠다고 제안한다. 그러나 그들은 자신들의 소유물에 대해 돈을 지불하지 않겠다며 끝까지 싸우겠다고 한다. 랜디는 최후의 방법으로 양측에서 한 명과 제3자 한 명을 선임해 빈에서 중재를 할 것을 결심한다. 승산이 희박하기에 마리아는 패배를 인정하고 일상으로 돌아가자고 하나 모든 것을 건 랜디는 울분을 터트린다.

RANDY: Are you kidding me? I've given everything that I have. I am in so much debt. My wife and I, my－my children, everything I fucking care about in this world, and you have the nerve to... Everything that I've done, I've done to get those goddamn paintings back for you. I wish you'd never asked me. And you－you have the nerve to come here and say to me that it's over? We're so close, you... Just hang in there.

MARIA: The Austrians will never let go. Never. But I won't let them humiliate me again. Go back to Vienna if you have to, but this time, I'm not coming with you. You are on your own, Randy.

R: 지금 장난하세요? 전 제 모든 걸 걸었고 빚도 잔뜩 쌓였어요. 제 아내와 저, 제 아이들, 제가 사랑하는 모든 것을 걸었는데 어떻게 그런 말을... 제 모든 걸 걸고 망할 그림 하나 되찾아주려고 애썼는데. 이럴 거면 애초에 부탁을 안 했어야죠. 여기까지

와서는 끝내자고 말을 하다니. 이제 다 왔어요. 조금만 더 힘내세요.

M: 그들은 절대 그림을 내주지 않을 거야. 절대로. 난 다시는 그들에게 모욕 당하고 싶지 않아. 빈에 가야 하면 가거라. 난 가지 않아. 혼자 해야 해.

오스트리아로 간 랜디에게 후베르투스는 중재가 제3자에게 결정이 달린 거여서 도박과 같다고 말한다. 그들은 길을 가다 쇤베르크 연주회 포스터를 보고 공연장으로 들어가는데, 랜디는 할아버지의 음악을 들으며 마음을 다 잡는다. 중재위원회가 열리는 날 쇤베르크는 연단에서 이 자리는 잘못된 과거를 바로 잡는 자리로 역사에 남을 것이라고 연설을 시작하면서 그들에게 알트만 부인뿐만 아니라 오스트리아를 위해서도 과거의 잘못을 인정할 것을 호소한다. 그 자리에 마리아가 랜디를 위해 나타난다.

During my visits to this country, I've discerned that there are two Austrias, one which opposes restitution to the victims of Nazism, but also another, which recognizes the injustices committed against Austria's Jewish population and, against all odds, seeks to rectify it. As I hope I've demonstrated in my written arguments, the law favors restitution. A string of events and misdeeds point to the incontestable fact that the paintings in question reached the Belvedere and remained there for over half a century, in a manner that was both dishonest and illegal, and that Adele's will itself was not legally binding. So in its own way, ladies and gentlemen, this is a moment in history, a moment in which the past is asking something of the present.

오스트리아를 방문해보니 두 종류의 오스트리아인이 있었습니다. 나치의 희생자들에게 환수를 반대하는 사람과 어려운 여건에서도 오스트리아 유대인들에게 가해진 불의를 인정하고 잘못을 바로잡으려는 사람들. 문서로 이미 밝혔듯이 법은 환수를 지지합니다. 일련의 사건과 비행들로 볼 때 문제의 그림이 부정직하고 불법적인 방법으로 벨베데레 미술관으로 와서 반세기 넘게 걸려 있었다는 사실은 논쟁의 여지가 없는 사실입니다. 아델레의 유언장 자체가 법적 효력이 없으니까요. 그렇기에 지금 이 순간은 역사에서 과거가 현재에게 무언가를 요청하는 순간입니다.

Many years ago, just outside these walls, terrible things happened. People dehumanized other people, persecuted them, sent many of them to their deaths, decimating entire families. And they stole from them. Properties, livelihoods, objects most precious to them. And amongst those people were the Bloch-Bauers, the family of a very dear friend of mine. So now I'm asking you, as Austrians, as human beings, to recognize that wrong. Not just for Maria Altmann, but for Austria.

수십 년 전 이 벽 너머에서 끔찍한 일들이 있었죠. 사람이 다른 사람을 비인격적으로 대하고 박해하며 죽음으로 몰았고 온 가족을 학살하기도 했습니다. 그리곤 그들로부터 재산과 삶과 그들의 소중한 물건들을 훔쳤습니다. 제 소중한 친구의 가족인 블로흐 바우어 가족도 희생자 중 하나였습니다. 이제 저는 여러분이 오스트리아인으로서, 한 인간으로서 그것이 잘못임을 인정하길 간청합니다. 알트만부인뿐만 아니라 오스트리아를 위해서도.

랜디의 연설 후 후베르투스는 자신이 그들을 도운 건 아버지가 나치당원이었기에 그를 대신해 속죄하기 위한 것이었다고 털어놓는다.

HUBERTUS: When I was 15, I discovered that he had been a Nazi, Maria. A passionate follower of the Third Reich. All my life, I've been trying to make up for the sins of the father. Every day, asking myself how he could become the person he was. And every day, trying to move away from him.

MARIA: You are a fine man, Hubertus. A good man.

H: 제가 15살 때 아버지가 나치임을 알았어요. 제3제국의 열렬한 추종자였죠. 평생을 아버지의 죄를 갚고자 노력하며 살았어요. 매일 아버지가 어떻게 그럴 수 있었는지 자문했고, 매일 아버지에게서 벗어나려 노력했죠.

M: 당신은 훌륭한 사람이에요, 좋은 사람이죠.

마리아가 중재 판결에서 이기자 참석자들은 환호했고 후베르투스도 정말 오랜만에 자신이 오스트리아인임이 자랑스럽다고 말한다. 기자회견을 앞두고 드레이만 박사가 충분한 보상을 할 테니 그림을 오스트리아에 남겨달라고 간청하나 마리아는 이를 거절한다.

DREIMANN: Mrs. Altmann, may I have a word?

MARIA: Yes, of course.

DREIMANN: I'm defeated... but I will ask you, beg you, entreat you... not to let these paintings leave their motherland. Let us come to an arrangement. I'm sure we can make a generous offer.

MARIA: I, too, am sad that they will not stay in Adele's country. But all along, I have tried to negotiate, I have tried to keep the dialogue open, and all along, you have thwarted me and closed the doors in my face. So, now... I am tired... and my aunt will cross the Atlantic to make her home in America, as I once had to.

DREIMANN: Good—bye, Mrs. Altmann.

D: 부인, 말씀 좀 나눌까요?

M: 네, 그러세요.

D: 저희가 졌으나 부디 부탁하고 간청하건데 그 그림들이 모국에 남게 해 주세요. 협상하시죠. 분명 후한 조건을 제시할 것입니다.

M: 저 역시 그림이 숙모의 나라에 남지 못해 슬픕니다. 그러나 그동안 계속 협상을 하려 했고 대화를 시도했으나 절 좌절시키고 상대조차 해주지 않았죠. 그래서 이제... 전 지쳤어요. 숙모는 제가 예전에 그래야 했듯이 바다를 건너 미국에 정착할 겁니다.

D: 안녕히 가세요, 부인.

마리아는 중재에서 이긴 후 부모님과 헤어지던 순간을 떠올리며 마음을 가누지 못한다. 부모님은 자신들을 자수성가하여 국가에 도움이 된 오스트리아의 자랑스러운 일원이라고 말하면서 마리아에게 그들을 가슴속에 간직하고 다시 행복해지기를 당부했다. 마리아는 68년 만에 돌아온 그림을 대중에게 공개하는 조건으로 로널드 로더에게 당시 미술품 최고거래가인 1억 3500만 달러에 판다. 랜디는 엄청난 수임료로 예술품 반환을 전문으로 하는 로펌을 설립하고 로스앤젤레스시에 홀로코스트 박물관 이전을 위해 건물을 구입해 준다. 마리아는 계속 옷가게를 운영하며 살던 집에서 살았으며, 그림 값은 친척들과 나누고 로스앤젤레스 오페라단을 비롯한 여러 단체에 기부했다. 그녀는 2011년에 94세의 나이로 세상을 떠났다. 나치에게 빼앗긴 예술품 10만여 점은 아직도 주인의 품으로 돌아가지 못하고 있다.

▬▬▬ 랜디와 알트만 부인

03

베스트 오퍼:

진품과 위작의 경계

The Best Offer (2013)

영화 〈베스트 오퍼〉는 예술품 감정사이자 경매사인 올드먼을 통해 미술 시장에서 작품들이 감정되고 거래되는 양태와 위작에 관한 문제를 다루고 있다. 명실공히 최고의 경매사인 올드먼은 결벽증으로 항상 장갑을 끼고 다니면서 타인과의 접촉을 차단하고 레스토랑에서도 혼자서 밥을 먹는다. 그는 화려한 저택에서 60세가 넘도록 독신으로 살면서 자신의 경매에서 화가 빌리를 응찰자로 내세워 수집한 아름다운 여성의 초상화들을 비밀수장고 벽에 가득 걸어놓고 그들과 사랑에 빠져 살고 있다. 그 그림들은 진품을 위조로 판정하거나 무명화가의 작품으로 소개하는 수법으로 작품의 원래 가치보다 훨씬 싸게 구입한 작품들이다. 그는 자신이 원하는 작품은 빌리의 응찰가로 능숙하게 낙찰시키고 다른 작품들은 더 좋은 호가가 나오도록 유도한다.

타인의 개입을 일절 허용하지 않던 올드먼의 삶은 어느 날 한 젊은 여성이 전화로 부모님이 남긴 그림과 가구 감정을 부탁하면서 흔들리기 시작한다. 그녀는 광장공포증으로 집 밖으로 한 발자국도 못 나간다는 핑계로 올드먼을 그녀의 집으로 오게 한 후 그녀가 벌이는 교묘한 심리전에 그가 점점 휘말리게 만든다. 여성에 대한 두려움이 커서 그 어떤 여성도 만나본 적이 없던 올드먼은 그녀와 대화를 나누고 그녀를 몰래 훔쳐본 후로 접점 더 마음이 쓰이면서 사랑의 감정까지 느끼게 된다. 그녀와 올드먼은 고립을 자처한다는 공통점을 기반으로 서로를 이해하고 신뢰하게 되면서 그녀뿐만 아니라 올드먼도 세상에 대한 거부감을 함께 극복해 나가는 듯했다. 그러나 실상 그녀의 모든 행동은 그의 작품 수집을 돕던 빌리와 올드먼이 수리가 필요한 기계나 예술품을 맡기던 엔지니어 로버트가 공모하여 그의 비밀수장고에 있는 그림들을 훔치기 위한 것이었다. 로버트가 올드먼이 클레어의 집에서 발견한 로봇 부품들을 인간의 형상으로 복원해나가는 동안 올드먼 또한 감정을 느끼는 인간적인 모습으로 변해간다. 그러나 그는 예술작품들을 감정하는 데는 최고의 능력을 지녔으나 처음 겪는 감정의 소용돌이 속에서 사람의 마음은 제대로 감정하지 못했다.

예술작품은 작가의 손에서 탄생하나 그 작품의 가치를 알리고 세상으로 내보내는 것은 아트 딜러와 경매회사이다. 예술작품은 예술성과 창의성이 가치의 핵심인 만큼 일반 재화와 달리 평가 기준과 가격 산출이 주관적이고 수요와 공급 또한 일정하지 않아 작품의 가치를 파악하여 적정가격을 제시하고 작가와 수요자를 연결해주는 중개인의 역할이 매우 중요하다. 작품 판매는 드물게 작가가 직접 전시회를 열어 이루어지기도 하지만 통상적으로 미술시장이라는 유통구조를 통해 이루어진다. 미술시장은 1차 시장과 2차 시장으로 나뉘는데, 1차 시장으로 아트 딜러와 아트 페어가 있고 2차 시장은 경매시장이다.

아트 딜러는 갤러리를 소유하거나 갤러리에 속한 채 활동하면서 재능 있는 작가들을 발굴하여 전속 계약을 맺은 후 그들의 작품을 구매하고 전시 판매해주는데, 한 작가가 하나 이상의 갤러리와 전속을 맺기도 한다. 아트 페어는 갤러리들이 연합하여 일정한 장소에서 전시회를 개최하면서 작품을 판매하고 미술계의 다양한 이슈들을 조망한다. 1966년 독일의 쾰른 아트페어와 1970년 스위스의 바젤 아트페어를 시작으로 영국의 프리즈(Frieze), 프랑스의 피악(Fiac), 미국의 아모리쇼(Amory Show)에 이르기까지 오늘날은 세계 곳곳에서 1년 내내 아트페어들이 열리고 있다.

세계 최초의 공공미술관이 설립된 바젤의 아트페어는 '현대미술의 메카'

로 불릴 만큼 영향력이 크고 심사가 엄격해서 작가들은 참여만으로도 상업적 가치를 확보하게 된다. 바젤은 미국과 홍콩에서도 아트페어를 열었고, 2022년에는 '아트 바젤 파리+'를 개최하기 위해 원래 피악의 개최장소였던 그랑팔레의 '10월 사용권'을 높은 입찰가와 7년 계약을 내세워 낙점받았다. 바젤, 프리즈와 함께 세계 3대 아트페어로 불리는 피악은 프랑스미술계의 자존심으로, 1974년부터 30년간 그랑팔레에서 전시회를 열어왔으나 2022년에 바젤에게 장소를 빼앗기면서 그 해는 아트페어를 접어야 했다. 장소뿐만 아니라 그동안 피악에 참여했던 세계적인 갤러리들과 파리 현지 갤러리들이 바젤을 선택했기 때문이다. 한국에서는 KIAF가 대표적인 아트페어이고, 2022년에는 영국 프리즈가 아시아 진출 첫 도시로 서울을 낙점하여 '프리즈 서울'이 열렸다.

▬▬▬ FIAC의 개최장소였던 그랑팔레 미술관, 파리

아트 페어처럼 세계 각지의 예술가들이 모이는 장이 또 하나 있는데, 국제미술전이다. 아트 페어가 작품 판매의 장이라면 국제미술전은 세계의 신진 예술가들이 한 곳에 모여 실험적인 작품들을 선보이며 현대미술의 동향을 파악하고 교류하는 플랫폼 역할을 한다. 국제미술전은 2년에 한 번 열리는 비엔날레(biennale)가 대표적으로 이탈리아 베니스, 브라질 상파울루, 미국 휘트니를 비롯하여 세계 각국에서 열리고 있다. 1895년에 시작하여 가장 역사가 깊고 규모가 큰 베니스 비엔날레는 각 국가가 독립적으로 전시하는 국가관전시와 개별 작가들이 참여하는 아르세날레전 두 전시를 개최하여 세계 각국의 최신 미술 경향을 소개한다. 6월 9일 공식 개막식에 앞서 3일간 시사회가 열리는데, 이 자리는 작가와 기획자들이 언론과 전문가들에게 평가를 받고 수상자가 정해지는 자리이다. 시사회에는 전 세계 주요 미술계 인사들과 유수 언론과 컬렉터 등이 모여들어 베니스 비엔날레는 세계 미술계의 모임의 장의 역할을 톡톡히 하고 있다. 시사회가 끝나면 바로 바젤 아트페어가 개최되어 미술계 인사들은 통상 베니스를 거쳐서 바젤로 향한다.

우리나라는 1984년에 베니스 비엔날레에 첫 참가를 하여 1995년에 25번째로 국가관을 건립했으며 백남준(1993), 전수천(1995), 강익중(1997), 이불(1999), 조민석(2014), 임흥순(2015) 등이 미술, 건축, 영상미술 분야에서 상을 받았다. 2001년에는 서도호가 한국관 총책임을 맡아 주목을 받으며 세계적인 작가로 부상했다. 현재 뉴욕에 거점을 두고 서울과 런던을 오가며 활동하는 그는 한옥을 모티브로 한 '집 속의 집' 시리즈를 통해 다른 문화권을 넘나드는 현대인의 유목민적인 삶을 조명한다. 그는 한국을 떠나 뉴욕에 거주하면서부터 자신이 살았던 서울의 한옥을 자기 정체성의 일부로 여겨 마치 달팽이가 집을 지고 다니듯 한옥에 대한 기억을 가슴에 품고 다녔다. 그 기억을 작품으로 만들어내면서 그는 어디든 들고 다니고 어느 공간이든 설치 가능하며 안과 밖이 열려 있는 공간의 특성을 갖도록 공기와 빛이 통하는 실크와 반투명 천으로 집을 만들었다. 접어서 들고 다니면서 자신이 원하는 어느 공간에든 자리 잡을 수 있는 그의 '집 속의 집'들은 집은 공간에 옷을 입히는 것과 같다는 그의 철학을 구현한 듯하다. 옷이 사람을 보호하고 그의 개성을 드러내듯 집 또한 그 공간 속의 사람을 보호해주고 개인의 정체성, 나아가 그가 속한 문화를 드러내기 때문이다. 그는 2023년에는 KIAF 출품작으로 인천공항에 글로벌 유목민들을 위한 〈집 속의 집〉을 영구설치하였다.

〈집속의 집〉, 2023. 서도호. 인천공항

〈서울 집〉, 2012. 서도호. 리움미술관

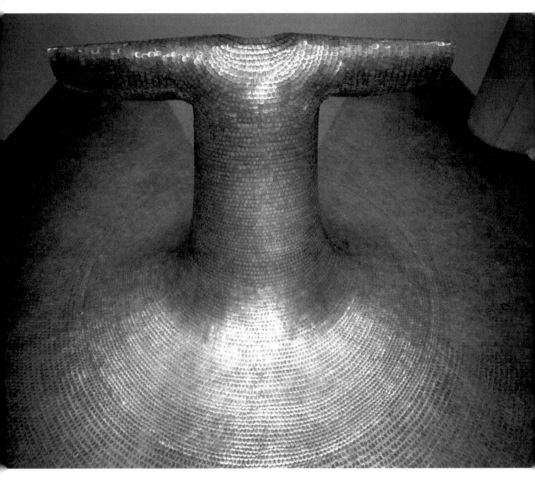

<some/one>, 서도호. 2001년 베니스 비엔날레 출품작. 군인들의 군번 인식표를 모아 거대한 갑옷으로 형상화한 설치작품이다. 집단주의 속에서의 개인의 정체성 상실과 이를 회복하기 위한 인식의 과정을 표현했다.

2차 시장은 1차 시장에서 거래된 작품을 재판매하는 경매시장이다. 경매시장에서는 작가의 명성, 작품 연식, 희소성, 소장기록, 동일 작품의 이전 경매가 등을 바탕으로 위탁자와 경매회사가 합의하여 추정가를 정한다. 소장작품의 경우에는 작품의 진품 여부가 금액 설정에 매우 중요한 근거가 되므로 유명 컬렉터나 기관이 소장한 경우에는 더 높은 가격이 매겨진다. 경매시장에서 작품들은 '자산'이나 '품목'으로 다루어지면서 미학적 가치가 산술적으로 변환된다. 경제학자 타일러 코웬은 "가장 예술적인 것이야말로 상업화되고 대중화되어야 하며, 예술의 가치는 돈으로 환산할 수 있어야 한다"라며 자본과 예술의 긴밀한 관계를 강조한다. 이는 예술이 근본적으로는 고귀한 창작 활동이나 그것이 번성하기 위해서는 돈과 불가분의 관계를 맺기 때문이다. 실제로 예술은 인간의 역사와 함께 시작되었으나 예술의 번성은 역사적으로 경제가 번성하는 곳에서 이루어졌다.

서구에서 예술이 개화한 시기는 페르시아전쟁에서 승리하면서 그리스 각지의 부가 모여들었던 BC 5세기의 아테네, 유럽 대부분을 정복한 후 그리스의 뛰어난 예술을 적극 수용했던 로마제국, 지중해무역으로 경제 호황기를 맺은 르네상스 시대의 이탈리아, 17세기에 해상무역으로 황금기를 이룬 네덜란드, 19세기 말에 산업이 발달하며 경제적으로 풍요했던 프랑스의 '벨에포크' 시절과 1차 세계대전 후 경기호황을 맞이한 '광란의 시대', 2차 세계대전 후 초강대국으로 부상한 미국 등으로 경제가 성장한 곳에서 예술이 개화하고 미술시장이 번성하였음을 알 수 있다. 오늘날은 예술작품이 전 지구적인 자본주의 체제 속에서 투자의 중요한 자산으로 활용되면서 돈과 더욱 긴밀한 관계를 맺고 있다.

소더비에서 생존 시에 작품 가격이 가장 높았던 현존작가 중의 한명이었던 추상표현주의 화가 사이 톰블리(1928~2011)의 작품이 경매 중이다. 그의 작품들은 낙서와 드로잉의 경계를 넘나든다.

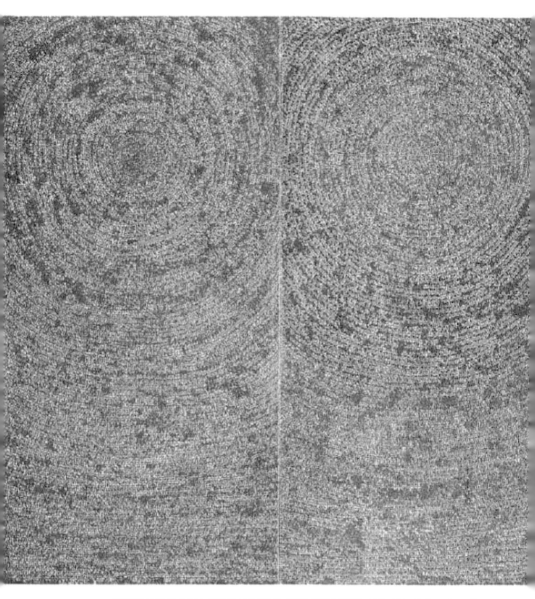

2019년 홍콩 크리스티 경매에서 132억에 낙찰된 김환기(1913~1974)의 〈우주〉, 1971. 국내 작품 최초로 100억이 넘는 가격에 낙찰되었다.

미술시장의 개화

미술시장의 역사는 고대부터 시작되나 미술시장이 활성화되고 미술품 소유가 대중화하기 시작한 것은 르네상스가 발생한 이탈리아에서이다. 15세기 이탈리아에서는 상업과 금융업으로 부를 축적한 도시국가 군주들이 그들의 명성을 드높이기 위해 문예와 학문을 부흥시키고 재능 있는 예술가들을 후원하는 '메세나' 활동을 경쟁적으로 펼치며 르네상스를 주도했고, 교회도 미술을 적극적으로 후원했다. 게다가 부유한 상인들 또한 화가들에게 초상화 등 작품을 의뢰하면서 사회 전반적으로 예술이 개화하고 미술시장도 활기를 띤다. 이탈리아는 6세기경에 게르만족이 차지한 이후 통일을 이루지 못하고 여러 도시국가로 분열되어 있었는데, 십자군 전쟁(1095~1291)으로 동서 교역이 활발해지자 도시국가들이 지중해무역을 장악하여 중계무역과 금융업으로 번영을 이루면서 일찍이 근대로 접어들고 문화적으로도 발달한다. 그중 가장 번성했던 피렌체의 메디치가는 도나텔로, 보티첼리, 미켈란젤로, 레오나르도 다빈치 등 후대에 세기의 대가가 되는 작가들을 후원하고 작품제작을 의뢰하면서 피렌체를 예술의 도시로 만들었고, 다빈치를 후원했던 밀라노와 베니스 등의 타 도시국가 군주들도 예술에 많은 투자를 했다.

15세기 중반부터는 교황청이 프랑스 아비뇽으로 강제 이전되었던 아비뇽 유수(1309~1377)와 로마와 아비뇽에 2명의 교황이 분립하며 시작된 교회 대분열(1318~1417)이 끝난 후 교황이 교권 회복을 위해 거의 폐허가 된 로마를 재건하고 성당을 개축하면서 미술가들에게 프레스코화와 제단화, 조각들을 의뢰한다. 아비뇽 유수는 프랑스 왕이 교황청을 자신의 지배하에 두면서 황제권이 강화되었음을 보여주는 상징적인 사건으로, 약 70년간 7대에 걸쳐 교황을 아비뇽에 기거하게 했다. 1377년에 교황 그레고리오 11세가 로마로 귀환하는 데 성공하나 다음 해에 교회 대분열이 일어나면서 교황권이 완전히 추락한다. 1506년에 시작된 베드로 대성당 신축은 무너진 교회와 '영원의 도시' 로마의 영광을 회복하기 위한 대작업이었다. 세계 최대 규모의 성당 건설에는 당대의 예술가들이 대거 참여하였는데 그들이 탄생시킨 그림, 조각, 건축은 르네상스와 바로크 예술을 대표하면서 엄청난 예술적 가치를 지닌다. 베드로 대성당 신축을 착수하고 미켈란젤로에게 시스티나성당 천장화를 의뢰한 교황 율리오 2세와 메디치가의 첫 교황으로 대성당 건설을 위해 면죄부를 팔아 종교개혁의 빌미를 준 레오 10세는 예술을 전폭적으로 후원했다.

이처럼 이탈리아에서는 군주와 교황들의 후원과 부유한 상인들의 작품 제작요청으로 미술 수요와 공급이 확대되면서 예술가의 지위와 보수가 높아지고 미술시장도 번성한다. 그러나 일반 대중을 상대로 시장으로서의 구조와 기능을 가진 형태의 상업적인 미술시장이 개화하기 시작한 곳은 17세기 네덜란드에서이다. 16세기 들어 이탈리아가 스페인과 프랑스와의 전쟁으로 인해 쇠퇴일로로 접어들자 미술은 이제 해상 무역으로 황금시대를 이룬 17세기의 네덜란드에서 전성기를 맞는다. 네덜란드는 1609년 스페인에서 독립하여 공화제를 성립하고 칼뱅의 신교를 채택하면서 미술 후원자였던 궁정과 가톨릭교회가 물러나고 그 자리를 부유해진 중산계층이 채워 미술시장을 발전시켰다.

17세기는 전쟁과 종교개혁으로 사회가 불안정해지자 인간 중심적이며 조화롭고 이상적인 미를 추구하던 르네상스 예술이 쇠퇴하고 인간을 우주의 미미한 존재로 인식하여 그들의 감정과 고통을 강렬하고 극적으로 표현하는 바로크 예술이 등장하던 시기였다. 미술사학자 하인리히 뵐플린은 양식의 변화를 세계를 바라보는 시각이 변하여 일어나는 현상으로 보면서 바로크를 17세기 유럽의 새로운 시대정신이 탄생시킨 새로운 양식으로 규정한다. 바로크 예술은 16세기부터 시작된 종교개혁이라는 시대적 사건과 맞물려 가톨릭국가와 신교 국가에서 제각기 상반된 형태로 발달한다. 가톨릭교회는 거세지는 종교개혁에 대한 대응책으로 미술품과 건축을 영성 강화의 매개체로 사용하면서 종교적 경외심을 자아내는 극적인 성상들과 황금으로 교회를 더욱 화려하고 웅장하게 치장하였다. 교회 주도의 바로크 예술이 절대왕정 치하의 프랑스로 가서는 궁전문화를 주도하며 더욱 사치스럽고 웅장해진다. 루이 14세가 자신의 강력한 권력을 상징하기 위해 지은 베르사유궁전은 바로크시대의 화려하고 장엄한 건축물의 대표작이다.

반면 신교가 발생한 네덜란드와 플랑드르 지역에서는 종교화가 금지되자 상업의 발달로 경제력을 갖춘 일반 시민들이 자신들의 초상화나 풍속화, 정물화 등을 주문하거나 구입하면서 역사상 처음으로 시민이 그림의 주제가 되고 소유권을 가지는 부르주아적 바로크 예술이 발달한다. 당대의 화가들인 베르메르나 렘브란트가 그려내는 소박한 일상과 평범한 인물들은 삶의 연민을 느끼게 하고, 공허하고 가치 없음을 뜻하는 '바니타스' 정물화는 해골, 젊은 여성, 진주목걸이, 썩어 없어질 음식, 꽃, 촛불, 악기 등을 상징물로 사용하여 세속적인 물질이나 일시적인 것의 추구가 죽음 앞에서는 모두 헛되다는 삶의 유한성과 인간 존재의 미미함을 알렸다. 같은 시기의 바로크 예술이지만 종파에 따라 이렇게 다른 성격의 예술이 발달했다.

그 시절 풍속을 보여주는 그림이 얀 스테인의 〈사치를 조심하라〉이다. 이 그림은 중산층이 부유해지면서 사치스럽고 부도덕한 삶을 사는 것을 비판하며 개신교가 지향하는 근면한 생활 윤리를 지킬 것을 강조한다. 스테인은 그림의 주제를 알리기 위해 그림 오른쪽 아래 귀퉁이에 놓인 석판에 "풍족할 때 조심하라. 그리고 회초리를 두려워하라"라는 네덜란드 속담을 적어두었다. 이처럼 17세기의 네덜란드는 신교와 경제호황의 영향으로 도덕적 주제를 강조하는 장르화들을 탄생시키고 시민 중심의 회화와 미술시장을 발전시켰으나 이후 금융파산으로 경제적 쇠퇴를 맞으면서 미술은 이제 절대왕정 시대가 끝나고 귀족과 상층 부르주아가 문화의 주체로 부상하는 18세기의 프랑스에서 번성한다.

〈사치를 조심하라〉, 1663. 얀 스테인

■■■ 〈허영의 알레고리〉, 1632년경. 안토니오 데 페레다. 바니타스 작품

〈진주귀걸이를 한 소녀〉, 1665~1666. 요하네스 베르메르

18세기 초 프랑스에서는 정치적 변동과 함께 문화적 변동이 일어나면서 미술시장도 발달한다. 1715년에 루이 14세가 죽고 오를레앙 공작이 8년간 섭정하는 동안 절대군주 밑에서 힘을 잃었던 귀족들은 세력을 되찾게 된다. 베르사유궁전을 바로크양식으로 한껏 웅장하고 화려하게 치장하여 자신의 권력을 과시했던 태양왕의 치세 동안 귀족들은 궁에 머물면서 감히 자신들의 예술적 취향을 드러내거나 즐길 수가 없었다. 그러나 루이 14세가 죽은 후 다시 파리로 돌아온 귀족들이 자신들의 저택을 짓고 실내를 장식하면서 미술품에 관심이 높아지고 귀족과 맞먹는 부와 사회적 권위를 지닌 상층 부르주아들 또한 예술에 관심을 가지면서 두 계층이 문화를 주도하게 된다. 그들은 궁정 문화가 추구하던 위대함과 권력 대신 인생의 미와 향락을 추구하면서 장엄하며 격정적인 것을 지향하는 바로크양식에서 벗어난 새로운 미술 양식을 원했는데, 그때 등장한 것이 로코코 양식이다. 정교한 곡선과 우아한 색채, 섬세하고 감각적인 화풍을 특징으로 하는 로코코 양식은 그림뿐만 아니라 가구와 벽지, 실내장식물에도 적용되어 귀족과 상류 부르주아를 위한 사치스럽고 장식적인 예술로 자리매김한다.

　　당시의 세태를 풍자한 그림이 있는데, 로코코 양식의 창시자로 여겨지는 장 앙투안 와토의 〈제르생 상점의 간판〉이다. 와토가 미술품을 파는 친구 상점의 간판으로 그린 이 그림 속에는 상점에 손님이 다수 있어 미술시장이 번성하고 있음을 보여준다. 그림은 당시의 미술시장의 추세를 알려주는데, 상점의 어둡고 구석진 왼쪽 벽면에는 17세기의 종교화와 초상화가 걸려 있고 가운데 벽면과 오른쪽 벽면의 그리스도 탄생화 주위로는 누드화가 가득 걸려 있다. 그림 왼쪽에는 한 점원이 루이 14세의 초상화를 상자에 집어넣고 있으며, 그 뒤의 점원은 새로운 그림을 꺼내어 여성에게 보여주려 한다. 가운데 두 남녀는 전형적인 로코코 양식인 전원을 배경으로 한 누드화를 살펴보고 있고, 우측의 손님들은 점원이 권하는 그림 소품을 보고 있다. 루이 14세의 초상화가 봉인되고 전원풍의 누드화가 관심을 끄는 모습은 바로크 시대가 저물고 로코코 시대가 시작되었음을 알려준다.

〈제르생 상점의 간판〉, 1720~21. 앙투안 와토

〈십자가에서 내려지는 그리스도〉, 1612~1614. 루벤스. 바로크 양식

<그네>, 1767. 장 오노레 프라고나르, 로코코 양식

갤러리와 아트 딜러

현대적 개념의 상업적 갤러리와 아트 딜러들이 등장하기 시작한 것은 19세기 말 프랑스의 벨 에포크 시절로, 독립적인 전시를 개최하는 소규모 갤러리들과 아트 딜러들이 등장하면서 미술시장도 새로운 형태로 발전하게 된다. 19세기까지 프랑스에서 화가들이 작품을 팔 수 있는 최선책은 '살롱전'에 입상해서 명성을 얻는 것이었다. 루이 14세 때부터 시작된 국전 형식의 살롱전은 서구미술 역사상 최초로 정기적으로 열린 권위 있는 전시회로 뛰어난 화가들을 양산하고 미술 사조를 주도하는 역할을 해왔다. 그러나 살롱전이 지나치게 보수적이고 아카데미즘을 고수하자 1870년대에 인상주의를 시작으로 모더니즘 미술이 태동하면서 살롱전을 벗어난 독자적인 전시회들을 열기 시작한다. 당시로는 낯선 모더니즘 작품들은 평론이나 대중들의 호응을 얻지는 못했으나 선구안을 지닌 아트 딜러들은 그 가치를 알아보았다. 아트 딜러들은 자신들의 눈에 띈 화가들의 작품을 싼값으로 대거 사들여 갤러리에서 전시하거나 판매통로를 모색해주면서 그들이 창작에 전념할 수 있게 해주었는데, 이는 오늘날의 1차 미술시장의 등장을 알리는 것이었다.

그 첫 주자가 폴 뒤랑리엘로, 그는 모네의 〈해돋이〉 작품이 당시 평론가에게 스케치에 지나지 않는다며 날로 먹는 장인정신이 인상 깊다는 조롱을 받음에도 그의 작품들을 대량 구매하였고, 작품이 제대로 팔리지 않던 시절에도 그가 새로 그린 〈생라자르역〉 연작을 모두 구매하였다. 그는 작가를 알아보는 혜안뿐만 아니라 판매 돌파구를 찾기 위해 미국 시장으로 진출하는 사업성도 지녔다. 당시 파리는 이미 인상주의가 저물고 후기 인상주의, 야수파, 입체파로 접어드는 단계였으나 유럽보다 한발 늦은 미국에서는 인상주의 그림으로 새로운 시장을 열 수 있을 것으로 예상하여 모네, 마네, 시슬리, 드가, 르누아르, 피사로의 작품들을 들고 가서 전시회를 연다. 전시회는 대성공이었고 작품가격도 치솟았다. 이처럼 뒤랑 뤼엘의 확고한 믿음과 노력으로 인상파 화가들이 마침내 부와 명성을 얻게 되나 그러기까지 20년의 세월이 걸렸다. 그동안 수차례 파산 위기를 겪었던 뒤랑뤼엘은 "내가 만약 60대에 죽었다면 엄청나게 많은 인상주의 그림들에 둘러싸여 굶어 죽었을 것이다"라며 그간의 고충을 털어놓았고, 모네 또한 "뒤랑뤼엘이 없었다면 모든 인상파 화가들은 굶어 죽었을 것이다"라며 그에게 감사를 표했다.

입체파의 대부인 칸 바일러는 전속작가 개념을 도입하여 사업가적 기질과 안목을 드러냈다. 그는 너무 전위적이어서 동료들조차 이해하지 못했던 피카소나 브라크 등의 입체파 화가들과 전속 계약을 맺어 작품 판매권리를 독점하는 대신 경제적인 지원을 해주어 그들이 작품 활동에 매진하게 했고, 자신의 수집품들로 전시회를 열어 입체파가 현대미술의 한 흐름으로 자리매김하는 데 큰 역할을 했다. 그를 모델로 그린 피카소의 초상화는 분석적 입체주의의 대표적인 작품이다. 1차 세계대전이 발발하자 독일 태생인 칸 바일러는 자신의 소속 작가들을 다른 아트 딜러에게 연계시켜주고 파리를 떠나나 전쟁 후 돌아와서 다시 그들과 함께했다. 피카소 역시 칸 바일러가 떠난 후 파리에서 가장 영향력 있던 화상인 폴 로젠버그와 계약을 맺어 21년간 함께 하며 당시 생존작가 중 가장 성공한 작가가 되었으나 이후 그와 계약을 정리하고 다시 칸 바일러와 계약을 맺었다. 현대미술에 대한 탁월한 혜안과 신념을 보여준 칸 바일러는 "위대한 아트 딜러를 만드는 것은 위대한 예술가들이다"라고 말하며 예술가와 아트 딜러의 유기적인 관계를 강조했다.

화가들은 자신들을 발굴해준 딜러의 초상화를 다수 남겼는데 특히 앙브루아즈 볼라르는 피카소가 "세상에서 가장 아름다운 여인도 볼라르만큼 자신의 초상화를 많이 갖지는 못했다. 화가들은 그를 불멸의 존재로 만들었다"라고 말할 정도로 그와 르누아르, 세잔 등 다수의 화가가 초상화를 그려주었다. 그만큼 당시의 화가들에게 그의 영향력이 컸다. 볼라르는 1893년에 파리에 갤러리를 열어 세잔의 첫 전시회를 시작으로 피카소, 마티스, 고흐, 마네, 고갱의 전시회들을 열어주며 그들을 정신적, 물질적으로 지원했다. 이처럼 탁월한 심미안을 가진 아트 딜러들은 시대를 앞선 작가들이 아직 세상의 인정을 받지 못할 때 그들을 먼저 알아보고 신뢰하여 작품들을 세상에 내보내는 산파 역할을 하기에 그들은 '제2의 창작자'로 불리기도 한다.

━━━ 폴 뒤랑뤼엘 (르누아르)/ 칸 바일러 (피카소)/ 볼라르 (세잔)

20세기 중반에는 뉴욕을 중심으로 현대미술 시장이 급속히 발전한다. 2차 세계대전 중에 파리가 나치에게 점령당하자 파리에서 활동하던 미술가와 아트 딜러들이 대거 미국으로 건너와 뉴욕에 자리 잡으면서 뉴욕 미술시장이 활기를 띠는데, 그때 등장한 전설적인 아트 딜러가 페기 구겐하임이다. 그녀는 1912년에 영국에서 미국으로 처녀 출항한 타이타닉호 참사로 사망한 철강업자 벤저민 구겐하임의 딸로, 아버지가 구조를 거부하고 배에서 죽음을 맞으면서 21살의 나이에 막대한 유산을 물려받는다. 페기는 뉴욕에서 예술가들이 드나들던 서점에서 인턴으로 일하면서 유럽 미술을 접한 후 파리로 건너가 뒤샹과 함께 화가들의 작업실과 전시회를 다니며 본격적으로 현대미술을 익힌다. 이후 페기는 런던에 '구겐하임 젠느' 화랑을 열어 콜더, 칸딘스키, 헨리 무어의 전시회를 열었고 1941년에는 나치가 파리를 점령하자 난해하기 그지없는 피카소, 달리, 몬드리안, 자코메티 등의 작품들을 매일 사들여 배로 미국으로 이송하였다. 그녀는 또한 샤갈을 비롯한 유대계 미술가들의 미국 망명을 돕고 후원했는데, 자신이 한 일에 대해 "누군가는 한 시대의 미술을 보호해야 한다고 생각했다"라고 술회했다.

뉴욕으로 돌아온 페기는 1942년에 '금세기 미술관'을 열어 초현실주의와 미국 추상표현주의를 알린다. 그녀는 구겐하임 미술관 건축현장에서 목수로 일하던 잭슨 폴록의 재능을 알아보고 후원하여 액션페인팅의 대가로 성장하게 했고 키네틱 아트의 알렉산더 칼더와 추상표현주의의 클리포드 스틸, 윌렘 드 쿠닝, 마크 로스코 전시회도 개최했다. 1947년에는 금세기 미술관을 접고 이탈리아 베니스로 가서 다음 해 베니스 비엔날레에서 자신의 컬렉션으로 전시회를 열어 현대미술의 불모지 같던 이탈리아 미술계에 혁신을 일으킨 후 여생을 그곳에서 보냈다. 그녀가 죽은 후 그녀의 저택은 '페기 구겐하임 미술관'으로 변모하여 뉴욕 구겐하임 분원이 된다. 페기 컬렉션에는 100여 명 화가의 326점의 작품들이 포함되어 있다.

▬▬▬ 페기 구겐하임 미술관, 베니스

2차 세계대전 이후 미국에서는 또 다른 전설적인 아트 딜러들이 등장하여 뉴욕을 명실공히 세계 미술시장의 중심이자 현대미술의 메카로 만든다. 1960년대에 미국에서 번성한 팝아트 선구자인 라우센버그, 제스퍼 존스, 앤디 워홀, 리히텐슈타인, 프랭크 스텔라, 제프 쿤스 뒤에는 리오 카스텔리가 있었고 백남준, 바스키아, 조나드 우드 뒤에는 래리 가고시안이 있었다. 이탈리아태생의 유대인인 카스텔리는 파리에서 아트딜러로 활동하다 2차 세계대전이 발발하자 미국으로 건너가 컬럼비아대학에서 공부하고 미군에서도 근무했으며, 전쟁 후에는 뉴욕 미술계에서 활동하며 수많은 신진 작가들을 발굴하고 후원했다. 그는 예술가들이 경제공황으로 비어있던 소호의 값싼 공장건물들을 스튜디오로 쓰기 시작할 때 그곳에 갤러리를 열어 소호가 예술가들의 공간이 되는 데에 중심 역할을 했으며, 박물관과 공공장소에 주요 작품들을 기증하여 공익에 기여했다. 수익 창출보다 작가를 돕는 것을 우선시한 카스텔리는 좋은 작품을 찾아내고 최고의 작가를 선택하기를 원하는 고객에게는 좋은 눈과 좋은 듣는 귀를 가지는 방법 외에는 없다고 조언한다.

　　전 세계 16개의 갤러리를 소유하며 연간 조 단위 매출을 올려 미술계의 황금손으로 불리는 래리 가고시안은 그가 전시회를 열거나 전속작가로 발굴한 신인 작가들은 단번에 그림값이 폭등하는 '가고시안 효과'를 일으킬 정도로 영향력이 크다. 그는 런던 사치갤러리의 상징적인 작품인 데미안 허스트의 상어작품을 엄청난 가격에 재판매하여 논란을 일으키기도 했다. 사치는 1991년에 허스트가 약 천만 원에 상어를 사서 방부액에 담근 작품을 약 8천 5백만 원에 구입하여 소장하다 2005년에 가고시안의 요청으로 그의 고객에게 약 150억 원에 판다. 당시 상어가 부패하고 있어 허스트가 새 상어로 교체하여 팔자 미술계는 사기라고 비난을 가했으나 가고시안은 작품의 예술적 의도를 보존하기 위한 것으로 옹호했다. 작품의 스토리를 중시하고 자신이 소유하길 원하는 작품을 판매한다는 철학을 지닌 가고시안은 "아트 딜러의 일은 단순히 작품을 거래하는 것에 그치지 않습니다. 이 작품이 중요하다고 사람들이 믿게끔 만드는 게 아티 딜러들의 몫이죠. 그림이 정말 필요해서 사는 사람은 아무도 없어요. 작품의 가치는 그 작품이 가치가 있다고 믿는 사람들에 의해 형성되죠"라고 말하며 아트 딜러의 역할과 미술시장 유통구조의 핵심을 짚어준다.

▬▬▬ 〈살아있는 자의 마음속에 존재하는 죽음의 육체적 불가능성〉, 1991. 데미안 허스트

카스텔리(왼쪽)와 가고시안(오른쪽)

경매시장의 역사

미술 경매는 1744년 영국 런던에서 소더비가 설립되면서 시작되었다. 창립자인 사무엘 베이커는 작은 책방에서 고서와 골동품을 판매하던 중 이들을 한 장소에서 사고파는 방법을 모색하다가 경매회사를 설립한다. 소더비는 고서와 고문서에 집중하다 1913년부터 그림 경매를 시작하여 오늘날은 보석류, 부동산, 와인, 자동차까지 그 범위를 넓혔다. 그러나 그 근본이 책과 고문서에 있어 오늘날까지 책과 고문서에 관한 이름난 경매는 대부분 소더비가 다룬다. 1776년에 설립된 크리스티는 미술작품을 중점으로 시작했으나 현재는 소더비와 마찬가지로 보석과 와인 등 다양한 품목을 취급하고 있다. 두 회사는 뉴욕을 비롯하여 전 세계에 지사를 두고 있으며 최근에는 온라인 경매까지 도입하여 전 세계 미술품 경매의 85%를 차지하고 있다. 한국에도 두 회사의 지사가 있다. 한국의 대표적인 미술 경매회사는 가나아트가 설립한 '서울옥션'과 갤러리 현대가 설립한 '케이옥션'이다.

미술사에 기록될 만한 현대적인 경매의 시작은 1914년에 앙드레 르벨이 주도한 경매이다. 1904년 파리에서는 르벨 외 12인이 모여 최초의 미술품 투자펀드라고 할 수 있는 '곰의 가죽'을 결성한 후, 매년 1월에 투자금으로 그림을 사서 10년 후에 이를 되팔아 수익금을 배분하기로 한다. 그들은 이미 유명해진 인상파 작품 대신 아직 덜 알려진 고흐, 고갱, 마티스, 피카소 등의 작품들을 10년간 구매한 후 1914년 파리의 한 호텔에서 145점을 경매에 부쳐 4배의 수입을 올렸고, 수익금 중 경비를 제외한 이익의 20%를 작가들에게 재분배하여 미술시장에 선한 선례를 남겼다. 즉, 화가들에게 재판매 로얄티를 주면서 컬렉터나 딜러가 수익을 독점하지 않는 모범을 보인 것이다. 프랑스는 1920년 화가들이 자신들의 작품을 되팔아 이익을 챙긴 사람들에게 이익 일부를 배당받을 수 있는 권리를 법제화했다. 당시 프렐은 경매장에 아트 딜러와 컬렉터, 평론가, 언론을 초대하는 전략을 세웠는데 이는 이후 소더비와 크리스티에서도 사용되어 그들이 얼마나 앞서갔는지를 알 수 있다.

경매에 있어 마케팅은 경매되는 작품 못지않게 중요한 역할을 한다. 다양한 상품들을 팔던 소더비가 오늘날 미술품 분야에서 최고의 경매회사로 자리매김한 데에는 1950년대에 시행된 두 건의 획기적인 마케팅의 역할이 컸다. 소더비는 1957년에 뉴욕 금융재벌 윌리엄 와인버그가 유산으로 남긴 컬렉션을 경매하면서 프리뷰 행사에 엘리자베스 여왕을 초대했다. 참석을 기대한 것은 아니었지만 여왕이 초대에 응하면서 언론과 세간의 이목을 끌었고, 그로 인해 행사의 품격이 높아지고 경매도 대성공이었다. 두 번째는 1958년에 뉴욕 금융재벌 제이컵 골드슈미트가 소유했던 작품들을 경매에 부친 행사로, 소더비는 전략적으로 양보다 질을 채택하여 수많은 유산 중 마네 작품 3점, 세잔 작품 2점, 르누아르 작품 1점, 고흐 작품 1점만을 골라 'Magnificent Seven'으로 이름 붙여 단독 경매를 했다. 경매는 갈라쇼처럼 기획되어 저녁 시간에 드레스코드 '블랙 타이'로 열려 남성은 타이와 디너재킷, 여성은 이브닝드레스를 입고 참석하여 상류층의 최고급 파티의 성격을 띠면서 유명 인사들을 끌어들였다. 작품 7점의 경매는 단 21분 만에 종료되었고, 경매 중 최고가가 두 차례나 갱신되었다.

경매시장은 작가의 브랜드를 나타내는 시그니처 스타일의 작품이나 희소성이 있는 작고한 작가의 작품을 선호한다. 아직 데이터나 평판이 충분히 형성되지 않은 신진 작가는 예측 불확실성이 커서 경매사들 사이에는 2년이

안 된 작품은 팔려고 시도하지 말라는 불문율이 존재하는데, 이는 갤러리와 아트 딜러의 영역인 1차 시장을 침범하지 않으려는 조치이기도 하다. 그러나 오늘날은 아트 딜러나 아트페어가 작품 재판매를 위해 2차 시장에 관여하거나 전략적으로 작가의 신작을 경매에 내놓기도 하고, 작가가 자신의 작품을 직접 경매에 내놓는 일도 발생하면서 1차 시장과 2차 시장이 혼용되는 경우도 생겨난다. 가격 면으로는 1차 시장에서는 작가의 작품을 최초로 구매하면서 비교적 싼 가격에 선점할 수 있으나 이전 가격이 존재하지 않아 불확실성을 감수해야 한다.

경매회사의 주 수입원은 경매 낙찰 수수료로 위탁자와 구매자 양측으로부터 받는다. 통상 수수료는 15~25%를 부과하며, 낙찰 후 취소는 불가능하나 부득이한 경우에는 서면 통보 후 낙찰가 30%를 위약금으로 내야 한다. 경매 전에 프리뷰 전시를 열어 작품 상태를 점검할 수 있게 하므로 상태 불량으로 인한 반품은 거의 불가능하다. 아트 딜러의 경우 작품이 판매되면 작가와 딜러가 수익을 5:5로 나눈다. 얼핏 딜러의 몫이 많아 보이나 딜러들은 작가의 손에서 탄생 된 날 것의 작품에 스토리를 부여하여 브랜딩하고 마케팅 전략을 세워 작품 가치를 높이는 등 작품 판매를 위해 다방면으로 애를 쓴다. 특히 잘 알려지지 않은 작가일수록 작품 판매는 창작만큼이나 어렵다.

경매시장에서 미술작품의 가격이 천억대로 치솟기 시작한 것은 1990년 고흐의 〈닥터 가셰의 초상〉이 크리스티 경매에서 일본 사업가에게 약 천억원에 팔리면서부터이다. 당시는 일본이 경제 대국이 되면서 자본가들이 미술경매에 참여하기 시작하는데 그들은 일본 풍속화인 '우키요에'의 영향을 받은 인상파 화가들, 특히 자신의 작품들이 일본화의 기초 위에서 만들어졌다고 언급했던 고흐의 작품에 열광했다. 유럽에서는 19세기 중엽에 사진기가 발명되면서 사실주의 회화가 위기를 맞고 있었는데 이때 원근법, 공간감, 입체감에 얽매이지 않는 평면화면과 신선한 구도, 뚜렷한 윤곽선과 화려하고 선명한 색의 조화가 특징인 우키요에가 등장하여 서구회화의 미학적 관점에 큰 변화를 일으키며 인상주의와 아르누보에 영향을 미치고 인상주의 음악의 모티브가 되기도 했다.

현재 세계에서 가장 비싼 작품은 2017년 뉴욕 크리스티 경매에서 낙찰된 레오나르도 다빈치의 〈살바도르 문디〉로, 가격은 4억5천만 달러이다. '세상을 구원하는 자'라는 뜻의 예수 초상화인 이 그림은 다빈치가 즐겨 사용한 호두나무 목판에 유화로 그려졌는데, 물체의 윤곽선이나 색상 간의 경계를 안개에 싸인 듯 자연스럽고 번지듯이 그리는 스푸마토 기법이나 섬세한 신체 묘사가 같은 시기에 그려진 〈모나리자〉를 연상시켜 '남자 모나리자'로도 불린다. 이 작품은 레오나르도 다빈치가 1500년경에 프랑스 왕의 주문으로 그린 것으로, 이후 영국왕실의 소유가 되었다가 행방이 묘연해진 후 1958년에 소더비 경매장에 나타난다.

〈살바도르 문디〉는 다빈치의 그림 중 그의 제자들에 의해 가장 많이 복제된 작품으로 소더비 경매에 나온 그림 역시 다빈치의 제자 작품이라는 낙인이 찍힌 데다 훼손이 심해서 고작 45파운드에 낙찰되었다. 그러나 2005년 미국의 두 아트 딜러가 진품일 가능성을 보고 그림을 1만 달러에 사들여 전문가에게 복원을 의뢰한 결과 2011년 다빈치의 진품으로 인정된다. 이 작품은 2013년 러시아 컬렉터가 1억2천만 달러에 구입한 후 2017년 소더비 경매에 내놓아 4억5천만 달러에 사우디 빈살만 왕자에게 낙찰되어 사우디아라

비아 문화부 소유로 기재되어 있다. 최초 약 7만 원에 팔린 작품이 60여 년만에 약 6000억 원에 팔린 것이다. 가히 천문학적인 가격이지만 루브르박물관의 영구고정 전시물인 〈모나리자〉의 보험감정가는 약 8천억 원으로, 그야말로 파리의 심장이라고 하는 루브르의 심장이다. 다빈치는 이 작품을 의뢰인에게 넘기지 않고 자신이 소장하면서 프랑스 국왕 프랑스와 1세의 초대로 프랑스로 이주하여 생을 마감할 때까지 수정에 수정을 거듭했다. 다빈치가 계속 피렌체에 머물렀다면 〈모나리자〉는 우피치 미술관에 걸려 있을 것이다.

다빈치의 회화 작품은 통틀어 20점 미만으로 희소성에 따른 프리미엄이 엄청나기에 그 어떤 작품보다도 진품 확인이 중요하다. 〈살바도르 문디〉는 이후에도 위작 논란에 시달렸으나 2019년에 루브르박물관이 주최하는 '다빈치 사망 500주년 전시회'를 앞두고 최고의 다빈치 전문가들이 첨단 장비를 사용해 다빈치의 다른 작품들과 비교 조사한 결과 진품으로 최종결론이 났고 국제적으로도 공식 승인을 받았다. 이 작품은 2018년 아부다비 루브르박물관 개관식에 공개될 것으로 기대되었으나 나타나지 않았고, 2019년에는 루브르박물관의 다빈치 500주년 전시에 작품을 대여하는 조건으로 〈모나리자〉와 나란히 걸기를 요청했으나 루브르가 특수유리 보호장치에서 〈모나리자〉를 꺼내어 이동시키는 것에 반발하여 전시가 무산되었다.

〈살바도르 문디〉, 1505~1515년경 추정. 레오나르도 다빈치

▬▬▬ 〈모나리자〉, 1503~1506년경 추정. 레오나르도 다빈치

미술시장의 위작 논란

오늘날 미술시장이 전 세계적으로 규모가 커지고 작품가격이 치솟는 가운데 위작 논란 또한 끊이지 않는다. 미술시장은 공급이 불확실하고 물량이 한정적이어서 근본적으로 수요자의 요구를 충족시킬 수 없는 유통구조이다. 이러한 유통구조의 틈새를 파고드는 것이 위작이다. 아트 딜러나 갤러리가 현존하는 전속작가로부터 직접 작품을 구매하는 경우는 위작의 염려가 없겠으나 작고한 화가들은 이미 알려진 작품이나 미발표작품 등 모두 위작의 대상이 될 수 있다. 심지어 현존 작가도 위작 시비로 고충을 겪은 경우가 있다. 화가 천경자는 1991년에 국립현대미술관에 걸려 있는 자신의 〈미인도〉가 위작이라고 주장했으나 국립현대미술관이 작가의 주장에도 불구하고 진품이라고 반박하면서 작가가 일시적으로 절필까지 하는 일이 벌어졌다.

아트 딜러는 작품을 팔 때 특히 고가일수록 두 군데 이상의 감정기관에서 감정을 받아야 하고 작품 도록과 소장 이력, 전시자료 등이 존재하는지도 살펴야 한다. 작품을 거래할 때 아트 딜러의 신용도는 매우 중요하여 누구에게 사는지가 누구의 작품을 사는지 만큼 큰 비중을 차지하고, 그림을 팔 때도 신용도가 높은 아트 딜러일수록 의뢰인이 더 좋은 가격을 받게 하면서 미술시장을 움직이는 '보이지 않는 손'의 역할을 한다. 그림에 대한 감정은 3단계로 이루어진다. 일차적으로 아트 딜러와 전문가들이 그림에 대해 '안목감정'을 하고, 다음 단계로 거래 이력을 비롯하여 작품에 관한 모든 정보를 담은 자료들을 검토하는 '기록감정'을 한다. 여기에 의혹이 생기면 마지막 단계인 '과학감정'이 개입된다. 과학감정에서는 자외선이나 X-Ray 등을 이용한 비파괴검사, 시료분석, 탄소14 동위원소측정을 통한 연대추정 등의 방식이 동원된다.

출처나 서명이 없는 그림의 경우 전문가의 안목 감정이 특히 중요하다. 모든 미술품에는 작가 고유의 흔적과 습관이 배어있어 전문가는 붓의 터치를 비롯한 작가의 스타일을 눈으로 보고 작품 진위를 판단하거나 작품 속의 의상이나 장신구, 서명 등으로 판단한다. 통상 작가는 시기별로 스타일의 변화를 일으키기 때문에 여러 스타일이 혼재되어 있으면 위작일 가능성이 크고, 스타일이 유사해도 조잡한 면이 있으면 역시 위작의 가능성이 있다. 기록감정은 작품에 대한 기록이 없거나 출처를 명확히 밝히지 못하면 위작을 의심해야 한다. 과학감정은 가장 중시되는 추세지만 그 또한 오류가 있어 감정가의 안목과 식견이 약간의 주관성에도 불구하고 더 신뢰할 만하다는 견해도 있다. 과학검증에서는 종이나 안료 등 화구의 재질이나 연대, 덧칠 자국 등을 분석하여 진위를 가리나, 종이제작연대 측정은 오차가 심해 짧은 연대에는 사용할 수 없고 탄소동위원소 연대측정법 역시 극미량의 오차에도 수십 년의 오차가 생길 수 있다. 이처럼 3단계로 감정을 해도 의견 차이가 있어 감정기관에 따라 동일 작품이 위작과 진품으로 다르게 판정되기도 한다.

2015년에 한 의뢰인이 콘스타블 작품으로 추정된다며 크리스티에 작품 감정을 맡긴다. 크리스티는 이를 콘스타블 작품의 위작으로 감정한 후 위작이라는 문구와 함께 약 85만 원에 경매에 올려 약 600만 원에 낙찰된다. 그림을 구매한 컬렉터가 그림에서 덧칠 부분을 발견하여 복원전문가에게 덧칠 제거를 부탁하여 콘스타블의 터치가 드러나자 그는 소더비에 재감정을 의뢰한다. 소더비는 그 그림을 콘스타블의 〈솔즈베리 대성당〉의 준비 단계 작품으로 판정을 내린 후 34억의 감정가에 올려 31억에 판다. 두 최고의 경매회사가 각자 다른 감정 결과를 내면서 크리스티에 감정을 의뢰했던 최초 소유자는 엄청난 금액 손실을 본 것이다. 작가의 서명이 들어간 완성품 〈초원에서 바라본 솔즈베리 대성당〉은 2014년 테이트모던 미술관이 약 390억에 구매했다.

▬▬▬ 콘스타블 서명이 없는 〈솔즈베리 대성당〉 준비 단계 작품

━━━━ 〈초원에서 바라본 솔즈베리 대성당〉, 1830. 존 콘스타블

아트 딜러는 검정을 철저히 해도 완벽하게 위조된 그림에 속을 수도 있고 혹은 위작인 줄 알면서도 판매에 가담할 수도 있다. 최근 넷플릭스 다큐멘터리 〈당신의 눈을 속이다: 세기의 미술품 위조사건〉(2020)은 165년의 역사를 지닌 뉴욕 노들러 미술관의 저명한 아트 딜러인 앤 프리드먼이 마크 로스코를 비롯한 추상표현주의 화가들의 미발표작품들을 싼 가격으로 대량 구매하여 고가로 판매했으나 위조품으로 판명되면서 법정까지 간 사건을 다루고 있다. 1994년 앤은 갤러리 직원이 소개한 로잘레스라는 여성으로부터 마크 로스코, 잭슨 폴록, 바넷 뉴먼, 로버트 마더웰 등의 추상표현주의 거장들의 미발표작품들을 묶어서 싸게 구입한 후 20년에 걸쳐 63점을 팔아 판매 금액이 천 억에 달했다. 작품구매자는 컬렉터뿐만 아니라 갤러리와 유명 미술관도 포함되어 있어 위조작품들이 대형 미술관에 전시되고 작가 카탈로그에도 실렸으며 뉴욕 국립미술관과 현대미술관, 로스코 도록 전문가들도 진품임을 확증해주었다.

그녀는 작품이 진품임을 믿었다고 주장하나 기록감정을 철저히 하지 않아 위작임을 알았을 것이라는 의혹을 받는다. 작품 거래를 할 때는 그 작품이 어떤 전시에 포함되었는지, 누가 비평을 했는지, 누가 소장했는지 등 작품의 이력을 철저히 파헤쳐야 하지만 앤은 작품의 아름다움과 가격에 현혹되어 멕시코의 작품 소유자가 자신을 공개하지 못하는 피치 못할 사정이 있으니 양해해달라는 말에 기꺼이 설득된 것이다. 미술계에서는 작품을 비자금 조성을 위한 돈세탁이나 자녀 상속 등의 탈세 목적을 위해 구매하는 경우가 많아 그럴듯한 핑계였지만 이는 투명한 거래와 신용이 절대적인 아트 딜러에게는 용납될 수 없는 실수였다.

사건은 2007년 잭슨 폴록의 그림을 구매한 영국인 백만장자가 이혼 위자료 마련을 위해 작품을 시중에 내놓으면서 시작된다. 작품이 시장에 나오자 다시 작품을 감정하는 과정에서 그림에 쓰인 노란 물감이 1970년에 생산된 물감이라는 사실이 밝혀지면서 그림이 위작임이 드러난다. 잭슨 폴록은 1956년에 자동차 사고로 사망했다. 구매자 중에는 소더비 회장을 지낸 도미니크 더 솔레도 있었다. 2011년에 수사가 시작되어 그간 앤이 판매한 작품들이 위작임이 드러나면서 그녀는 갤러리에서 해고되고 도미니크의 소송으로 갤러리 소유주와 함께 법정에까지 선다. 법정에서 그녀는 끝까지 자신이 판매한 작품들이 진품이라고 주장했고, 앤의 요청으로 노들러를 방문해 아버지 위조작품을 보고 아름답다고 감탄했던 마크 로스코의 아들은 법정에서 작품 감정을 거부했다. 사건은 앤과 갤러리가 형사처벌을 면하기 위해 피해자들과 금전 합의를 하면서 2019년 7월에 마무리되었고, 앤은 여전히 갤러리를 운영하고 있다. 위작을 판 로잘레스는 사기죄로 체포되었고, 그림을 위조했던 중국 화가이자 수학자인 첸 페이선은 사건 발생 직후 중국으로 도피했다. 무명의 중국 화가가 이처럼 수많은 전문가와 컬렉터들을 속일 수 있었다는 사실은 진품과 위작의 경계가 어디인지를 묻게 한다.

상업적 이유가 아닌 사회적 공익을 목적으로 위작을 그린 화가도 있다. 노동계층 출신의 화가 톰 키팅은 150여 작가의 2000건이 넘는 위작을 그렸는데, 자칭 사회주의자인 그는 돈을 벌기 위해서가 아니라 작가들은 여전히 가난한데 아트 딜러들만 부를 축적하는 부조리에 대항하기 위해 위작을 그렸다고 한다. 그의 위작은 예술 복원가로 일하면서부터 시작되었다. 복원 솜씨가 뛰어난 그는 공방 주인이 그에게 프랭크 모스 버넷의 작품 위조를 부탁하자 완벽한 위작을 그린 후 자신의 서명을 남겼다. 그런데 주인이 그것을 버넷의 서명으로 바꾼 후 진품으로 판매하자 키팅은 작가의 실력과는 상관없이 명성만으로 위작이 진품이 되어 비싼 가격에 팔린 것에 분노한다. 게다가 자신이 15달러를 받고 그린 크리프호프 풍경화는 런던갤러리에 3000달러 이상을 받고 팔렸다. 이에 키팅은 동일 그림의 위작을 수백 점 그려 위작 의혹을 일으켜 그림 가격을 대폭 떨어뜨렸다. 20년 후에 소더비는 그 작품을 경매에 올리면서 작가명을 '크리프호프 것으로 여겨지는'이라는 애매한 문구로 대신했다. 이처럼 키팅은 위작을 통해 부패한 미술시장을 응징하고자 했고, 목적이 돈이 아닌 만큼 그림에 위작 증거를 확실히 남겼다.

키팅은 그가 그린 사무엘 팔머의 수채화가 위작임이 드러나면서 1979년에 사기죄로 기소된다. 그는 자신은 대가들의 영혼의 지도를 받으며 작업했고 위작 증거를 그림에 남겼기에 유죄가 아니라고 항변했다. 재판을 앞두고 그의 건강이 극도로 악화되자 기소가 취하되고 그도 위작 그리기를 멈춘다. 이후 그가 방송에서 위작 과정을 시연하면서 그의 작품들이 유명세를 타자 크리스티는 발 빠르게 특별경매를 열어 그의 위작 204점을 상당한 가격으로 판매하였다. 키팅의 위작 사건은 영화 〈베스트 오퍼〉 곳곳에서 풍자된다. 올드먼이 위작 화가는 반드시 자신이 그 그림의 창조자라는 흔적을 그림 속에 남기므로 모든 위작은 일면 진짜라는 지론을 펼치는가 하면 위작작품이 경매시장에 나오고 위작 컬렉터도 등장한다. 결정적으로, 키팅은 아트 딜러의 부의 축적을 응징하기 위해 위작을 그린 반면 올드먼은 자신의 컬렉션을 위해 진품을 위작으로 판정하여 손에 넣으면서 결국 응징을 받게 된다.

━━━ 바르샤바 Porczyński Gallery에 걸린 인상파 화가 시슬리의 풍경화. 키팅의 위작으로 주장
된다.

대사로 보는 영화

저명한 경매사인 올드먼은 자신의 생일 전날 밤 사무실에서 자정이 넘자마자 클레어라는 여성으로부터 전화를 받는다. 올드먼은 생일날 첫 전화는 본인이 받는 습관이 있어 그녀의 전화를 직접 받게 되는데, 1년 전에 돌아가신 부모님 유산을 평가해달라는 전화였다. 그녀가 올드먼의 생일날 첫 전화를 한 것은 우연이 아니라 그의 습관을 알고 한 것으로 그가 클레어와 엮이도록 시작부터 모든 것이 정교하게 짜여 있었다. 올드먼이 자신을 밝히지 않은 채 담당 직원을 연결해주겠다고 하자 그녀는 아버지가 꼭 올드먼 씨에게 평가를 받으라고 했다며 그가 집으로 와서 봐주기를 간청한다.

OLADMAN: Mr. Oldman's assistants are responsible for assessments. I'll put you through.

CLAIRE: Perhaps I didn't make myself clear. I must speak to Mr. Oldman in person.

OLDMAN: Mr. Oldman never presides over early appraisals.

CLAIRE: But you see, before he died, Dad told me that if I decided to sell everything, I should entrust the auction sale to Mr. Virgil Oldman. In his opinion, the best.

O: 예비평가는 보조원 담당이니 그쪽을 연결해주죠.

C: 제 뜻을 확실히 밝히지 못한 것 같네요. 전 올드먼 씨와 직접 통화해야 해요.

O: 올드먼 씨는 예비평가를 안 합니다.

C: 하지만 아버지가 돌아가시기 전에 물건을 팔겠다면 꼭 그분께 맡길 것을 당부하셨어요. 그분이 최고라고요.

장면은 올드먼의 경매 현장으로 옮아간다. 경매에서 응찰은 현장, 서면, 전화, 실시간 온라인 응찰 네 가지 방식으로 이루어진다. 올드먼은 이번 경매에서 얀 스키의 소녀 초상화를 그레고리안의 제자 작품으로 출품시켜 빌리를 통해 싼 가격으로 구입한다.

OLDMAN: Disciple of Boris Gregorian, Thurst. Oil on canvas, 60 x 70. This one will go to the best offer. 1,000. 2,000. 3,000. 4,000. 5,000 online. 6,000. 7,000. 8,000. 9,000 on the telephone. 10,000 back in the room. 11,000 online. 12,000. 13,000 online. 14,000. 15,000. This is not doing my neck any good. At 15,000. 20,000. At 20,000. Any more? Sold!

다음, 보리스 그레고리안 제자의 작품입니다. 캔버스 유화에 크기 60×70. 최고 제시가에 판매합니다. 1천 달러, 2천달러... 온라인 응찰 5천, 6천, 7천, 전화응찰 9천, 뒤에 분 1만, 온라인 응찰 1만 1천, 1만 2천, 1만 3천... 온라인. 1만 4천, 1만 5천. 이러다 목 다치겠군요. 1만 5천, 2만. 2만 나왔습니다. 더 없습니까? 낙찰입니다.

올드먼은 지금까지 빌리와 공모하여 자신이 원하는 작품들을 이름이 덜 알려진 화가의 작품이나 위작으로 판정하여 원래 가치보다 훨씬 낮은 가격으로 수집해 왔다. 빌리가 그들이 합작한 덕에 올드먼이 많은 돈을 벌었다고 말하자 올드먼은 수고비가 적냐고 물어본다. 이에 빌리는 자신의 화가로서의 재능을 인정해주면 돈은 문제가 아니라고 말하나 올드먼은 냉정하게 그에게는 화가가 지녀야 할 내면의 신비가 없다고 말하면서 돈을 더 준다.

BILLY: Have we ever talked about money, you and me?

OLDMAN: Honestly, no.

BILLY: It's been good enough for you. It's been good enough for me, you misery. What matters is that you're satisfied. My only regret is never being able to persuade you that my paintings are evidence of a great artistic talent.

OLDMAN: A love of art and knowing how to hold a brush doesn't make an artist. You need an inner mystery. A knack you've never possessed. You're right. Double wasn't enough.

B: 내가 돈 얘기한 적 있나?

O: 솔직히 없지.

B: 자네에게 좋으면 나에게도 좋아, 이 친구야. 자네가 만족하면 된 거야. 하나 섭섭한 게 있다면 자네가 내 미술적 재능을 인정 안 해 줬단 거지.

O: 미술 좋아하고 그림 그린다고 예술가가 되는 건 아니지. 내면의 신비가 있어야 해. 자넨 그게 없어. 자네 말이 맞아, 두 배로는 부족해.

올드먼은 또한 감정을 의뢰받은 오래된 여성초상화를 손에 넣기 위해 진품임에도 발리안트라는 위작 화가의 작품으로 거짓 판정하면서 의뢰인들에게 위작이 아무리 아름다워도 진품의 가치에는 비할 바가 못된다고 말한다.

OLDMAN: It's a fake.

WOMAN: How is that possible? It's beautiful!

OLDMAN: I didn't say it wasn't. I said it wasn't authentic.

ASSISTANT: From an analysis of the pigments and wood, we thought it was pre−17th century.

OLDMAN: Even older.

WOMAN: Then it must be worth something.

OLDMAN: It is a work by Valiante, the female forger of the 16th century. She copied masterpieces, but couldn't sign them as she was a woman, so she marked them with a personal code hidden in the folds of the drapery or in this case, in the gaze of the subject.

O: 위작입니다.

W: 어떻게 위작일 수가 있죠? 이렇게 아름다운데!

O: 아름답지 않다는 게 아니라 진짜가 아니라는 거죠.

A: 물감과 나무를 분석해보면 17세기 이전 작품으로 여겨져요.

O: 더 오래됐지.

W: 그럼 가치가 있겠네요.

O: 16세기 여성 위조작가 발리안트 작품입니다. 그녀는 걸작들을 모조했으나 여성이라 서명을 남길 순 없었죠. 그래서 옷 휘장이 접힌 곳이나 이번 경우엔 눈동자에 자신만의 표시를 남겼죠.

올드먼은 클레어 집을 두 번 방문해서도 그녀를 만나지 못해 화가 났으나 지하실에서 18세기 골동품으로 보이는 기계부품을 발견하여 기계공인 로버트에게 가져가서 의뢰한다. 클레어 집에는 그 기계부품이 그려진 그림까지 있어 그의 관심이 더욱 커진다. 올드먼은 계약서를 작성해야 함에도 클레어가 나타나지 않자 일을 그만두려 하나 기계부품이 계속 나타나서 그를 붙잡는다. 그 와중에 클레어가 전화로 감정을 취소하겠다고 해 그의 심기를 더욱 거스른다. 한편 올드먼은 자신이 발리안트 위작으로 판정한 작품을 경매에 부쳐 빌리가 낙찰을 받지만 빌리 뒤에 앉은 발리안트 위작 컬렉터라는 여성이 빌리보다 자신이 먼저 같은 가격을 불렀다며 고소하겠다고 하여 그녀에게 작품을 뺏긴다. 클레어 일로 신경이 날카로워진 올드먼은 빌리에게 화를 쏟아낸다.

OLDMAN: You were too slow, Billy! You didn't get in with your bid in time. And you were too late. Too late. You didn't keep up with me for God's sake!

BILLY: She was behind me. If I'd seen I'd have bid again.

OLDMAN: You're losing it!

BILLY: Maybe you're right but it's not the first time we've messed up. It's the way things go. Never went into a rage like this before.

OLANDMAN: That wasn't a Valiante forgery. It was the genuine one by Petrus Christus. It'll be worth 28 million.

BILLY: Woe be me. I'm sorry. Honestly. But even when we lost Van Gogh's Lady With The Fan you didn't take it this hard. What's going on, Virgil?

O: 자넨 너무 느렸어. 제때 들어오질 못했잖아. 너무 늦었어. 너무 늦었다고. 나랑 보조를 못 맞췄어, 젠장.

B: 그 여자가 내 뒤에 있어 못 봤어. 봤으면 더 걸었지.

O: 그걸 놓치다니.

B: 그렇긴 해도 이런 일이 처음은 아니잖아. 그럴 수도 있는 거지. 여태 이렇게까지 화 낸 적은 없었잖아.

O: 그건 발리안트 위조품이 아니라 크리스투스 진품이었어. 2800백만 달러는 될 거야.

B: 맙소사, 정말 미안하게 됐네. 하지만 고흐의 여인 그림을 놓쳤을 때도 이렇게 속상해 하진 않았는데. 자네 무슨 일 있나?

올드먼이 계속 클레어에게 신경이 쓰이는 가운데 로버트는 기계부품이 18세기 로봇발명가 자크 보카송의 로봇 부품이라고 알려주면서 부품을 더 찾아오라고 한다. 보카송은 올드먼이 학생 때 쓴 논문 주제였다. 때마침 끌 레어에게 연락이 와서 둘은 그녀의 빌라 거실에서 문을 사이에 두고 대화를 나누는데, 그들의 대화에서 클레어가 올드먼을 정확히 파악하여 점점 자신 에게 이끌리게 하고 있음을 알 수 있다. 올드먼이 자신을 피하는 사람과는 거래할 수 없다고 하자 클레어는 비로소 자신은 15살 때부터 사람을 만나지 않았다며 자신의 상태를 알려준다.

CLAIRE: I haven't left this house since I was 15.

OLDMAN: I don't think I understand.

CLAIRE: You understand perfectly. This is my room. If there's somebody in the house or in the villa, I lock myself up in here. I've always done that, even when my parents were here. I hardly ever saw them. I don't see anybody.

OLDMAN: But why?

CLAIRE: Why do you go around with your hands covered by gloves?

OLDMAN: It's a question of hygiene. I don't see the connection.

CLAIRE: You're afraid to touch others. To touch their possessions disgusts you. I'm afraid of going to places where others live. These seem to me very similar personal choices.

OLDMAN: You'd like me to believe you haven't walked a street in 12 years?

C: 저는 15살 이후로 집 밖을 안 나갔어요.

O: 이해가 안 되는군요.

C: 잘 아실텐데요. 여기가 제 방이에요. 누가 집에 있으면 문 잠그고 숨어 있어요. 늘 그랬죠. 부모님 계실 때도 그랬어요. 부모님도 거의 안 보며 지냈고 아무도 안 만났어요.

O: 대체 왜 그런가요?

C: 당신은 왜 장갑을 끼고 다니죠?

O: 그건 청결의 문제죠. 그게 무슨 상관이죠?

C: 사람 닿는 게 두려운 거죠. 남의 물건 만지는 것도 싫고. 나도 남들 사는 세상에 나가기가 두려워요. 우린 비슷한 선택을 한 것 같은데요.

O: 12년간 바깥 거리에 나가본 적이 없다는 말을 믿으라는 거요?

이후 올드먼은 광장공포증에 대해 알아보고 그녀에게 일이 생길 경우 연락을 바로 받을 수 있도록 생전 처음 핸드폰도 사용하면서 그녀에 대한 자신의 감정이 뭔지 몰라 혼란스럽다. 그가 로버트에게 친구 일인 양 상담을 청하자 로버트는 사람 관계도 기계부품과 같아 오랜 시간 함께 하면 서로를 닮아가 공존할 수 있다고 말하면서 그렇게 신경을 쓰는 건 멋진 일이라고 그를 부추긴다. 이후 올드먼은 카탈로그 문제로 그녀를 방문해 대화를 나눈 후 떠나는 척하다 조각 뒤에 숨어 그녀를 훔쳐보고는 더욱 그녀에게 빠져든다. 한편 빌리는 경매에서 놓친 발리안트의 그림을 되찾아주며 다시 조력자로 돌아가고 싶다고 말하는데, 이는 당시 그림을 구매한 여성 또한 공범임을 알려준다.

OLDMAN: How much do you want, Billy?

BILLY: I don't want a penny more than I gave the old girl.

OLDMAN: Now you're really losing your grip.

BILLY: I just want to get back to where we were. How was your friend, your accomplice, your trusted procurer of women?

OLDMAN: If you're doing this to win back my trust, it's been a bad deal for you. You never lost it in the first place.

O: 얼마면 되겠나?

B: 구매가에서 한 푼도 더 안 받겠네.

O: 자네 제정신이 아니군.

B: 난 그저 예전으로 돌아가고 싶을 뿐이야. 자네의 친구이자 공범이자 여자 공급책으로 말일세.

O: 신뢰회복 때문에 이러는 거라면 밑지는 일일세. 자넨 애당초 신뢰를 잃은 적이 없었으니까.

　　어느 날 클레어는 올드먼과 자신의 광장공포증에 관한 이야기를 나누면서 14세 때 수학여행을 갔던 프라하의 시계탑 광장은 편안했고 그곳에 있는 '밤과 낮'이란 레스토랑이 유일하게 그리운 곳이라고 말한다. 이에 올드먼은 자신과 함께 가자며 적극적인 모습을 보인다.

OLDMAN: Has there ever been an open space where you weren't overcome by anxiety?

CLAIRE: Only one. During a school trip to Prague. I was 14. The square with the astronomical clock. I must have walked across it a hundred times. It was beautiful. I remember a restaurant with very strange decor. If there's one place in the world I'm nostalgic for, it's that. I was really happy there. It was called Night and Day.

O: 공포가 안 느껴진 야외 공간이 있었소?

C: 딱 한 곳이요. 프라하 수학여행 때인데 그때 14살이었어요. 큰 시계가 있는 광장이었죠. 아마 백번은 건넜을 거예요. 아름다운 곳이었어요. 독특한 장식의 레스토랑이 생각나요. 유일하게 그리워하는 곳이 있다면 그곳이에요. 거기선 행복했어요. 이름이 '밤과 낮'이었어요.

올드먼은 로버트에게 친구라고 말한 사람이 자신임을 밝히고 그에게 클레어 문제를 본격적으로 상의하면서 한층 가까워져 식사도 함께한다. 클레어로 인해 자신의 공간에 타인을 들여놓게 된 것이다. 그는 여성을 이해할 수 없고 두려움을 가져 결혼을 하지 않았으나 클레어는 예외라고 털어놓는다.

ROBERT: Why did you never marry? You know, never have kids?

OLDMAN: The regard I have for women is equal to the fear I've always had of them...... and to my failure to understand them.

ROBERT: If that's the rule, then Miss lbbetson gives every impression of being the exception.

OLDMAN: I'm afraid so.

R: 왜 결혼 안 했어요? 아이도 없죠?

O: 여자에게 관심 있는 만큼 두려움도 컸지. 여자를 이해하지도 못했고.

C: 여태 그래왔다면 이벳슨 양은 완전히 예외군요.

O: 그런가 보네.

그녀의 생일날 올드먼을 들뜬 마음으로 꽃을 사서 가나 클레어는 감정가가 터무니없다며 화를 낸다. 이에 올드먼이 분노하여 다시는 보지 말자며 나가버리자 클레어가 전화로 사과하면서, 생일날 꽃은 처음 받아봤고 그로 인해 자신의 삶이 많이 바뀌고 있으며 정신과 의사보다 그와 얘기하는 것이 더 좋다고 말한다. 마음이 풀린 올드먼은 다시 클레어를 찾아가 대화를 나눈 후 떠나려다 또다시 조각 뒤에 숨어 그녀를 지켜본다. 그는 그녀를 지켜보다 핸드폰을 떨어뜨리고 그 소리에 클레어가 비명을 지르자 황급히 집을 뛰쳐나간다. 그녀가 누군가 집에 있다고 겁에 질려 전화를 하자 올드먼은 정신없이 그녀에게 달려가 자신이 숨어서 본 것을 고백한다. 클레어는 순간 격분하나 진정한 후 마침내 올드먼 앞에 모습을 드러내고, 그는 장갑을 벗은 손으로 그녀의 얼굴을 만진다. 올드먼이 처음으로 타인과의 접촉을 시도한 순간이었다.

OLDMAN: It was me before, Claire. It was me. It was me. I hid in the room so I could see you.

CLAIRE: You were spying on me? You were spying on me? Get out! I want nothing more to do with you! Get out!...... Please, Virgil. Don't go.

OLDMAN: Believe me, I don't normally behave like this...

CLAIRE: Neither do I.

OLDMAN: So I'm bound to make some mistakes……but nothing in the world would make me want to hurt you. It's just that I can't help myself. I need to see you.

O: 나였소. 내가 그랬어요. 나였소. 당신을 보려고 방에 숨어 있었소.

C: 날 훔쳐봤군요. 날 감시했어요. 나가요, 당신과 끝이에요 당장 나가요… 버질, 가지 말아요.

O: 난 원래 이렇지 않아요.

C: 저도 마찬가지예요.

O: 실수는 했을지 몰라도 맹세코 당신을 해칠 마음은 결코 없었소. 이젠 나도 어쩔 수가 없소. 당신을 봐야겠소.

둘의 관계에 진전이 있자 로버트는 이제 그녀를 환자처럼 대하지 말고 여자로 대하라고 충고한다. 올드먼은 그녀 생각에 일에도 집중하지 못해 뉴욕 출장경매도 취소한다. 그는 드레스를 사서 그녀에게 가서 옷을 입히고 저녁을 차려 보통의 남녀처럼 시간을 보내는데, 거실 한구석에는 그의 부탁으로 로버트가 숨어서 그녀를 지켜본다. 식사 중에 올드먼은 클레어에게 자신의 이야기를 들려준다. 그는 고아원에서 자라면서 잘못을 하면 위작 공방에서 일을 도와줬어야 했는데, 그러다 그 일에 흥미를 느끼고 기술을 익히면서 지금의 자리에 오르게 된 것이다. 대화 중에 클레어는 그에게 위작에 관한 그의 견해를 묻는다.

CLAIRE: In an old article of yours I found on the internet, you said, "There's something authentic in every forgery." What did you mean?

OLDMAN: When simulating another's work the forger can't resist the temptation to put in something of himself. Often it's just a trifle, a detail of no interest. One unsuspected stroke, by which the forger inevitably ends up betraying himself, and revealing his own, utterly authentic sensibilities.

CLAIRE: I really love the way you talk. You couldn't have been more convincing.

C: 인터넷에서 전에 당신이 쓴 글을 봤는데 "모든 위조품엔 진품의 미덕이 숨어 있다" 라고 말했죠. 무슨 뜻이에요?

O: 위조작가는 다른 사람 작품을 위조하면서도 자신을 표현하고자 하는 유혹에 저항하지 못해. 아주 사소한 디테일이나 뜻밖의 터치로 결국 자신을 드러내면서 자신의 진실한 감수성을 보여주는 거지.

C: 당신 말하는 방식이 정말 좋아요. 정말 설득력이 있어요.

로버트에게 클레어와 관련된 모든 것을 털어놓으며 조언을 구하던 올드먼은 어느 날 그의 여자친구가 찾아와서 그가 클레어라는 여성에게 관심을 보이며 자신을 멀리한다고 하소연하자 로버트도 클레어와 사랑에 빠졌다고 생각하여 거의 완성된 로봇을 회수한 후 그와의 관계를 끊는다. 며칠 후 올드먼은 클레어도 자신을 좋아한다고 생각해 반지를 사서 빌라로 가지만 그녀가 사라지고 없어 찾아다니다 경매에도 늦는다. 땀에 젖어서 엉망이 된 모습으로 단상에 선 올드먼은 장갑도 벗어버린 상태에다 정신이 없어 경매도 제대로 진행하지 못했다. 그가 빌리에게 클레어와의 이야기를 털어놓으며 로버트가 늙은 자신으로부터 클레어를 구해내기 위해 데려간 것 같다고 의심하자, 빌리는 그녀가 사라진 다른 이유가 있을 수 있다고 의미심장하게 말하면서 그가 인지하지 못하는 진실을 알려준다.

OLDMAN: I've had my doubts about Robert...... The young knight rescuing the damsel from the clutches of the old man incapable of love.

BILLY: Don't go overboard, Virgil. She could have had her own reasons for disappearing.

OLDMAN: I can't imagine what reasons. Recently, she's been experiencing emotions and feelings that are incompatible with flight.

BILLY: I wouldn't be so sure, if I were you. Human emotions are like works of art. They can be forged. They seem just like the original, but they're a forgery.

OLDMAN: Forgery?

BILLY: Everything can be faked, Virgil. Joy, pain, hate. Illness, recovery. Even love.

O: 로버트가 의심스러워. 사랑도 할 수 없는 늙은이 손아귀에서 젊은 여인을 구하고 자 하는 기사인 거지.

B: 흥분하지 말게. 그녀가 사라진 데는 그럴만한 이유가 있겠지.

O: 도무지 짐작이 안 돼. 최근의 감정 상태로 봐서는 도망칠 이유가 없어.

B: 내가 자네라면 그렇게 확신하진 못할 거야. 인간의 감정은 예술과 같아. 위조가 가 능하지. 보기엔 진품과 같으나 위조란 말이지.

O: 위조라고?

B: 모든 게 위조 가능해. 기쁨, 고통, 증오, 병, 회복, 심지어 사랑도.

며칠 뒤 빌라의 다락방에서 발견된 그녀는 올드먼에게 마침내 자신이 공포증에 걸린 이유를 말해준다. 프라하에서 남자친구와 함께 길을 걷던 중 그가 차 사고로 죽어 그 이후로 밖으로 나가지 않았다는 것이다. 그날 올드먼은 그녀의 방에서 함께 밤을 보낸다. 며칠 후 비 오는 날, 올드먼이 그녀를 만나러 왔다가 집 앞에서 괴한의 습격을 받고 쓰러지자 클레어가 공포를 무릅쓰고 문밖으로 뛰쳐나와 구급차를 부른다. 그녀가 자신을 위해 집밖으로 뛰어나온 사실에 감동한 버질은 퇴원 후 클레어를 자신의 집으로 데려와 수장고를 보여주며 함께 살자고 청한다. 클레어는 그의 제안을 받아들이면서 어떤 일이 생겨도 자신이 그를 사랑했음을 알아달라고 말한다.

CLAIRE: I don't believe it. It's overwhelming.

OLDLMAN: I've been collecting them all my life.

CLAIRE: So, I'm not the first. You have had other women

OLDMAN: Yes. I've loved them all and they loved me back. They taught me to wait for you. And now that you're here, we'd like you to come and live with us and make this beautiful hotel your home.

CLAIRE: Oh, Virgil. If anything should ever happen to us, I want you to know that I do love you.

C: 믿을 수가 없어요. 굉장하군요.

O: 평생 모은 거야.

C: 그러니까 내가 첫 여자가 아니었네요. 이렇게나 많았어요.

O: 맞아. 내가 사랑한 여자들. 이들도 날 사랑했지. 당신을 기다리라고 가르쳐줬어. 이렇게 당신이 와줬으니 우리와 함께 살면 좋겠어. 이 저택을 당신 집으로 만들어봐.

C: 버질, 만약 우리에게 무슨 일이 생기더라도 제가 당신을 정말 사랑한다는 걸 알아주세요.

올드먼은 클레어의 경매 카탈로그를 완성한 후 오해를 풀고 다시 가까워진 로버트 커플을 식당에 초대하여 모두에게 카탈로그를 보여준다. 그러나 클레어는 이제 그와 같이 살기로 한 이상 경매를 진행할 필요가 없다고 말한다. 올드먼 역시 더 이상 장갑을 끼지 않았고 식당에서도 혼자가 아니다. 올드먼은 그들에게 다음 주의 런던경매가 그의 마지막 경매임을 알리며 클레어와의 새 삶에 대한 기대를 한껏 드러낸다. 그의 마지막 경매 현장에서 빌리는 올드먼에게 자신의 그림 한 점을 보냈다며 그가 올드먼을 파멸로 이끈 이유를 미리 알려준다.

BILLY: You were fantastic, my friend! I'm happy for you. I'm going to miss you.

OLDMAN: You say it like we'll never meet again.

BILLY: Of course we will. But I'm feeling nostalgic thinking about all our exploits.

OLDMAN: You'll get over it.

BILLY: Virgil? To remind you of what a great artist I could've been if only you'd believed in me, I've sent you one of my paintings.

OLDMAN: I promise I won't burn it.

B: 멋지게 해냈군. 기쁘네. 자네가 그리울 걸세.

O: 다시 안 볼 것처럼 말하는군.

B: 물론 다시 봐야지. 우리가 함께했던 일들이 그리울 거야.

O: 다 잊힐 거야.

B: 이봐, 자네가 인정해줬다면 내가 훌륭한 화가가 됐을 거란 사실을 깨우치려고 자네에게 내 그림 한 점 보냈어.

O: 태워버리진 않겠다고 약속하지.

경매를 마친 올드먼이 집에 돌아와 보니 거실에는 클레어가 그녀 어머니의 초상화라고 했던 그림이 놓여있고, 수장고에는 여인 초상화들이 다 사라진 채 로버트가 복원 완성한 로봇이 놓여있었다. 거실의 그림은 빌리의 작품으로, 올드먼이 클레어의 집에서 그 그림을 처음 봤을 때 그녀에게 가치 있는 작품은 아니라고 말하였기에 빌리에 대한 그의 평가가 객관적임을 알 수 있다. 로봇은 로버트가 녹음한 말을 되풀이한다.

R:"There is always something authentic concealed in every forgery." I couldn't agree more. That's why I'll miss you, Mr. Oldman.

R: "'모든 위조품엔 진품의 미덕이 숨어 있다.' 전적으로 동의해요. 그래서 당신이 그리울 거예요, 올드먼씨."

충격으로 병원에 입원한 올드먼은 퇴원 후 빌라를 찾아가나 문은 굳건히 잠겨있다. 그러던 어느 날, 그는 빌라 건너편 카페에 늘 앉아 있던 천재적인 기억력을 지닌 난쟁이 여성으로부터 충격적인 이야기를 듣는다. 클레어가 1년 반 동안 그 집에서 237번 나왔으며, 그녀가 빌라 주인으로 지난 2년간 그녀의 리프트를 만들어준 로버트에게 세를 줬다는 것이다. 올드먼은 자신의 차에 추적장치가 설치된 것을 발견하고는 그들을 고발하기 위해 경찰서로 가지만 그녀와 함께한 시간을 떠올리며 발길을 돌린다. 그는 프라하로 가서 시계탑이 보이는 곳에 거처를 마련한 후 '밤과 낮'이라는 레스토랑을 찾아간다. 그곳의 벽면과 공간들은 온갖 종류의 시계와 태엽들로 가득 차 있었다. 그는 마치 그녀가 들어올 것처럼 자리에 앉아서 밖을 보고 있고, 혼자 왔냐는 웨이터에게 기다리는 사람이 있다고 말한다. 영화는 시계추 소리로 끝이 나면서 그의 삶은 망가져서 멈추었으나 세상은 여전히 돌아가고 있음을 알려준다.

II

영화로 듣는 음악

01

피아니스트의 전설:

재즈 시대의 전설

The Legend of 1990 (1998)

영화 〈피아니스트의 전설〉은 1900년대에 유럽과 미국을 횡단하는 한 여객선에서 태어나 일생을 육지를 밟아본 적이 없이 배에서 피아노를 연주하며 살아온 한 천재 피아니스트의 슬픈 동화 같은 이야기를 들려준다. 영화의 원작은 이탈리아 작가이자 음악평론가인 알렉산드로 바리코의 소설 『Novecento』(1994)로, '20세기'라는 뜻이다. 유럽에서 뉴욕을 향해 가던 버지니아호에서 한 이민자 승객이 배에서 아이를 낳아 일등석 연회장의 피아노 위에 버리고 간 것을 석탄실의 흑인 화부 대니가 발견하여 사랑을 듬뿍 주며 키운다. 1900년 1월에 발견하여 나인틴 헌드레드로 이름 짓고 이민국에 들키지 않도록 석탄실에서 몰래 아이를 키운다. 대니는 헌드레드가 바깥세상에 관심을 가지지 않게 육지를 아주 위험한 곳으로 가르치나 그의 호기심은 끝이 없었고, 선장을 비롯하여 배에서 근무하는 모든 사람이 그를 돌보고 가르치며 가족이 되어주었다. 헌드레드가 8살 되던 해에 대니가 사고로 죽고, 이후 헌드레드는 피아노에 천재적인 재능이 있는 것이 밝혀지면서 연회장에서 피아노를 연주하며 살아간다.

법적으로 세상에 존재하지 않는 헌드레드는 창밖으로 일렁이는 바다를 보면서 느끼는 감정을, 승객들이 들려주는 배 밖 세상의 이야기들을 자신의 세상과 이야기로 상상하며 피아노 건반에 담아냈다. 원작에서는 그의 연주에 대해 이렇게 이야기한다: "그가 연주한 것은 그가 연주하기 전에는 존재하지 않는 것이다, 어디에도 없는 그런 것. 그가 피아노에서 일어나면 그 음악은 더는 존재하지 않았다. 영원히 존재하지 않았다." 헌드레드는 단 한 번도 육지로 나간 적이 없으나 그의 실력에 대한 소문이 배 밖으로 퍼져나가 거장 재즈 피아니스트가 그를 방문하여 연주 배틀을 청할 정도였다. 육지로 나가면 성공이 보장되어 있음에도 그는 자신이 한 번도 경험하지 못한 세상을 외면한 채 버지니아호라는 그의 유일한 세상에서 88개의 유한한 피아노 건반으로 무한한 음악을 만들며 사는 것을 선택한다. 그리고 그것이 그의 삶의 전부였기에 그는 훗날 버지니아호가 낡아서 폭파될 때에 배와 함께 사라지면서 애당초 세상에 존재하지 않았던 그는 하나의 전설이 된다.

감독 주세페 토르나토레와 영화음악가 엔니오 모리꼬네는 〈피아니스트의 전설〉(1998), 〈시네마 천국〉(1988), 〈베스트오퍼〉(2014) 세 편의 영화에서 예술적 재능을 타고난 주인공들의 가슴 시린 첫사랑과 삶을 다루면서 예술 3부작을 탄생시켰다. 시칠리아 태생의 주세페는 그의 대표작인 〈시네마 천국〉을 비롯한 초기 작품에 시칠리아섬과 지중해를 배경으로 어릴 적 떠나온 고향과 순수했던 시절에 대한 그리움을 담아내면서 현존하는 감독 중 향수를 가장 잘 표현하는 감독으로 평가된다. 그의 향수를 더욱 깊게 만드는 것이 엔니오 모리꼬네의 음악이다. 30여 년에 걸쳐 13편의 작품을 같이 했던 그들은 나이 차이가 있음에도 작품에서도 현실에서도 완벽한 파트너이자 친구였다. 그렇기에 엔니오는 말년에 자신의 다큐멘터리 영화 제의를 받았을 때 주세페가 감독을 맡으면 하겠다는 조건을 내걸었고, 주세페는 2020년 엔니오가 죽기 직전까지 그와 많은 대화를 나누고 그의 방대한 음악 자료를 조사하여 다큐멘터리 〈엔니오: 더 마에스트로〉(2023)를 완성한다. 주세페는 소박하면서도 절대적인 비범함을 지닌 엔니오의 음악과 삶을 조명하면서 그가 물리적으로 존재하지 않는다는 사실을 드러내고 싶지 않아 그의 음악이 현존하듯 항상 현존하는 엔니오의 모습을 보여주고자 했다.

주세페와 엔니오의 만남은 32세의 신인 감독 주세페가 엔니오에게 〈시네마천국〉 영화음악을 요청하면서 시작되었다. 다분히 자전적인 이 영화에서 주세페는 그가 즐겨 다루는 주제인 아버지와 아들 간의 사랑을 영사기사 알프레도와 소년 토토를 통해 그려내고 있다. 영화는 다음 해 아카데미시상식에서 외국어영화상을, 칸영화제에서 대상을 수상할 정도로 대중과 평론가들의 호평을 끌어내면서 오늘날 고전의 반열에 올랐다. 영화 주제음악과 엔딩 부분의 키스 장면 몽타주로 사람들에게 각인된 이 영화는 홀로코스트라는 엄청난 비극적 사건을 희극적 틀 속에서 다루면서 아버지의 헌신적인 사랑을 한편의 우화처럼 들려준 로베르토 베니니의 〈인생은 아름다워〉(1997)와 함께 이탈리아 영화의 위상을 높인 작품으로 평가된다.

통상 영화음악은 작품의 주제나 감정을 고양시키기 위한 배경음악의 역할을 하지만 엔니오의 음악은 종종 영상과 하나의 유기체처럼 조화를 이루면서 말로는 전달할 수 없는 메시지와 감동을 준다. 그 중의 백미가 18세기 남미에서 목숨을 건 선교활동을 한 예수회 사제들의 이야기를 다룬 롤랑 조페 감독의 〈미션〉(1986)에서 흘러나오는 '가브리엘의 오보에'이다. 이 곡은 팝페라 가수 사라 브라이트만이 엔니오에게 2년간 성악곡으로 만들자고 간청한 끝에 '넬라 판타지아'로 탄생하여 널리 알려졌다. 원주민들에게 기독교를 전파하기 위해 남미의 한 오지로 파견된 가브리엘 신부는 자신을 해치러 온 원주민들에게 진심을 전하기 위해 죽음의 공포 속에서도 오보에를 연주한다. 남미의 원시림에 울려 퍼지는 오보에 선율이 적대적인 원주민들의 마음과 얼굴에 일으킨 변화는 그야말로 평화와 화해라는 영화 주제를 더없이 전달하고 있다.

엔니오 모리꼬네는 작곡을 전공했으나 생계를 위해 트럼펫 연주를 하고 대중음악 편곡을 하다가 영화음악으로 들어섰다. 당시 클래식 작곡가가 영화음악에 참여하는 것은 반예술적인 행동으로 여겨질 만큼 영화음악에 대한 인식이 낮았고, 그도 비주류음악을 한다는 자격지심이 있어 처음에는 가명으로 작업을 했다. 그러나 400편이 넘는 영화음악을 통해 엔니오의 천재성이 드러나면서 보수적인 클래식계도 마침내 그가 영화음악을 현대음악 그 자체로 격상시켰다고 인정한다. 엔니오의 영화음악이 특별한 것은 선율이 아름다운 것도 있지만 작곡가 한스 짐머의 말대로 우리 인생의 진솔한 사운드트랙을 들려주기 때문이고, 감독 쿠엔틴 타란티노의 말처럼 음악이 눈에 보이기 때문이다.

▬▬▬ 엔니오 모리꼬네와 주세페 토르나토레

미국 이민의 역사

영화의 배경인 1900~1930년대는 가난과 자연재해 등으로 생존의 위협을 받고 있던 유럽 각국의 서민층이 누구라도 노력하면 성공할 수 있다는 꿈을 안고 미국으로 대거 이주하던 시기였다. 그 기간에 수천만의 유럽 이민자들이 미국으로 이주하여 전체 이민자 수가 미국 인구의 4분의 1에 달했다. 당시 증기기관과 과학기술이 급격히 발전하면서 북대서양을 건너는 영국과 독일의 여객선 회사들은 경쟁하듯 더 규모가 크고 더 고급스러운 선박을 건조하여 일등석에는 돈 많은 승객을, 삼등석에는 이민자들을 태우고 유럽과 미국을 오갔다. 이들 여객선은 웅장한 문명의 이기인 동시에 이민자의 아픈 역사와 흔적이 담긴 곳이다. 삼등석의 이민자들에게는 그들이 들고 온 짐이 전 재산이었고, 그들이 그리는 꿈의 나라에 도착하기도 전에 사망한 이민자도 다수였다. 게다가 미국 이민법상 전염병 방지를 위해 출항 전에 검진을 받았음에도 삼등실과 일·이등실 연결통로를 막으면서 이민자들은 배 안에서도 여전히 다른 세상에서 살았다.

헌드레드가 태어난 여객선의 이름 '버지니아'는 평생을 독신으로 지낸 엘리자베스 1세 여왕을 기리는 호칭이다. 유럽의 변방이었던 영국을 세계 최고의 제국으로 발전시킨 엘리자베스 1세는 북미대륙 진출 또한 최초로 시도하면서 총신인 월터 롤리 경에게 식민지개척을 명한다. 롤리는 여왕에게 바치는 '버지니아' 식민지를 개척하기 위해 북미 로어노크 섬에 수차례 이주민을 보내었으나 당시 영국과 스페인과의 전쟁으로 본국의 지원이 이어지지 못해 정착에 실패한다. 그러나 그의 탐험을 기반으로 제임스 1세 시대인 1607년에 최초로 식민지개척이 성공하면서 버지니아식민지가 탄생한다. 유럽 강국들이 동양과의 교역과 식민지개척을 위해 대서양변경으로 진출하던 대항해시대에 아메리카 신대륙은 구대륙의 제국주의자들에게는 개척의 땅이자 국내의 소외 계층이나 반발세력을 내보낼 수 있는 좋은 장소였다. 영국은 신대륙 개척에 가장 적극적으로 뛰어들어 버지니아식민지부터 1773년의 조지아식민지까지 160여 년에 걸쳐 북미 연안에 13개의 식민지를 개척했다.

1607년에 런던 상인들이 설립한 버지니아회사는 제임스 1세의 허가하에 최초의 이주민 144명을 배에 태워 버지니아식민지에 도착한 후 국왕의 이름을 딴 제임스타운을 짓고 정착했다. 당시의 이주민에는 실업자와 범죄자 등이 다수 있어 성분이 좋지 않았고, 이민의 목적 또한 금과 은을 노린 순전히 상업적인 것이었으며, 게다가 그곳에서 최초의 흑인 노예무역이 시작되었기에 미국인에게는 자랑스러운 역사가 아니었다. 이에 미국은 1620년에 종교적 자유와 신대륙에 대한 이상을 품고 플리머스에 정착한 영국 청교도들을 그들의 선조로 내세웠고, 그들로부터 미국 주류세력을 일컫는 WASP(White Anglo-Saxon Protestant)가 기원한다.

13개의 식민지는 지역에 따라 북부의 뉴잉글랜드 식민지, 중부 식민지, 남부 식민지로 나뉘어 북부에는 주로 청교도들이 정착했고 현재 미국 동부 지역인 중부에서는 비교적 종파에 자유롭고 다양한 이민자들이 모여들었으며 남부에는 종교나 정치적 이유보다 주로 농장 경영을 목적으로 한 이주민들이 정착했다. 이주민 구성은 아일랜드·스코틀랜드·독일·네덜란드인이 일부 포함되었으나 대부분이 잉글랜드인으로 이들이 미국의 주류를 형성한다. 오늘날 미국을 대표하는 도시인 뉴욕은 네덜란드인들이 1624년에 정착하여 뉴암스테르담으로 명명하며 공동체를 형성했으나 영국이 강제점령하여 뉴욕으로 재명명하였다. 이 시절에 코넬대학을 제외한 7개의 아이비리그 대학도 설립되었다.

　미국은 태생적으로 이민자 국가이므로 19세기 후반까지 이민을 제한하는 연방법은 없었으나 1790년에 귀화법을 제정하여 시민권 허용자격을 '좋은 평판을 가진 자유인', '백인 이민자'로 규정하여 유색인종을 배척하는 인종주의를 드러냈다. 미국은 애당초 그 땅의 주인인 원주민과 정착 초기부터 미국 성장에 막대한 노동력을 제공한 흑인 노예들을 인간 이하의 존재로 여겨 사회의 일원으로 인정하지 않았기에 그들 또한 법적으로 시민권을 획득하는 데 긴 시간이 걸렸다. 백인들은 신대륙을 발견한 후 그곳에 낙원을 건설하기 위해 두 가지 용서받지 못할 '원죄'를 저질렀는데, 하나는 수만 년 동안 그 땅에서 살던 원주민들을 거의 멸종시키다시피 학살하여 그들의 땅을 뺏은 것이고 다른 하나는 그 땅을 경작하기 위해 흑인 노예들을 들여와 가축처럼 부리고 착취한 것이다. 이처럼 미국은 인디언과 흑인의 피와 땀으로 거대한 국가를 형성했음에도 다양한 인종의 이민자들을 용해하여 미국인으로 합금시키는 인종의 용광로에서 그들과 아시아인을 제외시켜 인종주의의 배타성이 미국의 국가적 성격에 깊이 뿌리박히게 된다.

　유럽에서는 19세기에서 20세기 초반에 걸쳐 3차례 미국으로의 대이동이 일어난다. 1820~1860년에는 아일랜드·스코틀랜드·독일 등지에서, 1860~1890년에는 독일·아일랜드·스칸디나비아반도·이탈리아 등지에서, 1900~1914년에는 동유럽·유대인·이탈리아·남유럽국가의 이민자들이 대거 미국으로 향했다. 배가 뉴욕항에 도착하면 이민자들은 자유의 여신상이 있는 리버티섬에서 약 800m 떨어진 앨리스섬의 이민국(1892~1954)에서 이민절차를 밟았다. 검역과 서류심사에서 심각한 질병 환자나 부적격자들은 입국이 거부되었고, 1924년부터는 국가별 할당제를 시행하여 정원을 초과한 이민자들도 돌아가야 했다.

그 시절의 이민을 다룬 같은 제목의 두 영화가 있다. 2013년에 만들어진 영화 〈이민자〉는 이민국 입국심사 과정과 입국장을 통과한 이민자 대다수가 그들의 기대와 달리 얼마나 고된 삶을 살았는지를 보여준다. 한편 유럽으로부터 이민 물결이 쏟아지면서 반이민감정이 커지고 있던 시절인 1917년에 만들어진 찰리 채플린의 무성영화 〈이민자〉는 그가 직접 보고 들은 이민자들의 모습과 사회적 분위기를 신랄하게 풍자하면서 역사적, 문화적 가치를 지닌다.

20세기 초에 미국에서는 우생학이 신봉되면서 열등한 인종의 유입을 막아야 한다는 규제 강화의 목소리가 높아진다. 당시 가톨릭 신자에다 문맹이 많았던 남부 유럽인들의 대량 이민 현상은 미국 내에서 '백인성'에 관한 인식의 변화를 가져왔다. 미국 주류세력인 WASP는 남유럽의 가난하고 무식한 이민자들이 앵글로-색슨의 전통에 부합될 수 있는지에 대해 강한 의구심을 표하며 그들을 흑인도 백인도 아닌 '백인 타자' 혹은 '경계성 인종'으로 차등구분하였다. 이는 백인 내부에서의 인종적 차별성을 드러낸 것으로, 이러한 인식을 제도적으로 뒷받침한 것이 1917년에 시행된 이민법이다. 이 법은 아시아인의 이민을 금지할 뿐만 아니라 16세 이상의 모든 이민자의 문해력을 테스트하는 '문맹 테스트법'을 시행하여 문맹이 많은 남부 유럽인의 이민을 우회적으로 제한했다.

위: 찰리 채플린 〈이민자〉의 한 장면
아래: 엘리스섬의 이민국

오늘날 미국 이민자의 최대인구를 차지하는 민족은 히스패닉으로, 스페인어를 사용하는 중남미계의 미국 이주민들이다. 미국에 히스패닉이 많은 이유는 우선 텍사스, 캘리포니아, 뉴멕시코, 아리조나, 유타, 콜로라도, 네바다의 광활한 영토가 원래 멕시코 땅이었기 때문이다. 미국은 1836년에 멕시코로부터 독립한 텍사스공화국을 미국연방에 가입시킨 후 1845년에 멕시코의 다른 남서부 땅들도 사들이려고 했으나 거절당하자 다음 해에 전쟁을 일으켜 멕시코 영토 1/3에 해당하는 땅을 차지한다. 이로 인해 3145km에 이르는 미국-멕시코 국경이 생기면서 기존의 멕시코인뿐만 아니라 수많은 본토 멕시코인이 일자리를 찾아 불법으로 국경을 넘고 있어 히스패닉 인구가 더욱 증가한다. 1959년에는 쿠바에서 공산주의 혁명이 일어나 다수의 쿠바인이 바다 건너편 플로리다로 피난하여 히스패닉 공동체를 이루었다. 당시는 냉전 시대여서 쿠바를 탈출한 사람들은 난민으로 인정되었다. 이들을 비롯한 히스패닉들은 모두 독실한 가톨릭 신자로 피임과 낙태가 금지되어 자손 증가도 많았다. 현재 히스패닉 인구가 20%에 육박하며 정치적 힘이 강해지고 있고 2060년경에는 인구수가 전체 인구 30%에 달할 것이 예상되어 바야흐로 히스패닉 미국의 시대가 시작될 전망이다.

미국은 1924년에 국가별 할당제를 시행하여 이민자 수가 상당히 감소하나 1965년에 할당제가 폐지되면서 다시 이민자 수가 늘어나고 아시아인의 이주도 재개된다. 20세기 후반부터는 세계화로 인해 타지의 값싼 노동 인력이 미국으로 대거 유입될 뿐만 아니라 일부 공장들이 인건비가 싼 외국으로 이전되어 많은 백인 노동자들이 일자리를 잃게 되자 그들 간에 반세계화·반이민 감정이 고조되면서 신민족주의가 발생한다. 2016년 미 대선에서 트럼프는 그들을 선동하여 대통령으로 당선된 후 '백인의 미국'으로 돌아가자고 외치며 멕시코 국경에 장벽을 쌓고 강경한 반이민정책을 실시하여 많은 비난을 받았다. 현재 민주당의 바이든대통령은 정치 인생 내내 이민자 인권을 옹호하고 선거에서도 친이민정책을 공약으로 내세웠으나 국가 안보와 경제적, 인도적, 문화적 요소까지 고려하여 정책을 입안해야 하는 복잡한 상황 속에서 공약을 제대로 실행하지 못하고 있다.

멕시코와 미국 국경. 국경 위의 노랑과 주황색 부분 영토가 원래 멕시코 영토였다.

아일랜드와 이탈리아 미국 이민사

　버지니아식민지로 시작된 미국 이민의 물결은 20세기까지도 이어져 수많은 가난한 유럽인들이 아메리칸 드림을 좇아서 버지니아호의 삼등석을 타고 이동했다. 당시 이민자 중 가장 많은 수를 차지한 민족은 콜럼버스의 후예인 이탈리아인이었고, 그들 중 약 80%가 빈곤에 시달리던 시칠리아 및 남부 출신이었다. 지중해 한가운데 위치하여 고대부터 그리스, 로마, 아랍, 노르만, 프랑스, 스페인의 지배를 받아온 시칠리아는 지배국가가 계속 바뀌면서 주민들이 끊임없이 외부세력의 횡포와 치안 불안에 시달려왔다. 1861년 이탈리아가 통일되면서 시칠리아도 이탈리아왕국에 통합되나 중앙정부의 방치와 경찰 부패로 행정력과 치안이 여전히 부재하자 주민들은 마을의 불법조직에 돈을 주고 그들의 안전과 재산을 지키고자 했는데, 그 불법조직이 바로 마피아다. 시칠리아의 아픈 역사로부터 탄생한 마피아는 주민들에게 보호비 명목으로 돈을 갈취하고 폭력과 인신매매 등의 범죄를 저지르며 그들의 생활을 더욱 어렵게 만들었고, 1900년 초에는 화산폭발과 지진까지 발생한다. 이에 다수의 시칠리아인들이 생존을 위해 미국으로 향하는데 그 무리에는 마피아도 속해 있었다. 마피아 영화의 고전이 된 〈대부〉(1972)의 주인공 역시 마피아가 기세를 떨쳤던 시칠리아 코를레오네 출신이다.

　이탈리아 이민자들은 주로 뉴욕의 이스트 할렘 지역에 거주하며 막노동으로 생계를 이었는데 가톨릭교도에 절반이 문맹이어서 백색 검둥이, 이등국민으로 불리며 숱한 텃세와 차별에 시달렸다. 당시 우생학자인 로스럽 스토다드는 저서 『백인 세계의 우월함에 맞선 유색인종의 밀물』(1920)에서 각 인종의 IQ를 미국인 106, 이탈리아인 84, 유색인 83으로 책정하고 우월함은 잉글랜드인 19.7, 아일랜드인 4.1, 이탈리아인 0.8, 폴란드인 0.4로 책정하여 백인 간에도 인종의 우열을 나누는 한편 백인국가들에 비백인의 유입을 제한할 것도 주장하였다. 이탈리아인들은 뉴욕 빈민가를 장악하고 있던 아일랜드 갱들의 폭력과 착취에도 시달렸는데, 이때 동포들을 보호한다는 명분으로 마피아가 등장하여 그들과 세력다툼을 벌이면서 이탈리아인들까지 갈취했다. 마피아는 금주법 시기에 뉴욕과 시카고 등지에서 밀주를 팔아 연간 1조 원의 돈을 벌어 세력을 확장하고 마약과 매춘 등 각종 이권에 개입하면서 그야말로 범죄의 온상이 된다.

1891년 뉴올리언스에서는 이탈리아인들을 괴롭히던 백인 경찰서장이 살해되어 이탈리아계 19명이 용의자로 몰리는데, 그들 중 일부가 무죄판결을 받자 수천의 시민들이 감옥으로 몰려가 수감 중이던 11명을 살해하는 사건이 일어난다. 이에 이탈리아가 미국 정부에 항의하고 배상을 요구하나 미국이 거부하면서 두 나라 간에 외교단절이 일어난다. 이탈리아가 해군출동까지 고려하자 해리슨 대통령은 1892년 콜럼버스 신대륙 발견 400주년을 맞이하여 콜럼버스를 미국의 진보와 계몽의 아이콘으로 치켜세우고 10월 12일을 '신대륙 발견의 날'로 정하면서 이탈리아인을 미국 사회에 포용한다는 제스처를 취했고, 이탈리아 정부에도 2만 5천 달러를 배상했다. 그러나 이탈리아인들은 백인의 여전한 차별과 텃세에다 이탈리아 특유의 친족중심주의와 가톨릭 신앙 때문에 20세기 초중반까지도 WASP로 대표되는 미국 주류문화에 어울리지 못한 채 '수습 백인'으로 살아왔다.

'신대륙 발견의 날'은 1934년에 '콜럼버스의 날'로 이름이 변경된다. 이는 앵글로-색슨 영국인뿐만 아니라 남유럽 백인들도 미국 사회에 기여했음을 알리기 위한 것으로, 역사학자 베네딕트 데샹은 콜럼버스의 날을 "이탈리아 이민자들이 미국인으로 인정받음을 축하하는 날"이라고 평한다. 2021년에는 바이든 대통령이 콜럼버스의 날을 '아메리칸 원주민의 날'로 변경하면서 포고문에서 "아메리칸 원주민들도 미국 사회 발전에 기여했음을 인정한다"라고 선언한다. 이는 원주민 입장으로는 원래 주인을 500여 년이나 지난 뒤 그 땅의 일원으로 포용한다고 생색을 내는 주객이 전도된 일이고, 그들에게 콜럼버스가 어떤 존재인지를 전혀 고려하지 않은 정책이다.

▬▬▬ 1900년경 뉴욕 맨해튼에 위치한 '리틀 이탈리아' 멀버리거리. 컬러복원 사진

아일랜드에서는 19세기 중반에 그들의 주식인 감자가 잎마름병에 걸려 모두 썩어들어가 대기근이 일어나면서 생존을 위한 대규모 탈출이 일어났다. 1800년에 잉글랜드에 합병되어 주권 독립과 자치권을 박탈당한 아일랜드는 영국의 곡창지대 역할을 했다. 농민들은 그곳에 거주하지도 않는 잉글랜드 지주 밑에서 소작하여 수확한 옥수수와 밀 대부분을 임대료로 차출당하고 곡물들은 모두 본토로 보내져 그들은 감자를 농사지어 주식으로 삼았다. 18세기 말 유럽에서는 뿌리작물인 감자는 나병을 옮긴다는 소문과 함께 악마의 음식으로 인식되어 빈곤한 서민이나 가축이 먹는 음식이었다. 당시 독일에서는 식량난이 심각해지자 왕이 직접 나서서 농민들에게 감자를 재배하게 하여 감자는 독일인이나 먹는 음식으로 조롱받기도 했다. 아일랜드인 역시 영국에 병합된 이후로는 감자로만 생계를 유지하면서 열 달은 감자와 우유만 먹고 나머지 두 달은 감자와 소금만 먹는다는 말이 나올 정도였다. 그나마 감자가 생산성이 좋고 영양분도 높아 그들의 생존을 돕고 인구도 늘어났다.

1845년부터 아일랜드에서는 주식인 감자에 질병이 생겨 수년간 흉년이 계속되면서 식량 가격이 폭등하고 전염병까지 창궐한다. 단일 작물, 단일 품종을 심다 보니 질병에 대처할 수도, 대안작물도 없었다. 이로 인해 1백만 명 이상이 죽고 1백만 명 이상이 미국으로 이주하여 8백만이던 인구가 7년 뒤에는 600만이 된다. 케네디 대통령의 증조부도 당시 이민자 중의 한 명이었다. 감자 질병은 1879년에도 발생하여 또 한 차례의 이민 물결이 일었다. 아일랜드에서 대기근이 시작되었을 때 영국 정부는 시장 자유를 내세우며 적절한 대책을 마련해주지 않았을 뿐만 아니라 그나마 생산된 감자마저 본토로 보내는 것을 묵인하여 기근을 더욱 악화시켰다. 이에 아일랜드 민족주의자인 존 미첼은 "감자를 망친 것은 신이었다. 하지만 그것을 대기근으로 바꾼 것은 영국인이었다"라며 영국 정부를 비난했다. 이로 인해 아일랜드인들 사이에서 영국 정부에 대한 적대감이 걷잡을 수 없이 커지면서 독립 투쟁으로 이어진다.

 1916년 부활절 주간에 아일랜드에서는 공화주의자의 주도로 독립을 위한 무력 봉기가 일어난다. 1918년에는 영국 정부에 대항하기 위해 아일랜드공화국군인 IRA가 창설되고, 다음 해에는 아일랜드의회가 독립을 선언하고 IRA에 전쟁개시를 명령하면서 영국과 아일랜드 간의 전쟁이 시작된다. 영국군대의 폭력과 진압에 아일랜드가 게릴라전과 테러로 대응하며 2년 반 동안 전쟁을 계속하다 희생자가 늘어나자 마침내 휴전협정이 체결된다. 협정의 내용은 신교의 북아일랜드는 영국령으로 남겨두고 가톨릭계의 아일랜드공화국은 완전 독립이 아닌 대영제국 자치령인 아일랜드 자유국으로 남긴다는 것이었다. 이에 IRA 내에서 조약에 찬성하는 온건파와 반대하는 급진파가 대립하면서 내전이 일어나 동족상잔의 비극이 일어난다. 〈보리밭을 흔드는 바람〉(2006)은 아일랜드 독립전쟁과 내전을 다룬 영화로 함께 독립운동을 하던 두 형제가 휴전협정 후 급진파와 온건파로 나뉘면서 동생이 형의 총에 죽는 비극을 다루고 있다. 아일랜드 독립전쟁과 내전으로 또 한 번의 미국 이민이 발생하여 아일랜드 인구가 절반으로 줄면서 당시 뉴욕에는 더블린 전체 인구보다 더 많은 수의 아일랜드인이 거주했다. 그들은 가톨릭교도에다 알코올중독이 심하고 갱단까지 형성하여 구대륙의 악습을 청교도의 신대륙에 옮겨왔다는 비난을 받았으나 미국 경제성장에 큰 노동력을 충당했다. 영화 〈갱스 오브 뉴욕〉(2002)은 아일랜드인의 첫 번째 이민 물결이 일어났던 19세기 중반의 뉴욕 슬럼가를 배경으로 기존 갱과 아일랜드 갱 사이에 세력다툼이 일어나고 여기에 정치권까지 개입하여 범죄와 피와 폭력이 난무했던 뉴욕의 모습과 그 속에서 생존을 위해 거칠게 살아갈 수밖에 없었던 아일랜드 이민자들의 삶을 보여준다. 아일랜드 갱은 자신들이 받았던 텃세를 후발대인 이탈리아인에게 행사한다.

더블린에 있는 대기근 추모관 거리 조각상

타이타닉호의 비극

북대서양을 오가던 대형여객선을 언급할 때 빠질 수 없는 것이 타이타닉호이다. 20세기 초 영국에서는 화이트 스타라인과 큐나드 라인 두 회사가 여객선 사업을 이끌었는데, 큐나드 라인이 당시로는 세계 최고 속도를 자랑하는 여객선 루시타니아호를 건조하자 화이트 스타라인이 초호화선박인 타이타닉호를 만든다. 당시 북대서양 횡단은 일주일 이상이 소요되었기에 대형여객선은 레스토랑, 연회장, 상점, 야외 선데크, 산책로 등 모든 생활 시설을 갖추어 가히 물 위에 떠 있는 도시였다. 그중에서도 타이타닉호는 4만 7천 톤의 무게에 길이가 269m로, 당시의 선박 중 선체가 가장 크고 초호화급으로 건조되어 '떠 있는 궁전'으로 불렸다. 선박건조비가 요즘 돈으로 환산하면 4억 달러에 달했다.

육지의 모든 생활공간을 하나의 배에 압축시킨 여객선은 이상적인 집합주거지의 모습을 갖추고 있어 현대건축에도 영향을 주었다. 대표적으로, 도시는 인간의 활동을 위한 도구이고 집은 사람이 살기 위한 기계라는 철학으로 삶을 위한 가장 효율적인 공간을 추구한 르 코르뷔지에는 바다 위에 그 효율적인 공간을 구축한 배의 도형을 육지의 건축물에 적용하였다. 그 결과물이 혁신적인 공동주택인 '유니테 다비타시옹'으로 건물 내에 주거공간과 상점, 식당, 호텔이 있고 옥상에 정원, 클럽, 유치원, 트랙, 수영장 등의 공용시설이 있어 세계 최초의 주상복합건물이라 할 수 있다. 마르세유를 비롯해 여러 곳에 세워진 이 공동주택은 프랑스 정부가 2차 세계대전으로 폐허가 된 도시에서 서민 주거공간을 해결하기 위해 코르뷔지에에게 요청한 것이다. 그는 현대건축의 5원칙인 1층 필로티, 옥상정원, 자유로운 평면, 수평 연속

창, 자유로운 입면을 적용하여 건강한 녹지를 유지하는 동시에 주택 밀도를 높이는 '수직적 정원 도시'를 지었다. 당시 그가 인체를 고려하여 천장고를 2.26m로 설정하면서 우리나라 공동주택 2.3m 천장고의 기원이 된다. 유네스코는 2016년에 그의 7개국에 걸친 17개의 현대건축물을 세계문화유산으로 등재시켰는데 마르세유의 공동주택도 그중의 하나이다.

유니테 다비타시옹, 1952. 르 코르뷔지에, 마르세유

당대의 가장 빠르고 호화로운 두 선박은 불행히도 그 영광을 오래 유지하지 못했다. 타이타닉호는 1912년 첫 출항에서 침몰하고, 루시타니아호는 1차 세계대전 중인 1915년에 독일이 해전구역으로 선언한 영국 근해에서 독일 잠수함에 피격되었다. 타이타닉호는 1912년 4월 10일에 약 2200명의 승객을 싣고 영국 사우스햄프턴에서 처녀출항 하여 뉴욕으로 향하던 중 캐나다 뉴펀들랜드 변경에서 빙산에 충돌하여 침몰하면서 1,500여 명이 사망하고 700여 명이 생존했다. 당시 하층 객실에는 스코틀랜드와 아일랜드, 스칸디나비아 출신의 이민자들이 타고 있었고 일등석에는 미국의 철강업자인 벤자민 구겐하임과 메이시스 백화점 소유주인 스트라우스 부부 등 미국과 유럽의 거부들이 타고 있었다. 벤자민 구겐하임은 뉴욕 구겐하임 미술관 설립자인 솔로몬 구겐하임의 동생이자 전설적인 미술 컬렉터인 페기 구겐하임의 아버지이다. 그와 스트라우스 부부는 구조를 거부하고 배에서 죽음을 맞았으며 선장과 설계자 토마스 앤드류스도 배와 운명을 함께 했다.

사망자는 객실 등급과 성별에 따라 달라 비율이 달랐는데, 여성의 경우 일등실 여성 승객 사망자는 3%인 반면 삼등실 여성 승객은 54%에 달했고 전체로는 50%의 아동과 25%의 여성, 80%의 남성이 사망했다. 이 통계는 사회 통념에 따라 여성과 아이들이 우선으로 구조되었음을 보여준다. 삼등실 이민자들의 사망이 많은 것은 삼등실과 일·이등실 연결통로가 막혀 있었기 때문으로, 충돌 직후 통로개방 명령이 내려졌으나 혼란 속에서 전달이 빨리 되지 않았고 영어가 통하지 않는 승객들이 많아 우왕좌왕하다 희생자가 많았다. 사망자 시신처리 또한 객실 등급에 따라 달랐는데, 일등실 승객 사망자 시신은 유산문제로 인해 대부분 유족에게 넘겨진 한편 대부분의 삼등실 승객 시신과 선원들의 시신은 바다에 수장되었다. 타이타닉호는 당시의 최첨단 기술이 집약되어 건조되었기에 그런 선박이 첫 항해에서 빙산과 충돌하여 침몰하자 기술 문명의 진보에 경도되어 있던 사람들은 큰 충격과 함께 자연의 거대한 힘 앞에서 인간의 힘이 얼마나 무력한지를 절감하게 된다.

타이타닉호는 해저 깊이 침몰하여 발굴 작업을 제대로 하지 못하다가 1985년에 해저 4000m 지점에서 배가 두 동강이 난 채로 발견된다. 잠수정으로 내려가는 데에만 2시간 반이 걸리고 칠흑 같은 심해에 수압이 너무 강해 잔해에 접근조차 쉽지가 않았다. 이후 제임스 캐머런 감독이 생존 선원과 승객들의 증언을 바탕으로 당시 상황을 철저하게 재현한 영화 〈타이타닉〉(1997)을 만들어 전 세계적인 인기를 끌면서 타이타닉호 침몰은 하나의 전설이 된다. 타이타닉호에 대한 관심은 오늘날까지 계속되어 급기야 길이 6.7m의 소형잠수정을 타고 고압과 암흑과 저온의 극한 환경인 심해로 내려가 잔해를 탐사하는 상품이 나왔다. 이 무모한 모험은 2023년 1인당 3억이 넘는 거액을 내고 해저로 내려간 5명이 심해에서 잠수정이 내파되어 모두 사망하는 비극으로 끝나는데, 그들은 자신이 죽는다는 사실을 인지하지 못할 정도로 순식간에 사망한 것으로 추정된다. 잠수정에는 회사 CEO인 스톡턴 러시도 승선했는데, 그는 타이타닉호에서 사망한 스트라우스 부부의 고손녀의 배우자이다. 그는 평소 모험과 진보를 위해 안전을 개의치 않는다고 말해 전문가들로부터 많은 비판을 받았다. 이 프로그램은 2021년에 시작되어 13번 항해에 46명이 탑승하여 무사히 탐사를 마쳤으나 출발 전에 서명하는 면책서류에 사망이라는 단어가 여러 번 언급될 정도로 목숨을 내건 여행이었다.

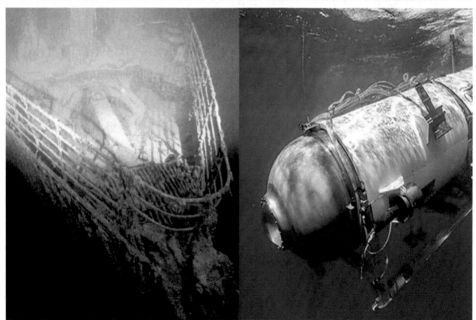

위: 구조를 도운 카르파티아호에서 본 생존자들 모습

아래: 심해에서 발견된 타이타닉 잔해/ 탐사 소형잠수정

재즈의 역사

영화에서 헌드레드가 배에서 성장하던 시기는 미국과 유럽에서 재즈가 유행하던 시기로, 버지니아호의 연회장에서도 재즈가 흥겹게 연주되었다. 당시 유행하던 재즈는 정확히는 재즈의 모체인 랙타임(ragtime)이었다. 랙타임은 ragged(불규칙한)+time(박자)의 합성어로, 왼손은 계속 클래식 리듬의 정박을 연주하고 오른손으로는 밀고 당기는 당김음들을 연주하며 엇박자의 새로운 리듬감을 만들어내었다. 랙타임은 그 기반이 클래식이고 악보대로 연주하였기에 즉흥성과 변주가 생명인 재즈로 분류되기보다는 재즈의 전신으로 여겨진다.

헌드레드는 랙타임을 연주하면서도 악보를 무시하고 감정이 이끄는 대로 변주하며 예측불허의 연주를 하였다. 원작소설은 그와 밴드의 연주에 대해 "수백 미터의 바다가 펼쳐진 대양 한가운데서 10센티미터짜리 의자에 엉덩이를 대고 앉아 눈 앞에는 기적, 귓가에는 경이로움, 다리에는 리듬, 심장에는 누구도 흉내낼 수 없는 유일무이하고 무한한 애틀랜틱 재즈 밴드의 사운드를 느낀다"라고 묘사한다. 헌드레드가 신도 춤추게 한다는 랙타임을 신나게 연주하면 사람들은 춤을 추며 시간의 흐름을 느끼지 못했고 그들이 어디에 있는지도 잊었다. 그러나 헌드레드가 진정성 있는 음악을 한 곳은 삼등석의 업라이트 피아노 앞에서였다. 그곳에서 그는 삶에서도 배의 공간에서도 바닥에 있는 사람들에게 마음에서 흘러나오는, 세상에 존재한 적이 없는 음악을 들려주었다.

클래식이 유럽의 음악이라면 재즈는 미국 음악, 더 정확히는 미국 남부의 흑인들로부터 유래한 음악이다. 재즈뿐만이 아니라 블루스, 소울, 리듬앤블루스(R&B), 록, 메탈, 디스코, 힙합 등 미국 태생의 음악들은 모두 아프리카에서 노예로 끌려온 흑인들의 음악에 뿌리를 두고 있다. 당시 고된 노예 생활을 하던 흑인들은 음악을 통해 고통과 향수를 달래고 자유에 대한 갈망과 저항의식을 표출하였는데, 이들의 음악이 미국이라는 토양에서 성장하면서 미국은 물론 전 세계의 대중음악이 된다. 1892년에 뉴욕 국립음악원 원장을 맡아 미국에 잠시 체류했던 체코 작곡가 드보르작은 일찍이 흑인 음악의 중요성을 인지했다. 그는 "미국의 미래 음악은 흑인 선율에 기초해서 만들어져야 하며, 이것이 미국에 세워진 진지하고 근원적인 작곡의 기초가 되어야 한다"라고 말하면서 〈신세계교향곡〉, 현악사중주 〈아메리카〉, 〈첼로협주곡〉 등에 흑인 영가와 원주민 민요 등을 도입하였다.

재즈는 19세기 후반에 루이지애나주의 뉴올리언스에서 탄생하여 20세기 중반까지 전 세계적으로 유행하였다. 루이지애나는 원래 프랑스식민지로 개척자들이 루이 14세에게 헌정한다는 의미로 '루이의 땅', 즉 루이지애나로 이름 지었다. 그런데 구체제를 복원하려는 유럽 국가들을 상대로 전쟁을 벌이고 있던 나폴레옹이 1803년에 뉴올리언스를 사러 온 미국 사절단에게 전쟁비용 마련을 위해 단돈 1500만 달러에 루이지애나주 전체를 팔아버린다. 이 거래는 미국으로는 천우신조로 생각지도 못하게 아주 적은 비용으로 국토가 2배로 늘어나면서 국가 성장의 기반이 된다. 당시 뉴올리언스의 프랑스 농장주들은 매주 일요일에 흑인 노예들이 광장에 모여 그들의 고유의상을 입고 춤과 노래를 즐기는 것을 허용했는데, 이는 그들에게 어느 정도의 자유를 주어 감정을 분출하게 함으로써 그들을 효과적으로 통제하려는 전략이었으나 그 덕분에 흑인 전통음악이 보존되어 미국 대중음악들의 모체가 된다.

뉴올리언스에는 백인과 흑인 노예 사이에서 태어난 자손인 크레올이 있었는데 그들의 음악과 흑인 음악이 결합하여 탄생한 것이 랙타임이다. 크레올은 아버지가 백인이기에 피부는 검지만 유럽식 교육을 받고 자라 사회적 지위와 경제적 수준이 상당히 높았다. 그러나 노예제 폐지(1865)에 반발한 남부가 공공장소에서 흑인과 백인을 분리하는 짐크로법(1876~1960)을 제정하자 혼혈인 크레올 또한 '피 한 방울의 법칙'에 의해 흑인공동체에서 거주해야 했다. 당시 남부 대부분의 주는 흑인 피가 1/8 이상이면 흑인으로 분류했고 루이지애나는 1/16, 앨라배마는 1/32, 버지니아 등지에서는 피 한 방울만 섞여도 흑인으로 분류하는 순혈주의를 채택하였다.

흑인 혼혈 중에는 백인에 가까운 피부색을 지닌 백색 흑인도 있는데, 넷플릭스 영화 〈패싱〉(2021)은 그들이 겪는 갈등을 보여준다. 'passing'은 '유색인종이 피부색이 밝아 백인인 척하는 행동'이란 의미로, 영화는 1920년대 뉴욕을 배경으로 피부색이 밝아 백인인척 하며 백인 전용 식당과 식료품점을 이용하는 아이린과 완전한 백인의 외모로 혼혈임을 숨기고 인종차별주의자인 남편과 긴장 속에서 살아가는 클레어의 불안한 삶을 통해 '피 한 방울의 법칙'의 아픔을 보여준다. 한편 실화에 근거한 영화 〈그린북〉(2018)은 짐크로법의 횡포를 고발한다. 그린북은 흑인이 갈 수 있는 공공시설 목록을 적은 책자이다. 백악관에서 초청할 정도로 실력을 인정받는 흑인 음악가 돈 셜리는 남부 투어에서 짐크로법으로 인해 자신이 연주하는 연주장에서 식사도 화장실 사용도 할 수 없었고 경찰에게 이유없이 검문을 받으며 심한 인종차별에 시달린다. 그의 운전과 경호를 맡았던 토니는 자신도 멸시받는 이탈리아계 이민자이면서도 셜리를 흑인이라는 이유로 경멸했으나 그가 겪는 부당한 차별에 점점 분노하며 그와 우정을 쌓고 인종주의에서 벗어나게 된다.

크레올은 흑인과 함께 지내면서 자신들이 배운 유럽 클래식 음악에 흑인 특유의 밀고 당기는 리듬감과 역동성을 결합하여 랙타임이라는 피아노 연주 스타일을 만들어낸다. 랙타임에 흑인 노동요에서 발전하여 삶의 고통과 한을 담은 블루스가 결합하여 탄생한 것이 재즈이다. 블루스는 음정을 불안정하게 끄는 연주법인 '벤트 노트'가 특징으로, 이것이 랙타임과 결합하여 박자와 음정 모두가 뒤틀린 재즈가 탄생했다. 재즈는 항구도시인 뉴올리언스에서 시작되어 시카고, 뉴욕으로 이동하며 다양한 형태로 발전한다. 초기의 재즈는 뉴올리언스 사창가에서 성행했으나 미국이 1차 세계대전에 참전하면서 뉴올리언스가 군사기지가 되어 모든 업소가 문을 닫자 재즈연주자들은 미시시피강을 따라서 캔자스시티와 시카고 등으로 이동한다. 이 시기는 약 6백만 명의 흑인들이 남부의 인종차별을 피하고 직업을 찾아 시카고를 비롯하여 산업이 발달한 미국 북부와 서부로 이주하던 대이주(The great migration)의 시기와 맞물린다. 블루스의 대가인 흑인 여성 마 레이니의 삶을 담은 영화 〈마 레이니, 그녀가 블루스〉(2020)에 당시의 시대적 상황이 잘 묘사되어 있다.

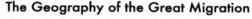

재즈음악가들이 시카고로 옮겨간 1920년대는 금주법 시행으로 밀주와 갱단이 확산되던 시기로, 시카고에서는 마피아의 대부 알카포네가 밀주사업과 함께 비밀리에 운영하던 유흥업소(speakeasy bar)에서 술과 춤과 재즈가 삼박자를 이루며 번성하였다. 1920년대 후반부터 음반 산업이 활성화되자 재즈연주자들은 이제 방송국들이 몰려있는 뉴욕으로 모여든다. 이때 몸을 흔들지 않고는 못 배기게 하는 경쾌한 리듬의 스윙과 함께 12~25인 정도의 관악기가 포함된 빅밴드가 형성되고, 흑인 중심의 재즈음악계에 베니 굿맨을 위시하여 백인이 등장하기 시작한다. 스윙은 음악사전에 '무형의 모멘텀'으로 분석을 거부한다고 적혀있고, 루이 암스트롱이 "느낌이 느껴지지 않으면 당신은 그것을 결코 알 수 없을 것이다"라고 말할 정도로 그루브를 타는 음악이다.

▄▄▄ 영화 〈위대한 개츠비〉에서 스윙에 맞춰 춤을 추는 신여성 플래퍼들

1929년 미국 주식시장의 폭락으로 경제호황이 끝나고 대공황이 시작되자 재즈는 빅밴드가 연주하는 요란한 춤곡에서 벗어나 솔로 연주자를 중심으로 4~5명의 소규모 밴드가 즉흥연주를 하며 완성도를 추구하는 '뮤지션 음악'으로 탈바꿈한다. 그동안 재즈는 술과 춤과 어울려 지나치게 상업적이고 저속한 음악으로 취급되었다. 이에 찰리 파커를 비롯한 천재적인 재즈음악가들이 등장하여 예술성이 강한 비밥 재즈를 창시하여 뉴욕의 재즈 바에서 즉흥적으로 합을 맞춰 연주하고 음악 배틀을 하면서 잼 세션(jam session)이 활성화된다. 비밥은 한 연주자가 테마 멜로디를 연주하면 다른 연주자가 이어서 즉흥적이고 자유롭게 변주 멜로디를 연주하는 스타일로, 템포가 빠르고 코드 변화가 복잡하고 어려워 대중에게는 다소 난해하게 들렸으나 후대의 재즈음악가들에게 음악적으로 큰 영향을 미쳤다.

한편 서부 해안지역에서는 줄리아드를 중퇴하고 찰리 파크 클럽에서 재즈를 연마한 트럼펫주자 마일즈 데이비스가 하드코어의 재즈 대신 다소 느리고 서정적이며 지적인 연주를 특징으로 하는 웨스트 코스트 재즈 혹은 쿨 재즈를 창시하여 인기를 끈다. 당시 서부에서는 2차 세계대전의 후유증으로 허무주의가 팽배하면서 재즈뿐만이 아니라 패션, 문학, 라이프스타일 등 사회 전반적으로 '냉담한' 혹은 '모던한'을 의미하는 '쿨' 스타일이 유행했다. 이에 동부에서는 뉴욕의 흑인 재즈연주자들을 중심으로 쿨 재즈에 비해서는 격정적이나 비밥보다는 차분하고 덜 난해한, 그러면서도 즉흥성을 잃지 않은 이스트코스트 재즈 혹은 하드밥을 탄생시켰다. 스윙 재즈 이후의 비밥, 쿨 재즈, 하드밥을 통틀어 모던 재즈로 칭하기도 한다. 1960년대에는 전위적인 현대 클래식 음악과 발맞추어 기존 리듬과 조성, 코드 진행에서 벗어난 프리 재즈가 유행하면서 대중음악의 경계를 넘어선다. 이처럼 재즈는 시대의 흐름에 따라 형식과 내용에 변화를 일으키며 발전해왔다.

재즈는 어떤 형태로 발전하든 자유로움과 즉흥성을 그 본질로 내세우고 있으나 모두가 재즈를 그렇게 본 것은 아니다. 독일 사회학자인 아도르노는 자본주의 체제에서 대중문화는 기존 질서에 '리드미컬하게' 혹은 '정서적'으로 복종하게 만드는 '사회적 시멘트'의 기능을 하는데, 재즈 또한 기존 질서를 따르게 하는 문화산업에 무엇보다 효과적인 도구라고 지적하면서 재즈의 자유로움과 즉흥성을 부정했다. 그는 문화산업의 특징으로 표준화와 도식화, 사이비 개성으로 꼽으면서 재즈는 매우 자유로워 보이나 실상은 단순한 선율적·화음적·운율적 형식구조를 지닌 표준화되고 도식화된 음악이고, 늘 새로운 것을 추구하는 것처럼 보이는 즉흥연주도 결국은 사이비 개성화의 결과이며, 연주의 구성 역시 기본 공식들의 도식 반복에 불과한 것이어서 대중에게 표준적인 반응을 유발하여 적극적인 사유를 방해한다고 말한다. 그는 재즈를 춤추기 위한 음악으로 이용하는 것 역시 대중이 사색하는 대신 현실의 고통을 잊고 기존 생활을 고수하게 하는 것으로 비판했다. 재즈에 대한 그의 비판은 독점자본주의가 발전시킨 문화산업 전반에 대한 비판으로, 예술이 산업화되면서 인간의 소외감이나 시민적 개체의 상실 등의 사회 고통을 표현하는 예술 본질의 가치를 포기한 채 현실도피와 기존체제 유지의 수단으로 전락해버린 것을 비판하고 있다.

전설적인 재즈음악가들. 듀크 엘링턴(피아노), 빌리 할러데이(노래)

재즈와 클래식

재즈는 클래식보다 화성이 훨씬 복잡하고 다양하여 연주자들이 자신의 소리와 느낌을 더욱 자유롭게 표현할 수 있는 음악이다. 재즈는 또한 규칙성을 미덕으로 삼는 클래식과 달리 정해진 규칙이 없는 즉흥성이 생명이다. 클래식은 악보에 연주를 위한 작곡가의 세세한 지시사항이 적혀 있으나 재즈는 대략적인 선율만 있을 뿐 지시어가 없어 그것을 음악으로 만들어내는 것은 온전히 연주자의 몫이다. 백인 재즈음악가인 베니 굿맨은 "클래식 음악을 연주할 때에는 작곡가가 어떤 생각을 가지고 어떤 의도로 이 곡을 썼을까 해석을 해야 하는데 재즈는 연주자가 독창성 그 자체이다"라고 두 음악 간의 차이를 설명한다.

이런 차이로 인해 양 분야의 뛰어난 연주자들이 상대편의 음악을 연주하기가 쉽지 않은데, 뇌신경학자들은 그 이유를 그들이 연주 시 사용하는 두뇌의 회로가 다르기 때문이라고 설명한다. 클래식 연주자는 어떤 키를 어떤 손가락으로 누를지 미리 운지법을 계획하여 악보를 완벽하게 연주하는 것에 중점을 두기에 기본적으로 연주 기술이 완벽해야 하고 거기에 개인의 표현력이 더해진다. 반면 재즈피아니스트는 예상치 못한 화음을 창조해내기 위해 클래식 연주자의 두뇌보다 더 빨리 행동계획을 짜고 활발하게 움직이면서 즉흥성을 발휘하는 데 더욱 집중한다. 이것이 매우 드물게 두 분야의 음악을 다 잘하는 음악가라고 할지라도 한 연주회에서 재즈와 클래식을 함께 연주하지 못하는 이유이다.

재즈와 클래식은 이러한 근본적인 차이에도 불구하고 클래식이 재즈의 한 근간이기에 두 음악은 같은 조성 체계를 가지고 유사한 악기들을 사용하면서 서로 영향을 주고받는다. 재즈의 클래식적 요소를 살펴보면 랙타임에는 쇼팽과 리스트의 폴카나 행진곡 리듬이, 쿨재즈에는 바흐의 대위법과 기악법 요소가, 모던 재즈에는 인상주의 음악 어법이 들어있으며 프리 재즈는 쇤베르크의 무조 음악의 영향을 받았다. 이처럼 클래식 음악은 재즈의 형성 초기부터 조성과 음정 등 유럽음악의 시스템을 재즈에 전수해줄 뿐만 아니라 재즈의 틀이나 형식이 바뀔 때도 이론적 근거들을 제공하며 지속적으로 영향을 미치고 있다.

　재즈의 형성과 발달에 클래식 음악의 화성학적 토대와 트렌드가 반영되는 한편 재즈 또한 유럽의 인상주의 작곡가부터 미국과 소련 등의 현대음악가들에게 영향을 미친다. 1889년 프랑스에서는 '파리만국박람회'가 열려 세계 각국의 문화가 파리로 들어오는데, 이때 미국의 랙타임도 소개되어 새로운 음악 어법을 추구하던 드뷔시와 라벨 등의 인상주의 음악가에게 영향을 준다. 낭만주의에 반대하는 기조로 시작된 인상주의는 음표를 조금 늦추어내는 계류음과 불규칙적 분할로 모호해지는 리듬감, 전통적인 진행을 회피하는 화성 등이 특징으로, 이로 인해 형식적 명확성이 결핍되면서 엇박자의 재즈와 상통하는 면이 있다. 인상파 음악의 기틀을 마련한 드뷔시는 새로운 감각을 표현하기 위한 새로운 화성을 추구하는 과정에서 랙타임과 같은 재즈의 요소들을 차용하였고, 라벨은 미국공연 중 자신의 생일파티에서 거슈윈이 연주한 〈랩소디 인 블루〉에 매료되고 재즈공연 현장들을 접한 후 자신의 〈왼손을 위한 피아노협주곡〉 등에 재즈 형식을 반영한다. 당시 음악교육 기반이 약한 거슈인이 라벨에게 작곡 기법을 가르쳐달라고 청하자 라벨은 "당신은 이미 일류 거슈윈인데 왜 이류 라벨이 되려 하느냐"며 그의 청을 거절한다. 러시아태생의 전위 음악가인 스트라빈스키 역시 파리 시절부터 랙타임에 매료되어 그 타악기적인 리듬을 자신의 음악에 도입하였다. 미국에서는 크로스오버의 선구자인 거슈윈이 재즈를 '미국의 민속음악'으로 부르며 여러 음악 형식에 결합시켰고, 지휘자이자 작곡가인 번스타인 또한 클래식과 재즈를 접목하였다. 소련의 쇼스타코비치는 철의 장막 속에서 자유로운 음악인 재즈를 자신의 음악에 도입했으며 무조 음악의 패러다임을 탄생시킨 쇤베르크는 재즈의 예술성과 형태, 느낌을 극찬했다.

이처럼 재즈는 100여 년의 역사를 통해 시대적 환경과 클래식 음악의 변화과정에 반응하며 여러 장르로 분화되어 발전해오면서 대중음악과 고급음악의 성격을 모두 갖는 음악이 된다. 미국 의회는 1987년에 재즈는 보호되고, 소통되고, 보급되어야 할 가치가 있다고 선언하며 재즈를 '희귀하고 귀중한 미국의 국보'로 지정하여 재즈의 위상을 높였고 이후 줄리아드, 이스트먼, 피바디 등 보수적이던 클래식 음악학교에 재즈 과정이 개설된다. 통상 클래식 음악이 재즈에 영향을 미치는 것은 당연한 결과로 받아들이고 반대의 경우는 특별한 결과로 받아들여져 왔으나 두 음악은 지속적으로 서로에게 영향을 미치며 발달해왔다. 특히 현대 들어 음악 장르 간의 크로스오버 현상이 활발해지고 있고 재즈 역시 마찬가지지만, 재즈와 클래식 음악의 상호영향 관계는 오늘날의 대중 지향적이고 상업적인 크로스오버 현상에 앞서 태생적으로 뿌리를 공유하기에 일어나는 현상이다.

재즈와 로큰롤

미국 대중음악을 지배하다시피 한 재즈는 1950년대에 로큰롤이 탄생하면서 사양길로 접어든다. 로큰롤은 흑인 음악인 재즈, R&B, 가스펠 등에 백인의 컨트리음악을 가미하여 만든 강한 비트의 음악이다. 당시 미국 대중음악은 재즈와 블루스는 흑인 음악, 컨트리는 백인 음악으로 인종 간의 경계가 명확하였으나 로큰롤의 등장으로 한 음악 속에 흑인 음악과 백인 음악이 함께 포함되면서 자연스럽게 그 경계를 허무는 풍토가 조성된다. 이에 흑인음악가 척 베리가 컨트리 스타일을 구사하는가 하면 백인음악가 빌 헤일리는 R&B와 스윙의 요소들을 차용하여 연주하였다. 흑인과 백인의 범 장르적인 행보를 본격화한 음악가는 엘비스 프레슬리이다. 그는 기타를 매고 격렬하게 몸을 흔들며 로큰롤을 열창하여 전 세계적인 인기를 끌면서 10억 장이 넘는 음반판매 기록을 세웠다.

여전히 인종차별이 심하던 사회 분위기 속에서 잘 생긴 백인이 선정적인 춤을 추며 흑인 음악을 하는 것을 기성세대는 좋아하지 않았지만 젊은 세대는 그의 모든 것에 열광하면서 대중문화에 급격한 변화가 일어난다. 당시 클래식과 재즈와 뮤지컬을 넘나들며 활동하던 번스타인은 "엘비스 프레슬리는 20세기의 가장 위대한 문화적 힘이다. 그가 모든 것에 리듬을 도입했고 음악, 언어, 옷 등 모든 것을 바꾸었다. 그것은 완전한 새로운 사회 혁명이었다. 60년대가 그것에서 왔다"라고 말하며 그를 시대의 문화 아이콘으로 내세웠다. 동시대에 영국에서 탄생하여 미국까지 침범하며 전 세계적인 밴드가 된 비틀스의 존 레넌은 "엘비스가 나타나기 전까지는 내게 영향을 끼친 것은 아무것도 없었다. 엘비스가 없었다면 비틀스도 없었다"며 그에게 경외심을 표했다. 비틀스는 1965년 미국 순회공연 중 LA에서 그들의 우상인 엘비스 프레슬리와 한 차례 비공개 만남을 가지기도 했다.

1962년에 결성된 비틀스 역시 그들의 등장으로 대중음악의 전과 후를 나눈다는 평을 들을 정도로 음악사에 지대한 영향을 미쳤다. 그들은 로큰롤 아이돌 밴드로 시작했으나 점차 인류애·사회·인생·평화 등을 노래하면서 기존체제에 저항하는 히피 문화와 반전·반인종주의 등의 반문화(counterculture) 운동에 영향을 미치는 한편 검열이 심하고 보수적인 대중문화계에도 자유주의 바람을 불어넣었다. 비틀스는 미국 남부 투어 시 객석을 인종별로 구분하려 하자 공연을 거부해 결국 남부에서 처음으로 객석이 흑백으로 분리되지 않은 채 공연이 진행되었다. 그들의 음악은 냉전 시대에 동유럽 국가들에도 침투하여 공산주의 체제를 무너뜨리는 데 영향을 주었다. 체코에서는 1968년 '프라하의 봄' 민주화 운동 당시 시민과 학생들이 비틀스의 Hey Jude를 불렀고, 1989년에는 죽은 존 레넌을 기리며 그의 노래 가사와 초상을 그려놓은 '레넌 벽'에 집결하여 공산당과 소련 철수를 요구하는 시위를 벌인 끝에 정부의 무조건 항복을 받아냈다.

비틀스는 음악적으로도 기존의 로큰롤, 팝, 블루스에 몽환적인 사이키델릭, 다양한 형태의 록과 헤비메탈 등 실험적인 장르들을 시도하면서 현대 대중음악의 새로운 시대를 열었다. 그들의 활동 기간은 7년 6개월에 그치나 그들의 음악은 장르를 정의할 수 없을 만큼 스펙트럼이 넓어 핑크 플로이드, 블랙 사바스, 퀸, 빌리 조엘, 라디오헤드, 너바나, 셀린 디옹, 레이디 가가, 마룬 5, 앨리샤 키스, 노라 존스, 저스틴 비버, 테일러 스위프트 등 당대부터 오늘날까지 다양한 장르의 기라성 같은 음악가들이 그들에게 음악적 영향을 받았다고 밝힌다. 빌보드 차트 순위나 음반판매량, 저작권료 등 음악과 관련하여 그들이 기록한 수치만 보더라도 전무후무했던 그들의 인기를 알 수 있다. 비틀스가 시대를 대변하는 문화적 아이콘임은 팝아트 창시자인 피터 블레이크가 제작한 앨범 표지에서도 알 수 있다. 앨범 표지에는 비틀스 주위로 프로이트, 융, 마르크스, 처칠, 아인슈타인, 오스카 와일드, 밥 딜런, 마릴린 먼로 등 지적 혁명을 이끌고 시대를 바꾼 지식인들과 정치인, 예술가들이 실려 있다. 당시 존 레넌은 표지에 수록될 인물로 예수, 마르크스, 히틀러, 간디를 제안했으나 정치 종교적 파장을 우려해 제외되었다.

1967년에 발매된 비틀스 앨범 표지

로큰롤이 대중음악계를 뒤흔들며 재즈가 사양길로 접어들자 재즈계에서도 변화를 추구하여 록과 펑크 등 타 장르와 혼합된 퓨전 재즈를 탄생시키고 그들이 사용하지 않던 신디사이저나 일렉트릭 기타 등을 편성하기도 한다. 1980년대에는 재즈에 당시 유행하던 팝이나 R&B가 결합되어 듣기 편하고 상업적인 스무스 재즈가 생겨났고, 2000년대에는 재즈에 남미 음악을 융합한 라틴재즈가 탄생했으며, 2010년대에는 재즈와 힙합이 만난다. 이처럼 미국 대중음악의 깊은 뿌리인 재즈는 변화하는 음악 환경에 적응하며 살아남고 진화하고 있다.

재즈를 전 세계적으로 알리는 데 가장 공헌한 사람은 뉴올리언스 출신의 루이 암스트롱이다. 재즈 초창기부터 50여 년간 재즈 현장에서 활동한 그는 초창기에는 감정이 깊고 기교가 뛰어난 트럼펫 연주로 인기를 끌었으나 중반 이후로는 솔로 가수로도 활약하며 백인 청중들에게까지 광범위하게 사랑받았다. 그의 낮고 거친 허스키 톤의 목소리와 의미 없는 단어로 즉흥적으로 보컬연주를 하는 스캣은 그를 독보적인 가수로 만들어 후대의 백인음악가들에게도 영향을 미친다. 암스트롱은 1964년에 63세의 나이에 'Hello Dolly'로 빌보드 차트에서 비틀스를 제치고 1위를 차지하고 그래미에서 최고 남성보컬상을 수상했으며, 1968년에는 'What a wonderful world'로 영국 싱글 차트 1위를 차지한다. 그는 60대 중반부터는 미 국무부 후원으로 한국과 공산권을 포함하여 전 세계로 순회공연을 하며 재즈를 널리 알려 'Satch 대사'로 불리기도 했다. Satch는 입이 큰 흑인을 일컫는 단어로 그의 별명이다. 그는 대중 음악계에 엘비스 프레슬리와 비틀스라는 양 거대 산맥이 자리한 가운데 초창기 재즈에 머물지 않고 발전을 계속하며 재즈 역사에 기념비적인 발자취를 남기면서 미국 대중문화의 한 면을 대표하는 인물로 기려진다.

■■■■ 루이 암스트롱

대사로 보는 영화

20세기 중반, 재즈 밴드에서 트럼펫 연주를 하며 살았으나 2차 세계대전이 일어나고 로큰롤의 등장으로 재즈의 시대가 저물면서 생활고에 시달리던 맥스는 중고악기점에 악기를 팔러 간다. 그는 겨우 6파운드 10실링에 자신의 인생과도 같은 트럼펫을 판 후 마지막으로 악기를 한 번만 불게 해달라고 청한다. 그의 연주를 듣던 가게 주인이 같은 곡을 피아노로 녹음한 오래된 디스크를 꺼내어 틀며 연주자가 누군지 물어본다. 그 디스크는 전장에서 의료선으로 사용되다 곧 폐기될 버지니아호에 있던 피아노를 그가 중고로 사면서 그 속에서 발견한 것으로, 깨진 디스크 조각들을 정성스레 이어 붙여 음원 재생이 가능해졌다. 맥스는 그가 세상에 존재하지 않았던 사람이라며 그의 이야기를 들려준다.

POPS: What style! I've been wondering since this morning, I'm trying to work out who this amazing piano player is.

MAX: I don't think you ever heard of him.

POPS: Who is he?

MAX: If I told you that this pianist never existed, I wouldn't be lying.

POPS: I don't like secrets! Come on now, Yank! Who the devil is playing?

P: 아주 근사해. 아침부터 이 놀라운 연주자가 누군지 궁금했어. 도대체 이 연주자가 누군지 알아보던 중이야.

M: 영감님은 들어본 적도 없는 사람입니다.

P: 대체 누군가?

M: 애당초 존재하지도 않았던 사람이라고 말해도 거짓이 아녜요.

P: 모호하게 말하지 말고. 어서 양키 친구, 대체 누가 연주한 건가?

헌드레드는 한 이민자가 배에서 아기를 낳은 후 일등석 승객이 데려가기를 바라며 연회장 피아노 위에 버려둔 아이였다. 그 아이를 석탄실에서 일하는 흑인 화부 대니가 발견하여 키우면서 1900년 1월에 발견했다는 이유로 나인틴 헌드레드로 이름 짓는다. 대니는 석탄실에서 아이를 키우면서 바깥 세상에 관심을 가지지 않도록 육지를 상어가 사람을 산 채로 잡아먹는 매우 위험한 곳으로 가르친다.

DANNY: That's enough reading for tonight! Too much reading is bad for you!

HUNDRED: What else is bad, Danny?

DANNY: Everything off the Virginian is bad. Everything. They've got sharks on the land that will eat you alive. Be careful! See this here. That's them white sharks, the worst kind!

HUNDRED: Danny, what's an orphanage?

DANNY: It's like a big prison where they lock up folks that ain't got no kids.

HUNDRED: So if it wasn't for me, they'd put you in an orphanage?

DANNY: You got that right, little Lemon. Night, night.

D: 오늘은 그만 읽자. 너무 많이 읽는 건 좋지 않아.

H: 또 뭐가 나빠?

D: 이 배 밖의 모든 것이 나쁘지. 육지엔 사람을 산 채로 잡아먹는 상어가 살아. 조심해야 해. 이것 봐봐. 이게 그중에서도 가장 나쁜 백상어야.

H: 아빠, 고아원은 어떤 곳이야?

D: 아이가 없는 어른들을 가두는 큰 감옥 같은 곳이야.

H: 그럼 내가 없으면 아빠도 고아원에 가는 거야?

D: 그래 맞아. 레몬, 이제 자야지.

국적도 생일도 없는 헌드레드는 8살까지 배의 요동에 따라 흔들리는 석탄실의 조그만 요람에서 잠을 자며 성장한다. 그러던 어느 날 폭풍우가 휘몰아쳐 배가 심하게 흔들리면서 대니가 사고를 당해 죽는다. 혼자가 된 헌드레드는 일등석 연회장 밖에서 승객들이 음악에 맞춰 춤추는 것을 몰래 지켜보다 어느 날 밤 연회장으로 가서 피아노를 연주하고, 그 소리에 선장과 승객들이 연회장으로 모여들어 그의 연주에 감탄한다. 이후 그는 연회장의 전속 피아니스트가 되어 어느새 유럽과 미국을 50번이나 항해한다. 그가 27세가 되던 해 트럼펫 주자인 맥스가 버지니아호에 승선한다. 맥스가 승선한 지 3일만에 폭풍우가 일어 멀미를 심하게 하자 헌드레드는 그를 피아노 의자에 앉게 한 후 배를 따라 미끄러지는 피아노와 한몸이 되어 신나게 왈츠를 연주한다.

HUNDRED: You're the new trumpet man, aren't you? And you blow a Conn. Come with me. I have a cure for your misery. Follow me. take the brakes off, please.

MAX: But that's crazy!

HUNDRED: Trust me. Take the brakes off. Hop on next to me.

MAX: What, are you some kind of nut case!

HUNDRED: Better get on now or you never will. Tell me something, do you have children?

MAX: No.

HUNDRED: Oh, shite, they're gonna lock you up in an orphanage one of these days!

MAX: He's nuts.

H: 새로운 트럼펫 주자죠? 콘 트럼펫 주자죠. 이리 와요. 당신의 고통에 대한 치료약을 알고 있으니. 피아노 브레이크 풀고 와요.

M: 그건 미친 짓이죠.

H: 날 믿어요. 피아노 브레이크 풀고 내 옆으로 올라타요.

M: 뭐라고, 당신 정말 미쳤군.

H: 지금 타지 않으면 기회가 없어요. 저기, 아이가 있나요?

M: 없어요.

H: 이런, 언젠간 고아원에 갇히겠군.

M: 제정신이 아니야.

　　정처 없이 움직이던 피아노가 연회장 창문과 선장 방문을 파손하면서 둘은 별로 석탄실에서 일을 하며 대화를 나눈다. 맥스는 그를 20여 년간 배에서 한 번도 내리지 않은 소문의 피아니스트로 생각했으나 그가 자신의 고향인 뉴올리언스의 풍광을 마치 그곳에서 살아본 듯이 묘사하자 자신이 잘못 생각한 것으로 여긴다. 그러나 대화를 계속하면서 그가 소문의 피아니스트임을 깨닫는다.

MAX: They say this guy makes music that's never been heard before.

HUNDRED: I've heard of him, too.

MAX: First off, I thought you were the guy. But then, something didn't add up.

HUNDRED: Of course.

MAX: I figured: "If he's Nineteen Hundred, how could he know New Orleans?" I mean... you've been to New Orleans.

HUNDRED: What if I told you that I'd never set foot in that town, would you believe me?

MAX: Whoever you are... Max Tooney. Glad to meet you.

M: 그 친구가 지금껏 들어본 적이 없는 음악을 한다고 하더군.

H: 나도 그에 대해 들었어.

M: 처음엔 네가 그 친구인 줄 알았어. 그런데 말이 안 되잖아.

H: 그렇지.

M: 만일 네가 나인틴 헌드레드라면 대체 뉴올리언스를 어떻게 알겠어? 내말은... 넌 뉴올리언스에 다녀와 봤잖아

H: 내가 안 가봤다고 하면 믿을 거야?

M: 네가 누구든... 난 맥스 튜니야. 만나서 반가워.

시대가 바뀌어 왈츠가 연주되던 연회장에는 흥겨운 랙타임이 흐르고 삼등석에서도 헌드레드의 연주가 펼쳐진다. 그는 삼등석 업라이트 피아노 앞에서는 맘껏 상상력을 펼쳐 사람들에게 들은 세상의 모든 곳으로 여행하며 연주하거나 승객이 몇 소절 흥얼거리면 즉시 그들이 원하는 음악을 들려주었다. 그러나 배가 뉴욕항에 도착하면 그의 음악에 취해있던 사람들이 '아메리카'를 외치며 순식간에 배를 떠나버려 그는 매번 홀로 남는다. 맥스는 헌드레드에게 트랩 몇 계단만 내려가면 세상이 펼쳐져 있고 사람들이 그의 연주에 열광할 테니 한 번만이라도 배 밖으로 나가서 세상을 직접 경험해보라고 권한다. 이에 헌드레드는 육지 사람들은 자신의 삶이 불만족스러워 끊임없이 다른 세상을 꿈꾸며 찾아다닌다고 말하면서 자신은 그런 삶을 살고 싶지 않다고 한다.

HUNDRED: Why? Why? Why? Why? Why? Why? I think land people waste a lot of time wondering why. Winter comes and you can't wait for summer. Summer comes and you live in dread of winter. That's why you never tire of traveling, always chasing some place far away, where it's always summer. Doesn't sound like good bet to me.

H: 왜? 왜? 왜? 왜? 내 생각에 육지 사람들은 왜라는 의문에 많은 시간을 낭비해. 겨울이 오면 여름이 빨리 오길 기다리고, 여름이 오면 겨울이 올 것을 걱정하며 살지. 그래서 사람들은 지치지 않고 항상 여름인 먼 곳들을 찾아다니며 여행을 하지. 난 그러고 싶지 않아.

중고악기점 가게에서 버지니아호가 곧 폭파될 거라는 이야기를 들은 맥스는 헌드레드가 여전히 배 안에 있는 걸 알기에 관계자들을 설득해서 그를 찾으러 배로 들어간다. 그가 배 곳곳을 살피는 동안에 숙소에서 지내던 헌드레드의 모습이 회상된다. 당시 헌드레드는 배가 항구에 도착해 사람들이 내리고 홀로 남으면 갑판을 걷고 연회장을 둘러보다 아무에게나 전화를 걸곤 했다. 그러던 어느 날 그의 마음을 뒤흔드는 일이 일어난다. 그가 삼등석에서 혼자 피아노를 치고 있을 때 한 이탈리안 농부가 그의 피아노 선율에 맞춰 아코디언을 켜며 나타난다. 당시는 수많은 남부 이탈리아인들이 가난에 지쳐 미국으로 이주하던 시기였다. 그는 나중에 헌드레드가 첫눈에 사랑에 빠지게 되는 소녀의 아버지이다. 콘타디노는 헌드레드와 마찬가지로 한 번도 바깥세상을 본 적이 없이 자신의 좁은 농지에서 평생을 살았으나 감당할 수 없는 불행이 연이어 일어나 그의 곁에 어린 딸 하나만 남자 그 아이를 위해 고향을 떠나 새로운 삶을 살 결심을 하게 된다.

HUNDRED: You don't look too happy to be going to America.

CONTADINO: It's not America. It's everything I leave behind. Until a few years ago, I know only my field. The world, for me, started and ended there, in that little piece of land. I'd never walked down the main street of a city. Maybe you can't understand that.

HUNDRED: I understand perfectly. I know someone who went through something very very similar.

CONTADINO: And, one fine day did his field go dry, too? And did his wife also run off with a priest? And did the fever take his five children?

HUNDRED: No, but he ended up alone, too.

CONTADINO: Then he is more lucky than me. I still have a daughter, the young one. She survived. It's for her that I decide one day to fight against my bad luck.

H: 미국으로 가시는 게 그다지 기뻐 보이지 않네요.

C: 미국 때문이 아니라 뒤에 남기고 온 모든 것들 때문이요 몇 년 전만 해도 난 내 농지 밖엔 몰랐소. 내 세상은 그 작은 땅의 양 끝에서 시작되고 끝났소. 시내 거리에 나가 본 적도 없었소, 이해하기 힘들겠지만.

H: 완전히 이해합니다, 아주 유사한 일을 겪은 누군가를 알고 있죠.

C: 그렇다면 어느 날 그의 땅이 메말라버렸나요? 그의 아내가 사제와 도망갔나요? 그리고 열병으로 아이를 다섯 잃었나요?

H: 아뇨, 그렇지만 그도 결국 혼자가 되었죠.

C: 그렇다면 나보다는 운이 좋은 사람이오. 내겐 아직 딸이 하나 있소, 어린 딸이. 그 앤 살아남았다오. 내가 어느 날 나의 불운과 맞서기로 결정한 것은 모두 그 애 때문이요.

　　세상 밖으로 나온 콘타디노는 정처 없이 떠돌던 중 한 도시를 지나 언덕에 올랐는데 그곳에서 그는 인생에서 가장 아름다운 걸 보게 된다. 그것은 바다였고 바다가 그에게 인생은 방대하다고 외쳐 그를 자신의 좁은 세상에서 벗어나게 만든다.

CONTADINO: And then one day...... I see the most beautiful thing in my life. The sea!

HUNDRED: The sea?

CONTADINO: I'd never seen it before. It was like lightning hit me, because I hear the voice.

HUNDRED: The voice of the sea?

CONTADINO: Yes. The voice of the sea. I never heard it. The voice of the sea, it is like a shout. A shout big and strong... And the thing it would scream was: "You!" "With shit instead of brains!" "Life is immense! Can you understand that?" I never think of this in this way. A revolution was in my head. That's how I suddenly decided to change my life, to start afresh. Change life, start afresh. Tell that to your friend.

C: 어느 날... 인생에서 가장 아름다운 걸 봤소, 바다요.

H: 바다요?

C: 난생 처음 바다를 봤는데 마치 번개에 맞은 기분이었소. 바닷소리를 들었거든요.

H: 바닷소리요?

C: 네, 바닷소리요. 그때까지 한 번도 들어본 적이 없었죠. 바닷소리는 마치 함성 같았소. 크고 강한 함성이 계속 울리는데 이렇게 말하는 것 같았소: 너, 머리에 똥만 찬 놈, 인생은 방대해, 알고 있어? 방대하다고. 난 그런 식으로 생각해 본 적이 없었어요. 머리에서 혁명이 일어났어요. 그래서 갑자기 내 인생을 바꾸기로, 새롭게 출발하기로 결심했죠. 당신 친구에게도 인생을 바꾸고 새로 출발하라고 말해주시오.

헌드레드가 서른이 되던 해에는 재즈 피아니스트 거장인 젤리 롤 모턴의 수하들이 그를 찾아와서 재즈 배틀을 제안한다. 헌드레드는 결코 배를 떠나지 않기에 배틀을 하기 위해서는 미시시피를 떠나본 적이 없는 모턴이 승선해야 했다. 헌드레드에게 피아노는 자신의 감정과 영혼을 표출하는 분신과도 같아서 그는 피아노를 통한 경쟁을 원치 않았다. 따라서 모턴의 첫 연주에 헌드레드는 크리스마스 캐럴을 치며 응대하지 않았고, 두 번째 연주를 들고는 그 곡을 즉석에서 훨씬 난도 높게 편곡하여 연주하는데 모턴은 이를 알아채고 분노했으나 관객들은 그저 모방하는 것으로 여겨 야유를 보낸다. 다시 모턴이 실력을 과시하기 위해 빠른 속도로 연주하자 헌드레드는 그의 오만을 꺾기 위해 더 빠른 속도로, 마치 두 사람이 연주하는 듯한 압도적인 연주를 들려준다. 이로 인해 헌드레드가 더욱 유명해지자 레코드 음반회사에서 연주 녹음을 위해 그를 찾아온다. 이 역시 마땅찮게 여겨 성의 없이 연주하던 그는 우연히 창밖에 서 있는 소녀를 보고는 그 즉시 사랑에 빠져 그 감정을 그대로 음악에 싣는다. 아름다운 선율에 감탄한 제작자가 음반이 출시되면 크나큰 부와 명예를 얻을 것이라 말하자 그는 그 곡을 오직 그녀에게만 들려주기 위해 원본을 가져가 버린다.

MAX: You were great, as usual. You are going to be big time. And all you gotta do is take that big step.

HUNDRED: What big step?

MAX: Getting off! Getting off these lousy planks of wood and going after... Going after your fame and fortune.

MAN: I don't mean to butt in, fellas, but with this, you can have anything you want and never have to step foot off this boat. We'll print millions of copies. So that people all over the world can hear your wonderful music, Nineteen. Mr Nineteen?

HUNDRED: I won't let my music go anywhere without me.

M: 늘 그렇듯 정말 좋아. 엄청난 성공을 거둘 거야. 이제 한 발자국만 크게 내디디면 돼.

N: 무슨 한 발자국?

M: 내리라고. 이 변변찮은 낡은 선박에서 내려 명성과 부를 쫓으라고.

M: 끼어들고 싶진 않으나 당신은 이 음반이면 배에서 내리지 않고도 원하는 건 다 얻을 수 있어요. 음반을 수백만 장 찍어내면 전 세상 사람들이 당신의 놀라운 음악을 감상할 수 있죠. 나인틴씨. 나인틴씨?

N: 나 없이 내 음악만 내보내진 않을 겁니다.

이후 헌드레드는 그녀를 따라다니며 몰래 지켜보다 어느 비 오는 날 음반을 들고 그녀에게 다가간다. 그 순간 일행이 다가와 그녀와 대화를 나누는데, 그녀가 바닷소리를 언급하는 것을 듣고는 그가 이탈리안 농부의 딸임을 직감한다. 그녀가 하선하는 날 헌드레드는 마침내 그녀에게 다가가 그녀의 아버지를 만난 적이 있다고 말하면서 음반을 주려 하나 그녀가 사람들에 떠밀려가서 주지 못한다. 그의 마음을 감지한 소녀는 헌드레드에게 집 주소를 외치며 한번 들리라고 말한다. 헌드레드는 음반을 부수어 쓰레기통에 넣은 후 그녀에 대한 마음을 억누른 채 12차례 더 항해하며 같은 삶을 반복했다. 그런데 7년이 지난 어느 날 그는 맥스에게 갑자기 바닷소리를 듣기 위해 배에서 내리겠다고 말한다. 콘타디노가 불 지피고 그의 딸이 더욱 키운 심적 갈등이 더는 통제가 되지 않자 그의 조언대로 세상 밖으로 나가보고자 결심한 것이다.

HUNDRED: In three days, when we get to New York, I'm getting off this ship. Cat got your tongue?

MAX: No, I'm glad. But, all of a sudden!? My man! That's aces!

HUNDED: I have to see something down there.

MAX: What?

HUNDRED: The ocean.

MAX: You're pulling my leg? You've seen nothing but the ocean since the day you were born.

HUNDRED: But here. I want to see it from there, it's not the same thing at all.

MAX: Wait till we dock, lean over the side and take a good look! It's the same thing.

HUNDRED: No, it's not. On the land you can hear its voice. You cannot hear that from a ship.

MAX: What do you mean "hear its voice?"

HUNDRED: Its voice. It's like a big scream. Telling you that life is immense. Once you've finally heard it, you know what you have to do to go on living. I could stay here forever, but the ocean would never tell me a thing. But if I get off, live on land for a couple of years, then I'll be normal, like the others. And then, maybe one day, I'll make it to the coast, look up, see the ocean and hear it scream.

H: 3일 후에 뉴욕에 도착하면 배에서 내릴 거야. 왜 말이 없어?

M: 아니, 너무 기뻐서. 그런데 이렇게 갑자기? 이봐, 멋진데.

H: 육지에서 볼 게 있어.

M: 뭘?

H: 바다.

M: 농담하는 거지? 태어나서 지금까지 바다만 봐왔잖아.

H: 배에서만 봤지. 육지에서도 보고 싶어. 전혀 달라.

M: 항구에 정박하면 뱃전 너머로 몸을 구부려 볼 수 있잖아. 마찬가지야.

H: 아냐, 같지 않아 육지에선 바닷소리를 들을 수 있어, 배에선 못 듣지.

M: 소리를 듣다니, 무슨 뜻이야?

H: 바다의 소리. 그건 인생은 방대하다고 말해주는 큰 함성과 같지. 그 소리를 듣게 되면 앞으로 뭘 하며 살아야 할지 알게 될 거야. 평생 여기 머물 수도 있으나 바다는 내게 아무 말도 안 해. 배에서 내려 몇 년간 육지에서 살면 나도 보통사람들처럼 될 거야. 그런 후 어느 날 해변으로 가서 고개를 들고 바다를 보면서 그 함성을 들을 거야.

맥스는 그의 말을 온전히 이해하지는 못했으나 그가 육지로 나가는 데 적극 찬성하며 자신의 낙타털 코트를 입고가라며 건네준다. 그러나 헌드레드는 트랩에서 한참을 육지를 바라보다 결국 배로 돌아온다. 이후 맥스는 계약이 종료되어 버지니아호를 떠났고 그들은 다시는 만나지 못했다. 2차 세계 대전 당시 병원선으로 사용되던 버지니아호는 낡아서 내일이면 폭파될 예정이다. 배가 폭파되는 날 새벽, 맥스는 중고가게 주인에게서 헌드레드의 음반과 축음기를 빌려 인부에게 돈을 주고 다시 배로 들어간다. 그가 여기저기 다니며 음반을 틀자 마침내 헌드레드가 나타난다. 맥스는 헌드레드에게 배에서 내려 자신과 듀오 연주를 하며 살자고 하지만 헌드레드는 자신이 본 도시와 세상은 도무지 끝을 볼 수 없을 만큼 무한하다며 다음과 같이 말한다.

HUNDRED: Take a piano. The keys begin, the keys end. You know there are 88 of them and nobody can tell you any different. They are not infinite, you are infinite. And on those keys the music that you can make is infinite. I like that. That I can live by. But you get me up on that gangway and you roll out in front of me a keyboard of millions of keys. Millions and billions of keys that never end, and that's the truth, Max, that they never end... That keyboard is infinite. And if that keyboard is infinite, then on it there's no music you can play! You're sitting on the wrong bench! That's God's piano... Aren't you ever just scared of breaking apart with the thought of it, the enormity of living in it?

H: 피아노를 봐. 건반은 시작과 끝이 있지. 88개의 건반이 있고 누구에게나 똑같아. 건반은 무한하지 않으나 연주자는 무한해. 그 건반으로 만드는 음악은 무한하잖아. 난 그게 좋아. 그런 식으론 난 살 수 있어. 그러나 날 트랩 위에 세우고 내 눈앞에 수백만 개의 건반을 펼쳐 놓는다면. 끝도 없는 수백만, 수십억 개의 건반 말이야. 진실로, 맥스, 그 건반은 끝이 없어, 무한해. 그 건반은 무한해서 그 속에서 내가 연주할 수 있는 음악은 없어. 그건 내가 앉을 자리가 아냐. 그건 신의 피아노야... 세상 속에서 사는 그 엄청난 일을 생각만 해도 몸이 산산조각이 날 것 같지 않아?

　엄마의 자궁에서 바깥세상으로 나오자마자 버려진 헌드레드에게 배는 그를 보호해주는 거대한 자궁이자 요람이었다. 그는 평생을 그 요람의 흔들림에 익숙한 채 살아왔기에 육지라는 흔들리지도 않고 거대하기만 한 공간으로 나갈 수 없었다. 더욱이 배에서는 바깥세상의 복잡함과 혼란을 알 필요도, 그들이 겪는 어떤 고통도 겪을 필요가 없었다. 그에게는 콘타디노처럼 인생을 바꾸어서라도 책임져야 할 소중한 존재도 없었다. 그러나 배 또한 영원한 보금자리는 아니었다. 시간이 흐르면서 그의 요람도 낡아가고, 바깥세상에서 2차 대전이라는 엄청난 비극이 일어나자 배가 병원선으로 사용되면서 피아노 소리도, 흔들림도 멈추었고 그의 삶도 멈춘다. 그리고 그런 배마저 오늘로 영원히 사라지게 된다. 그럼에도 그는 육지로 내려가려 하지 않는다. 평생을 한정된 공간에서 한정된 수의 사람들 속에서 오직 피아노만을 치며 살아온 그로서는 방대하고 예측 불가능한 현실에서의 삶은 생각만으로도 그를 옥죄이기에 그가 감당할 수 있는 삶이 아니었다. 오래전에 콘타디노가 그에게 해준 충고도 소용이 없었다. 그와 콘타디노가 살아온 세계 자체가 달랐기 때문이다. 그래서 그는 자신과 함께 세상으로 들어가자는 맥스에게 배에서 내리기보다 이미 멈춰버린 자신의 삶에서 내리겠다고 말한다.

HUNDRED: Land... Land is a ship too big for me. It's a woman too beautiful. It's a voyage too long. Perfume too strong. It's music I don't know how to make. I can never get off this ship. At best, I can step off my life. After all, I don't exist for anyone. You're the exception, Max. You're the only one who knows I'm here. You're a minority. You'd better get used to it. Forgive me, my friend. But I'm not getting off.

H: 육지는... 육지는 내게 너무 큰 배야, 너무 아름다운 여인이고, 너무 긴 여행이고, 너무 강한 향수야. 내가 연주할 수 없는 음악과도 같아. 난 배에서 절대 내릴 수 없어, 차라리 내 삶에서 내려야지. 어쨌든 난 누구에게도 존재하지 않았잖아, 맥스 너만 빼고. 내가 여길 있는 걸 아는 사람은 너밖에 없어. 그 사실을 받아들여야 해. 용서하게, 친구, 난 안 내려.

맥스를 보낸 헌드레드는 연미복을 입고 마음으로 소리를 들으면서 허공을 피아노 삼아 연주하며 배와 함께 사라진다. 이야기를 마친 맥스는 악기점 사장으로부터 그의 분신과도 같은 악기를 돌려받으며 그와의 추억을 간직하게 된다.

MAX: What would you have done in my shoes?

POPS: I don't know. I would probably have felt quite useless.

MAX: Sooner or later all stories end, and there's nothing else to add. Anyhow, thanks, Pops.

POPS: Hey, Conn! There's just one thing I don't get. Who hid the broken record inside the piano?

MAX: You're lookin' at him.

POPS: So, you weren't so useless after all. Hey, Conn! Here. Take your trumpet. You'll be needing it. Never mind the money! A good story is worth more than an old trumpet.

M: 제 입장이었다면 어떻게 하셨겠어요.

P: 모르겠네. 아마 나 자신이 아무 쓸모 없다고 느꼈겠지.

M: 결국 이야기는 끝나고 더 들려 드릴 얘기도 없어요. 하여튼, 감사했습니다. 영감님.

P: 이봐, 콘! 이해가 안 가는 게 한 가지 있어. 누가 깨진 음반을 피아노 안에 숨겼지?

M: 지금 영감님이 보고 계시잖아요.

P: 그렇다면 자넨 쓸모가 전혀 없진 않았네. 이봐, 콘. 트럼펫 받게. 자네에게 필요한 것 같군. 돈은 됐어. 좋은 이야기는 낡은 트럼펫보다 가치가 있지.

02
샤인:
러시아 피아니즘

Shine (1997)

2022년 반 클라이번 콩쿠르에서 18세의 피아니스트 임윤찬이 결선 무대에서 라흐마니노프 피아노협주곡 3번을 시적이고 철학적인 해석과 놀라운 테크닉으로 연주하여 전 세계적인 반향을 불러일으켰다. 결선에서 임윤찬 외에 2명의 피아니스트가 같은 곡을 칠 정도로 오늘날 라흐마니노프 피아노협주곡 3번은 세계적인 경연대회에서 자신의 기량을 뽐낼 수 있는 곡이 되었으나 초창기에는 '악마의 협주곡'으로 불릴 정도로 난해한 곡으로 여겨져 좀처럼 연주되지 않았다. 내용과 형식에 있어 러시아 낭만주의 피아니즘을 집대성해놓은 이 곡은 음악적 기교는 물론 깊은 감정 표현과 오케스트라를 뚫고 나오는 힘도 필요하다. 게다가 10도 이상으로 손가락을 벌려 4개 이상의 건반을 누르는 옥타브 연타나 엄청난 너비의 왼손 아르페지오 등 손이 작은 연주자가 도전하기에는 매우 힘든 작품이다. 라흐마니노프는 이 곡을 친구이자 존경하는 피아니스트인 요제프 호프만에게 헌정하였으나 손가락이 길지 않았던 그는 자신을 위한 곡이 아니라며 연주하지 않았다. 198cm의 장신에 손 한 뼘 길이가 30cm나 되는 라흐마니노프는 13도 음정을 소화하며 난해한 패시지들을 유려하게 연주했고, 연주시간도 30여 분으로 후대 피아니스트들의 연주보다 수분 혹은 십여 분 정도 빨랐다. 호로비츠의 1951년 연주는 37여 분, 1978년 연주는 43여 분, 임윤찬의 2022년 연주는 약 43분이다.

라흐마니노프 피아노협주곡 3번을 모티프로 한 영화가 호주 출신의 피아니스트 데이비드 헬프갓의 자전적 영화 〈샤인〉이다. 어릴 적부터 피아노에 뛰어난 재능을 보였던 데이비드는 영국 왕립음악원에 장학생으로 입학한 후 콩쿠르에서 라흐마니노프 3번을 연주하여 최고연주자상을 받지만 이후 정신분열 장애를 앓으면서 고향으로 돌아가 10년간 정신병원을 드나들며 지낸다. 영화는 데이비드가 그 곡을 정신과 육체가 소진될 정도로 연습하여 콩쿠르 무대에서 연주를 마친 후 쓰러진 것으로 묘사하나 이는 곡의 난해함을 강조하기 위해 다소 과장되게 연출된 것으로, 그 곡이 당시에는 미치지 않고는 칠 수 없는 곡으로 여겨진 것은 사실이나 그의 정신적 불안정성은 어릴 적부터 소지가 있었다.

폴란드태생의 가난한 유대인 집안에서 태어난 데이비드의 아버지 피터는 어렸을 때 바이올린이 하고 싶어 돈을 모아 악기를 샀으나 아버지가 바이올린을 부수어 음악에 대한 꿈을 접어야 했다. 피터는 자신이 못 이룬 꿈을 아들 데이비드가 이루기를 바라면서 독학한 실력으로 그에게 피아노를 가르쳤다. 피터는 어려운 곡을 치는 것을 실력으로 여겨 어린 데이비드에게 콩쿠르에서 나이에 맞지 않는 곡을 치게 하고 경쟁에서는 반드시 이겨야 한다는 생각을 끊임없이 주입하면서 정신적 압박을 가했다. 그는 자신만이 데이비드를 진심으로 사랑한다는 왜곡된 생각과 집착으로 피아노도 직접 가르쳤으나 데이비드의 실력이 향상되어 더는 가르칠 수 없게 되자 비로소 데이비드의 재능을 알아본 벤 로젠에게 맡긴다. 아버지의 품에서 벗어나 정상적인 교육을 받게 된 데이비드는 14살에 콩쿠르에서 우승하여 미국 유학의 기회를 얻으나 아버지가 가족은 함께 있어야 한다며 유학을 반대한다. 이후 다시 영국 왕립음악원 유학의 기회를 얻게 된 데이비드는 아버지의 반대를 무릅쓰고 런던으로 떠난다. 데이비드는 아버지의 뜻을 거역했다는 죄책감과 아버지의 절연으로 정신적으로 예민하고 불안한 상태로 학교생활을 해나갔다.

데이비드가 왕립음악원 콩쿠르 곡으로 라흐마니노프 3번을 선택한 것은 아버지의 영향이 크다. 그는 어려서부터 아버지가 최고의 피아노곡으로 여기며 늘 틀어놓던 그 곡을 은연중에 자신이 도전해야 하는 목표로 삼았고, 아버지도 로젠에게 그 곡을 가르칠 것을 계속 요구했었다. 데이비드가 라흐마니노프 3번을 선택하자 지도교수는 그 곡을 제대로 치려면 악보를 외운 후 머릿속에서 지워버려도 마음과 가슴으로 연주할 수 있을 정도가 되어야 한다고 충고한다. 데이비드는 몸과 마음에 악보를 새길 만큼 연습하여 콩쿠르에서 최고연주자상을 받으나 정신분열 증세가 심해져 경력을 잇지 못하고 고향으로 돌아가 정신병원 입원과 퇴원을 반복한다. 정신병원을 나와서도 정신이 온전치 못했던 그는 어느 날 밤에 비를 피해 들어선 와인 바에서 피아노를 보고는 홀린 듯 다가가 연주했고, 이후 주말마다 그곳에서 연주하게 된다. 그리고 그는 그곳에서 자신을 영혼을 이해해주는 15세 연상의 길리안을 만나 결혼하고 그녀의 보살핌을 받으며 마침내 연주 활동을 재개한다.

데이비드와 그의 아버지의 관계는 상황이 다르기는 하지만 당대 최고 인기를 얻고 있던 호로비츠와 그가 유일한 제자로 여긴 바이런 야니스의 관계를 떠올리게 한다. 호로비츠는 1944년 피츠버그에서 16세의 야니스가 14세의 로린 마젤의 지휘로 라흐마니노프 피아노협주곡 2번을 연주하는 것을 본 후 무대 뒤로 가서 그에게 뉴욕으로 자신을 찾아오라고 말한다. 야니스에게서 자신의 어린 시절의 모습을 보고 제자로 삼고자 한 것이다. 야니스는 8세부터 모스크바음악원 출신의 줄리아드 명교수인 로지나 레빈의 교습을 받다가 10세부터는 그녀의 제자인 마커스에게 배우고 있었다. 그들은 어린 야니스에게 좋은 스승이자 자상한 부모와도 같았다. 마커스는 야니스가 11살 때 왼손 새끼손가락을 유리에 베어 인대가 끊어져 마비되자 그가 그것을 극복하고 다시 피아노를 칠 수 있도록 정성껏 도왔다. 그런 마커스를 떠나 야니스는 4년간 누구보다도 개성이 강한 스승에게서 수업을 받으면서 그의 영향을 지대하게 받고 레퍼토리도 호로비츠가 선호하는 낭만주의에 치중된다.

호로비츠는 4년 동안 야니스를 가르치며 라흐마니노프 피아노협주곡 2번과 3번으로 소도시에서 최대한 많은 공연 경험을 쌓게 한 후 1948년에 뉴욕 카네기홀에서 그를 데뷔시킨다. 공연은 대성공이었으나 그때부터 야니스는 정신이 불안정해지면서 이후의 두 시즌 공연을 모두 취소하고 2년간 슬럼프에 빠진다. 22세에 카네기홀에서 재기 공연을 한 그는 호로비츠와 함께 보낸 세월은 환상적이었지만 마치 양날의 검처럼 자신이 그의 압도적인 성격을 흡수하면서 망가졌었다고 밝힌다. 그는 당시를 회상하며 이렇게 말한다: "중요한 건 선생의 강인함이 아니라 학생의 강인함이 필요하다. 위대한 예술가와 함께 공부한다는 점은 아주 엄격한 부모님 밑에서 자라는 것과 같다. 호로비츠의 성격과 함께 레슨을 하려면 아주 강한 사람이 되어야 하고 그의 사고방식으로부터 먹히지 않고 숨 막히지 않기 위해서는 단단해져야 한다. 나는 이 함정에 빠지는 것이 두려웠지만 결국은 먹히고 말았다. 얼마 되지 않아 나는 호로비츠처럼 연주하고 있었다. 나는 그가 음악적으로 어떻게 생각하고 어떻게 호흡하는지 알고 있었고, 그를 정확하게 모방할 수 있었다. 호로비츠는 내게 제2의 호로비츠가 되지 말고 최초의 야니스가 되어라고 했지만 사실상 불가능했다."

호로비츠의 품을 벗어난 야니스는 자신의 음악을 구축해나가면서 거장 피아니스트로 성장하는데, 러시아계 스승들의 영향으로 러시아음악에 강세를 보여 1958년에 녹음한 라흐마니노프 피아노협주곡 3번 연주는 호로비츠 연주와 비견될 정도로 비평가들의 호평을 받았다. 그는 쇼팽 연주에도 뛰어났는데 여기에는 특별한 계기가 있었다. 1967년 파리에서 한 백작의 고성에 초대된 야니스는 그곳에서 우연히 쇼팽의 왈츠 두 곡의 원본 악보를 발견하였고, 6년 후 예일대학 악보보관소에서 같은 두 곡의 다른 버전을 발견하게 된다. 기적처럼 자신에게 온 악보들을 통해 그는 쇼팽의 창작과정에 대한 새로운 통찰력을 얻고 특별한 유대감도 느끼게 된다. 야니스는 냉전 시대인 1960년에 미국인으로서는 최초로 소련에서 공연하여 2년 후에 다시 초청될 정도로 인기를 끌었다. 이후 야니스는 어릴 적 손가락 사고의 후유증으로 손 관절염을 심하게 앓으며 12년 동안 5차례 수술을 했다. 그의 손 상태는 피아노 건반을 누르는 것 자체만으로도 엄청난 고통을 받을 정도였으나 그는 운지법을 조절하는 등 초인적인 의지로 연주를 강행했다. 그러나 손이 더는 연주를 할 수 없는 지경에 이르자 그는 자신의 병을 공개적으로 알린 후 1년간 절망의 시기를 보내다 아내의 권유로 작곡을 시작하고 다시 피아노를 치면서 기교는 덜하나 더욱 깊어진 감정으로 쇼팽을 연주하고 2장의 음반도 냈다.

헬프갓과 야니스는 제각기 아버지와 스승으로부터 정신적 압박을 받으며 한동안 음악을 중단해야 했고, 이후에도 헬프갓은 여전히 정신질환을 앓고 야니스는 손 관절염으로 고통받지만 그들의 음악에 대한 열정과 의지는 정신적, 육체적 난관을 극복하게 했다. 헬프갓은 무대에 들어서면 어린아이처럼 피아노를 향해 뛰어가서 함박웃음을 짓고 양손 엄지를 치켜들며 인사한 후 "더욱 행복하게"를 읊조리며 피아노에 앉아 연주를 시작한다. 어렸을 때 경쟁에서 이기기 위해 피아노를 쳤던 그는 이제 행복하기 위해 피아노를 치면서 그 행복감이 청중들에게도 전해진다.

무대에서 청중들에게 인사하는 데이비드 헬프갓

MERCURY
LIVING PRESENCE 35MM

BYRON JANIS
LISZT · PIANO CONCERTOS NOS.1&2
ENCORE BYRON JANIS
LISZT · SCHUMANN · FALLA · GUION
FIRST RECORDINGS EVER MADE IN THE SOVIET UNION
BY AMERICAN TECHNICIANS AND MUSICAL
STAFF AND EQUIPMENT
RECORDED BY MERCURY
ON LOCATION IN MOSCOW

▬▬▬ 야니스의 두 번째 소련 공연 앨범. 미국 스태프들이 모든 장비를 가지고 가서 녹음한 음반이다.

러시아 클래식 음악

러시아음악은 17세기까지 지리적, 기후적 이유로 다른 유럽 국가들과의 문화적 교류가 쉽지 않아 종교음악과 민속음악이 주를 이루며 유럽 음악에 비해 뒤처졌고, 이로 인해 왕족과 귀족의 관심을 받지 못해 발전의 동력도 마련되지 못했다. 그러던 중 17세기 말에 표트르대제가 낙후된 러시아를 서구화하기 위해 사회 전반에 걸쳐 강력한 유럽화 정책을 시행하면서 이탈리아 오페라를 비롯한 유럽의 클래식 음악이 들어온다. 이후 대부분의 연주회에서 유럽 작곡가들의 곡들이 연주되고 러시아 작곡가들도 그들의 스타일을 모방하면서 유럽음악이 러시아를 점령하다시피 했다. 특히 오페라는 대대적인 인기여서 18세기 말의 러시아 궁전은 이탈리아 바로크 오페라의 마지막 요새로 불렸다. 이런 상황 속에서 러시아 민족 정서를 담은 음악을 탄생시킨 작곡가가 글린카(1804~1857)이다. 그는 "음악을 만드는 것은 국민이며 작곡가는 그것을 편곡할 뿐이다"라며 자신의 음악에 민요나 민화 같은 전례적이고 민중적인 요소들을 도입하여 국민음악을 창시했고, 이는 국민악파 5인조와 차이콥스키 등에게 영향을 미쳐 러시아 클래식 음악의 기반이 된다.

대지주의 아들인 글린카는 농노의 노래를 들으며 자라나 러시아 민요에 익숙했고, 오케스트라를 소유한 삼촌 덕분에 어려서부터 서구음악을 접했다. 그는 13세부터 피아노와 작곡을 배우고, 20대 후반에는 이탈리아에 3년간 머물며 도니제티와 벨리니의 오페라에 매료되어 러시아도 고유의 오페라를 만들어야 한다는 생각을 가지게 된다. 독일에서 작곡을 배운 후 귀국한 그는 민족주의 극음악에 착수하여 서구음악기법에 러시아 민요를 결합한 민족오페라 〈이반 수사닌〉과 민요와 민속춤 선율을 도입한 오페라 〈루슬란과 류드밀라〉를 작곡한다. 이반 수사닌은 17세기에 러시아를 침입한 폴란드군을 물리친 농민 영웅이다. 오페라가 성공하지 못하자 글린카는 다시 파리로 가서 베를리오즈의 도움으로 표제음악과 관현악법을 배우고 러시아 음색을 표현하기 위한 독자적인 관현악법도 연구한다. 이후 그는 러시아 혼례 음악을 주제로 한 관현악곡과 러시아어 억양을 살린 가곡들을 작곡하면서 음악 어법과 형식에 있어 러시아적인 개념을 수립하였다.

글린카 이후로 음악가들은 민족 정서를 음악에 담기 위해 러시아 근대문학에서 소재를 얻어 자국어로 된 성악곡과 오페라나 교향시와 모음곡 등의 표제음악을 작곡하였다. 러시아 근대문학은 표트르대제 개혁 시절에 인쇄출판기술이 발달하면서부터 시작되어 19세기에 개화했는데, 그 선구자인 푸시킨은 당시 고조되던 자유주의 사상과 러시아 민족정신을 융합하여 문학으로 승화시키면서 러시아문학을 보편적인 세계문학의 대열에 올렸다는 평을 받는다. 막심 고리키는 러시아 근대문학을 창시한 그에게 '시작의 시작'이라는 절대적 위치를 부여하였고, 투르게네프는 이후의 작가들은 그가 개척한 길을 따라갈 수밖에 없다며 경외심을 표했다. 푸시킨은 외증조부가 표트르대제의 노예였다가 그의 총애를 받아 속량되어 귀족이 된 흑인이어서 흑인 혈통이 섞였다.

푸시킨은 학교 졸업 후 귀족 자제들이 밟는 절차에 따라 공무원이 되나 일에 흥미를 느끼지 못해 향락에 빠져 살던 중 진보적인 문학 그룹에 동참하여 러시아의 농노제와 전제정치를 공격하는 시들을 짓는다. 이로 인해 지방으로 좌천된 그는 그곳에서 러시아 전설을 소재로 한 낭만적 서사시 〈루슬란과 류드밀라〉를 발표하여 글린카가 오페라로 만든다. 그는 다시 수도로 올라와서 1830년부터 본격적인 작품 활동을 시작하는데, 자신이 숭배하던 천재 음악가 모차르트를 살리에리가 열등감과 질투심으로 독살한 것으로 설정한 희곡 『모차르트와 살리에리』를 발표하여 림스키코르사코프가 오페라로 만들고 러시아 리얼리즘 문학의 지표가 된 운문 소설 『예브게니 오네긴』을 발표하여 차이콥스키가 오페라로 만든다. 라흐마니노프의 두 편의 오페라 역시 그의 소설과 시를 소재로 한 작품이다.

영화로도 제작된 『예브게니 오네긴』은 시골 가문의 여성 타티야나가 그곳의 영지를 상속받아 내려온 방탕한 귀족 청년을 보고 첫눈에 사랑에 빠지나 화려하지 않은 외모로 인해 거절당하는 이야기로 시작된다. 이후 공작부인이 된 그녀는 파티에서 그를 다시 만나게 되고, 사교계의 중심인물이 된 그녀를 보고 이번에는 그가 사랑에 빠져 구애를 하지만 타티야나는 그의 실체를 알기에 마음이 동요되면서도 유혹에 넘어가지 않고 정절과 품위를 지킨다. 소설에서 타티야나는 러시아 자연의 품에서 자라나 소박하고 고결한 정신을 지닌 러시아 여인의 모습으로 그려져 이후 톨스토이나 고르기의 작품에 등장하는 강인한 러시아 여성의 원형이 된다. 반면 오네긴은 니콜라이 1세의 탄압하에서 능력은 있으나 아무런 행동도 하지 않은 채 향락과 염세주의로 빠지는 19세기의 무기력한 러시아 인텔리겐차의 전형적인 인물로 그려져 이후 러시아문학에 등장하는 잉여 인간의 원형이 된다.

러시아 제국의 몰락

20세기 초반에 러시아에는 라흐마니노프와 호로비츠 등 세기의 음악가들이 등장하나 공산주의 혁명으로 인해 그들이 조국을 떠나는 상황이 발생한다. 19세기 말 니콜라이 2세가 지배하던 절대군주제의 러시아는 국가주도로 산업화를 진행하면서 민중들이 극심한 노동착취와 빈곤에 시달리고 있었다. 당시 프랑스혁명 이후 유럽 전역에 번져있던 자유주의 사상이 러시아에도 유입이 되지만 니콜라이 2세는 철저히 개혁을 배제하고 전제 군주정치를 고수했다. 이에 지식인과 학생들이 자유주의 운동을 전개하고 레닌이 사회주의 운동을 주도하면서 1903년 소련 공산당 전신인 러시아 사회민주노동당이 결성된다. 사회민주노동당에서는 당원의 조건을 놓고 레닌과 마르토프가 대립했는데 레닌이 다수의 지지를 얻어 레닌파는 다수파를 뜻하는 볼셰비키로, 반대파는 소수파를 뜻하는 멘셰비키로 불렸다.

1904년 만주와 한국의 지배권을 두고 러일전쟁이 발생하자 민중들의 삶은 더욱 궁핍해진다. 이에 1905년 1월, 정교회 사제인 기폰의 주도로 굶주림에 시달리던 민중들이 황제와 황후의 초상화와 '병사들이여, 인민들을 쏘지 마라'라고 적힌 플래카드를 들고 겨울 궁전 앞으로 몰려가 차르에게 빵과 평화를 줄 것과 노동조합 설립과 근로조건 향상을 요구했다. 당시 민중은 개혁을 요구하면서도 황제를 숭배했고 그들이 청원하면 인자하신 아버지인 차르가 그들을 보호해주리라 믿었다. 그러나 차르는 궁내에 없었고 군대가 유혈진압을 하여 사상자가 수천에 이른 '피의 일요일'이 된다. 이로 인해 차르에 대한 민중의 환상이 깨지고 제국에 대한 불만이 폭발하여 자유주의 세력과 노동자 세력이 합심하여 러시아 전역에서 시위와 총파업이 일어난다. 니콜라이 2세가 혁명 무마를 위해 제한적 시민권과 의원내각제, 보통선거제를 약속하자 자유주의 세력은 무마되나 노동자 세력은 노동자 개선책을 요구하며 노동자위원회인 소비에트를 설립한다.

1914년 1차 세계대전이 발발하자 니콜라이 2세는 불만 세력을 잠재우기 위해 전선에 많은 병력을 파병한다. 민중들은 애국심으로 1500만 명이나 지원했으나 전쟁에서 패배를 거듭했고, 노동력 부족과 전쟁 장기화로 민중들은 당장 먹을 빵과 우유조차 없었다. 이에 1917년 2월, 노동자들이 다시 봉기하여 식량 배급과 전쟁 중지, 전제정치 타도를 외쳤으나 차르는 이번에도 무력제압을 명령한다. 그러나 제압을 명령받은 군인들까지 혁명 세력에 합류하자 결국 차르가 물러나고 자유주의 세력과 멘셰비키 중심의 소비에트가 연합하여 임시정부를 건립한다. 임시정부가 개혁을 미루고 전쟁을 계속하자 레닌이 10월에 볼셰비키 혁명을 일으켜 소비에트 공화국을 수립한다. 이에 자유주의자와 멘셰비키, 군주제 옹호세력이 반혁명 백군 근위대를 결성하여 과격한 볼셰비키에 대응하면서 적백 내전이 일어나 1922년까지 계속된다.

레닌은 의회를 해산하고 공산당 일당독재를 선언한 후 독일과 조약을 맺고 1차 세계대전에서 이탈하여 내전에 집중한다. 초반에는 제정시대 장교들의 통솔력과 연합군의 무기 지원으로 백군이 적군보다 우위에 섰으나 공산당의 끈질긴 저항과 인민들의 지지로 인해 백군 세력이 패망하면서 1922년 12월 30일 우크라이나와 주변국까지 흡수한 소비에트 연방이 탄생한다. 차르와 가족들은 2월 혁명 직후 시골로 유배되어 임시정부 시절에는 비교적 안락한 생활을 했으나 볼셰비키 정부가 수립된 후로는 지원금이 대폭 삭감되어 어려운 생활을 하다가 급기야 전원 몰살당한다. 볼셰비키 정부가 초반에 백군에게 연전연패를 당하자 황제가 백군에 의해 구출되어 반혁명세력의 구심점이 될 것을 우려하여 1918년 7월에 온 가족을 재판과정도 없이 총살한 후 외딴 숲에 매장한 것이다. 이처럼 레닌은 마르크스가 이론적으로 내세운 프롤레타리아 혁명을 실질적으로 실천하여 공산주의 국가를 세웠으나 마르크스주의가 국가를 지배계급이 피지배계급을 억압하고 착취하는 도구로 본 것과 달리 레닌주의는 국가라는 체제를 절대화했다는 비판을 받는다.

■■■■ 시골로 추방된 당시의 황제 가족의 모습과 그들이 총살당한 집 지하실 모습

라흐마니노프와 호로비츠

세르게이 라흐마니노프는 제정시대인 1873년에 귀족 집안에서 출생하여 4살부터 피아노를 배우며 일찍이 재능을 보였으나 9세 때 집안의 파산과 아버지의 가출, 누나의 죽음을 겪으며 힘든 어린 시절을 보낸다. 어머니는 음악적 소질이 뛰어난 그를 상트페테르부르크 음악원에 입학시키나 적응하지 못하자 사촌 형이자 음악가인 알렉산더 질로터의 권유로 모스크바 국립음악원 교수인 니콜라이 즈베르프에게 보낸다. 라흐마니노프는 그의 집에서 엄격한 교육을 받으며 음악적으로도 지적으로도 성장해나가나 스승이 피아노와 작곡을 병행하는 것을 금지했음에도 몰래 작곡을 하다 쫓겨나 고모 집에서 지내게 된다. 이후 모스크바음악원에서 작곡을 배운 그는 18세에 피아노 협주곡 1번을 작곡하고 다음 해에는 졸업연주에서 푸시킨의 서사시 『집시』를 각색한 오페라 〈알레코〉를 출품하여 최고상을 받는다. 그는 심사위원인 차이콥스키로부터 별도의 가점과 함께 그의 작품을 편곡할 기회를 얻었으며 스승 즈베르프와도 화해한다.

작곡가로서 성공적인 출발을 한 라흐마니노프는 1897년에 발표한 교향곡 1번이 비평가들로부터 생각지도 못한 혹평을 받자 예민하고 내성적인 성격 탓에 신경쇠약과 무기력증에 빠진다. 그는 1893년 말에 스승 즈베르프와 우상이었던 차이콥스키가 연이어 사망하여 상실감에 빠져있던 데다 사촌 여동생인 나탈리아와의 결혼을 원했으나 고모와 러시아 정교회가 금지조항을 내세우며 반대하여 여러모로 심적 고통을 겪고 있던 차였다. 여기에 자신의 음악에 대한 악의적 비평까지 더해지자 그는 우울증이 심해져 몇 년간 작곡을 멈춘다. 교향곡 1번 초연은 상트페테르부르크에서 행해졌는데 혹자는 실패의 이유를 작품 자체보다 파벌을 형성하고 있던 상트페테르부르크 중심의 급진파와 모스크바 중심의 보수파의 갈등에서 찾기도 한다. 모스크바 음악가인 라흐마니노프가 상트페테르부르크에서 초연하면서 제대로 평가받지 못했다는 것이다. 음악에서도 삶에서도 시련을 겪으며 우울증을 벗어나지 못하고 있던 라흐마니노프는 1900년에 정신의학자이자 아마추어음악가인 니콜라스 달을 만나 3개월간 자기암시요법을 받고 회복되어 그해 가을부터 작곡을 재개한다. 자기암시요법은 가벼운 최면 상태에서 환자의 귓가에서 같은 말을 반복하는 것으로, 달 박사는 라흐마니노프에게 "당신은 곧 새로운 협주곡을 작곡할 것이며, 그 곡은 큰 성공을 거둘 것이다"를 반복하며 그의 자신감을 회복시켜주었다.

라흐마니노프는 1901년에 피아노협주곡 2번을 완성하여 달 박사에게 헌정하는데, 그 곡에는 그간의 심정을 대변하듯 화려하고 웅장한 선율 속에 짙은 우수와 비애가 깃들어 있다. 그는 협주곡 2번을 알렉산더 질로티의 지휘와 자신의 연주로 초연하여 평론가들의 찬사와 함께 음악계 최고 영예인 글린카상을 수상하고, 1902년에는 나탈리아와의 결혼도 이루어진다. 라흐마니노프는 1908년에 교향곡 1번 실패의 트라우마를 극복하고 교향곡 2번을 작곡하여 자신의 지휘로 성공적으로 초연하면서 다시 글린카상을 수상한다.

라흐마니노프의 피아노협주곡 2번 초연은 당대로는 드물게 음반녹음작업이 병행되어 현재도 들을 수 있다. 러시아대륙의 광활함과 우수 어린 서정성, 아름다운 선율과 화려한 기교를 유감없이 펼쳐내는 이 곡의 도입부는 '크렘린의 종소리'라는 별명을 가지고 있는데, 더 정확히는 크렘린 내부의 러시아 정교회의 미사 종소리를 담은 것이다. 어린 시절 라흐마니노프의 외할머니는 어린 손자를 교회로 데리고 다니면서 종소리와 오르간 소리를 주의 깊게 듣게 하였는데, 그때 들은 종소리와 예배시간에 울려 퍼진 그레고리오 성가는 후일 그의 음악적 모티브로 사용되어 소나타와 협주곡, 전주곡, 무곡 등 다양한 작품 속에 재현된다. 러시아 정교회의 종은 보통 7개 이상의 종을 달아놓고 각각의 종의 추에 줄을 묶어 팽팽하게 고정한 뒤 전문적인 훈련을 받은 종지기가 마치 피아니스트가 건반을 누르듯 그 줄을 눌렀다 풀어주면서 다양한 리듬의 종소리를 냈다. 종은 미사가 시작되기 15분 전부터 울리는데, 처음에는 한 번씩 천천히 울리고 미사 시간이 가까워질수록 여러 종이 빠르게 울린다. 라흐마니노프는 어린 나이에도 줄을 조절하여 아름다운 종소리를 내는 종지기가 예술가처럼 느껴졌다고 회고했다.

협주곡 2번 1악장 도입부의 피아노 솔로는 미사를 알리는 경건한 첫 종소리처럼, 그동안 겪었던 절망의 심연에서 서서히 벗어나려는 것처럼 F 마이너의 10도 화음이 7번 무겁고 느리게 그러나 점점 소리가 고조되며 이어지다가 8번째를 지나면서는 미사 시간이 임박하여 여러 종이 한꺼번에 울리듯, 마침내 절망의 심연에서 벗어난 듯 F 마이너에서 C 마이너로 전환되면서 오케스트라가 웅장하게 멜로디를 제시한다. 당시 러시아 정교는 러시아인들의 탄생부터 죽음까지 인생의 모든 대소사를 함께 하는 삶의 기반이었다. 따라서 정교회의 종소리로 시작해서 러시아적 선율이 이어지고 우수에 찬 2악장을 지나 강한 긍정과 확신을 나타내는 C장조 으뜸화음으로 마무리되는 이 곡은 라흐마니노프의 인생 단면을 보여주는 동시에 가장 러시아적인 정서와 정체성을 드러내고 있다. 한마디로, 이 곡은 라흐마니노프의 삶과 음악을 관통하는 주제들인 종교와 우울함과 러시아가 가장 잘 집약된 음악이다.

러시아 정교회 종탑에서 미사 종을 치는 종지기

1909년에 라흐마니노프는 미국 데뷔를 위해 피아노협주곡 3번을 완성한 후 11월에 본인의 연주로 미국에서 초연한다. 협주곡 2번의 대성공으로 후작에 대한 부담이 컸으나 그는 초절기교가 요구되는 가운데 짙은 러시아적 서정성과 우수와 다이내믹이 교차하는 한편의 장대한 드라마 같은 작품을 탄생시켰다. 이 곡은 음표가 3만 개나 되어 40분 남짓한 시간 동안 3만 번의 건반 터치가 이루어져야 하는데, 쏟아지는 음표를 놓치지 않고 치기 위해서는 초인적인 힘과 지구력이 필요하다. 본인도 초연 후 이런 곡을 왜 썼는지 모르겠다고 말할 정도로 어려운 곡이었지만 청중들은 열광했고 평론가들도 "품위와 아름다움이 공존하는 최고의 곡", "최근 들어 가장 흥미로운 곡"으로 호평하였다. 이처럼 라흐마니노프는 자신의 피아노협주곡을 '피아노 교향곡'으로 칭할 만큼 협주곡을 통해 피아노라는 악기의 가능성을 최대한 드러내었으나 3번은 너무 난해하여 곡을 헌정 받은 호프만조차 무대에 올리지 않자 호로비츠가 나타나기 전까지는 자신만 연주할 수 있는 곡으로 여겼다.

귀족 출신이었던 라흐마니노프는 1917년에 공산당 혁명이 일어나자 신변의 위협을 느껴 스웨덴 초청연주를 빌미로 가족과 함께 러시아를 떠난 후 1918년 미국에 정착한다. 그는 미국 음악계와 청중들의 열렬한 환영을 받았고 연주와 녹음 요청이 쇄도하여 경제적인 어려움은 없었으나 피아니스트의 삶을 살면서 26년간 작곡은 6편밖에 하지 못했다. 그는 러시아에서는 피아니스트로서의 활동은 자작곡 연주가 거의 전부일 정도로 작곡에 전념했었다. 라흐마니노프는 자신이 작곡을 거의 멈추다시피 한 것에 대해 나태함이나 잦은 연주회로 심신이 소진된 탓도 있지만 진정한 이유는 다음과 같이 밝힌다: "러시아를 떠나면서 나는 작곡하려는 욕구를 뒤에 버려두고 온 겁니다. 조국을 잃어버리면서 나 자신도 같이 잃었습니다. 망명 과정에서 내 뿌리, 내 전통이 떨어져 나가 버렸고, 나를 표현하려는 욕구를 다시 찾지 못하게 되었습니다." 조국을 떠난 후 그가 했던 인터뷰나 평소 생활에서도 그렇지만 그는 음악적으로도 러시아 정서를 평생 간직하였기에 망명 후 작곡한 피아노협주곡 4번과 그의 마지막 작품인 〈교향적 무곡〉에도 러시아 특유의 서정성이 배어있다. 그는 미국이 정서적으로 맞지 않아 시민권도 죽기 직전에야 받았다. 조국에 대한 그리움을 늘 안고 살았던 라흐마니노프는 히틀러가 소련을 침공하자 조국을 위한 자선 연주회를 열어 도움을 주기도 했다. 이에 스탈린이 그에게 소비에트 1급 예술가로 대우하겠다며 귀국을 요청했으나 받아들여지지 않았다.

라흐마니노프가 미국에 정착할 당시 서구 음악계에는 급진적인 두 음악가가 나타나 큰 혼란과 변혁을 일으키며 현대음악의 시작을 알렸다. 당시 파리에서 활동하던 러시아태생의 스트라빈스키는 〈봄의 제전〉(1913)에서 불협화음과 격렬한 리듬의 원시주의 음악을 선보여 클래식 음악계에 충격과 함께 혁신을 일으켰고, 브람스와 바그너의 영향을 받아 후기 낭만주의로 출발한 쇤베르크는 불안한 기계문명 사회를 표현하기 위해 불협화음과 반음계적 화성을 빈번히 사용하다 조성을 파괴한 무조 음악으로 나아가서 12음 기법을 창시한다. 이에 여전히 후기 낭만주의를 고수하던 라흐마니노프는 새로운 화성과 생경한 음악을 추구하는 예술적 환경에 소외감을 느끼면서 "나는 낯설어진 세계를 방황하는 유령 같다고 느낀다"고 말하며 불안감을 토로했다. 라흐마니노프의 모스크바음악원 스승들은 차이콥스키의 뒤를 이은 러시아 낭만주의의 적자들이었고 라흐마니노프는 그들로부터 물려받은 러시아적 낭만성에 쇼팽과 리스트의 음악을 재해석하여 융화시킨 후기 낭만주의의 마지막 주자였다.

급진적인 음악들이 태동하는 가운데서도 라흐마니노프가 기존의 스타일에서 탈피하지 못하자 대중들의 호응은 여전히 좋았으나 진보적인 성향의 비평가들은 그를 과거의 작곡법을 답습할 뿐 음악적 발전이 없는 시대착오적인 음악가로 혹평한다. 단적인 예로 당시의 저명한 그로브 음악사전은 그를 이렇게 평가했다: "피아니스트로서의 라흐마니노프는 당대 최고의 예술가 중 한 명이지만 작곡가로서의 그는 자신의 시대에 속하지 못하고 있다. 그의 음악은 잘 구성되어 있고 효과적이지만 본질적으로 인위적이고 솟구치는 선율로 구성되면서 그 질감이 매우 단조롭다. 당대에 몇몇 작품이 이룬 엄청난 성공이 계속되지는 않을 것이고 음악가들도 그 성공에 호의적이지 않다." 감정과 기교에 치우쳐 피아노곡을 쓰는 법을 모른다며 낭만주의 작곡가들을 폄훼한 글렌 굴드는 심지어 라흐마니노프의 음악을 살롱음악에 지나지 않는다고 혹평했다. 이러한 비난과 저평가 속에서 라흐마니노프는 결국 작곡에서 손을 떼지만 그의 음악은 21세기에 재평가되어 그로브 음악사전 개정판은 라흐마니노프를 러시아 후기 낭만주의의 마지막 위대한 음악가로 규정하며 "그의 서정적 영감은 최고조의 순간에는 독보적"이라고 적고 있다.

객지에서 작곡가로 인정을 받지 못하고 피아니스트의 삶을 살아야 했던 라흐마니노프는 뉴욕에서 자신의 작품을 제대로 이해하고 연주하는 동향의 피아니스트를 만나게 된다. 그는 라흐마니노프와 마찬가지로 고국을 떠나 미국에 망명한 블라디미르 호로비츠였다. 바이올리니스트 프리츠 크라이슬러로부터 자신의 피아노협주곡 3번을 뛰어나게 연주하는 피아니스트가 있다는 말을 들은 라흐마니노프는 1928년 뉴욕의 슈타인웨이 홀에서 그를 만난다.

1942년, 미국에서의 공연 모습

우크라이나의 유대인 중산층 가정에서 태어난 호로비츠는 피아노에 천재적인 재능을 보이며 9살부터 키예프음악원에서 수학하였다. 그의 마지막 스승인 블루멜펠트는 그에게 러시아적이고 낭만적인 기질을 전수한 후 피아노 기술이 완벽하고 더는 배울 게 없으니 어떤 스승도 모시지 말라고 충고하면서 꼭 배우겠다면 페루초 부조니를 찾아가라고 말한다. 이탈리아태생의 부조니는 당대 최고의 피아니스트이자 작곡가로 바흐작품 편곡과 개작으로 유명하다. 그는 바흐의 하프시코드 작품들은 물론 바이올린을 위한 샤콘느를 피아노의 넓은 음역을 사용하여 풍부한 음향과 색채를 만들고 선율을 새롭게 추가하여 '바흐-부조니 샤콘느'로 재탄생시켰다. 오늘날 이탈리아에서는 그의 이름을 딴 콩쿠르가 개최되고 있다.

호로비츠는 작곡에 관심이 많았으나 혁명으로 집안이 몰락하자 생계를 위해 피아노 연주에 전념해야 했다. '건반 위의 사자'로 불리며 러시아에서 성공적인 연주 활동을 하던 호로비츠는 1925년에 6개월 출국허가를 받고 유럽으로 건너가 베를린과 파리 등지에서 공연한 후 러시아로 돌아가지 않았다. 그 연주 투어 중에 그의 이름이 유럽과 미국으로 알려지는 사건이 발생한다. 독일 함부르크에서 그는 연주회 직전에 독주 대타를 의뢰받아 차이콥스키 피아노협주곡 1번을 연주하게 되는데, 1악장 도입부의 카덴자 부분에서 그가 엄청난 힘과 속도로 연주를 하자 지휘자가 믿기지 않는 듯 지휘대에서 내려와 그의 손을 확인했다는 일화가 있다. 이후 그는 프랑스, 이탈리아를 거쳐 1928년 미국 카네기홀에서 차이콥스키 피아노협주곡 1번으로 데뷔하면서 미국에 정착한다. 그리고 라흐마니노프 피아노협주곡 3번 공연을 앞두고 그는 미국에 먼저 정착한 그의 우상 라흐마니노프를 만나게 된다.

호로비츠는 라흐마니노프를 만난 첫날 슈타인웨이 홀에서 그와 함께 그의 피아노협주곡 3번을 친 경험을 평생 잊지 못할 순간으로 간직한다. 슈타인웨이 피아노 앞에 함께 앉아 라흐마니노프는 오케스트라 파트를, 호로비츠는 독주 파트를 연주했는데 호로비츠가 카덴자에서 몇 군데 삭제를 제안하자 라흐마니노프가 이를 받아들인 것을 시작으로 둘은 평생 음악적으로 교류하고 우정을 나눈다. 카덴자는 오케스트라가 연주를 멈추고 독주자가 혼자 연주하며 자신의 역량을 보여주는 부분으로, 작곡가가 공간을 비워놓아 연주자의 재량에 맡기거나 자신이 직접 작곡하기도 하는데 후자가 대부분이다. 라흐마니노프는 피아노협주곡 3번에 두 가지 버전의 카덴자를 작곡하였다. 호로비츠는 협주곡 3번을 자주 연주하였는데, 특히 그의 1942년 연주에 대해 라흐마니노프는 "바로 이것이 내 협주곡이 이렇게 연주되어야 한다고 언제나 꿈꾸어 왔지만 들을 수 있을 것이라 결코 기대하지 못했던 연주다"라고 찬사를 보내며 자신의 작곡 의도와 이상을 완벽하게 해석한 호로비츠에게 모든 작품에 대한 편집권을 맡기고 다음 해에 흑색종으로 세상을 떠난다.

호로비츠는 평생에 걸쳐 라흐마니노프 피아노협주곡 3번 음반 녹음을 여섯 차례 했는데, 1978년의 마지막 실황녹음 음반은 75세의 나이로 인해 압도적인 테크닉은 다소 무뎌졌으나 여전한 음악성으로 그가 전설임을 입증하면서 유튜브에서 400만이 넘는 조회수를 기록하였다. 2022년 반클라이번 콩쿠르에서 같은 곡을 연주한 18세의 임윤찬은 호로비츠의 1978년 음반을 천 번 이상 들었다며 자신이 같은 곡을 연주하는 것에 대해 "우상 중 한 명인 호로비츠의 발자취를 따르는 것이 긴장된다. 저는 빅뱅 이전의 우주와 같다. 아직 학습 단계에 있다"라고 말한다. 음악평론가 크리스 하틀리는 반클라이번의 임윤찬 연주에 대해 그 어느 연주보다도 호로비츠가 잘 들려왔으나 이는 복사판이 아니라 오히려 자신의 개성을 드러내는 것과 섬세하고 창의적으로 과거에 경의를 표하는 것 사이의 훌륭한 균형점을 찾아낸 것으로 호평했다. 이를 입증하듯 임윤찬의 연주는 콩쿠르 직후 단 몇 개월 만에 천만을 훌쩍 넘는 조회수를 기록하며 하나의 역사를 만들었고, 2023년 뉴욕 필과의 세 차례 연주는 평론가로부터 '꿈같은 연주'라는 극찬을 받았다.

1978년 유진 올만디 지휘로 뉴욕 필과 협연한 호로비츠 공연

호로비츠의 연주는 당시의 상식을 뒤집는 신선함과 강렬한 흡인력으로 청중들을 사로잡았다. 일반적인 피아니스트들과 달리 곧게 편 손가락으로 내뿜는 강렬한 터치, 압도적인 기술, 티 없이 맑은 소리의 서정성, 독특한 페달기법 등은 그를 불세출의 연주자로 만들었다. 그는 난해한 패시지들을 페달사용 없이 여유롭게 스타카토로 구사하며 가볍고 깔끔하게 넘기는가 하면 피아니시모에서는 더욱 여리게, 포르티시모에서는 천둥 같은 소리를 내면서 건반을 자유자재로 다루었다. 호로비츠는 또한 음악적 기교와 음악적 표현력을 구분하여, 스케일이나 아르페지오 같은 단순한 기교가 페달링이나 음색과 같은 음악적 영감을 표현하는 능력을 지배하지 않도록 둘이 적절히 어울려야 함을 강조했다. 호로비츠는 연주 시 몸을 거의 움직이지 않고 얼굴에 집중력 외에는 표정을 드러내지 않는 것으로도 유명한데, 그는 그 이유를 내면의 정서가 표출되는 곳은 손끝이지 얼굴이나 몸짓이 아니기 때문이라고 밝힌다. 그는 손가락을 통해 머리와 가슴이 균형을 맞추면 기교와 지성과 감성이 어느 하나라도 튀지 않고 조화와 균형을 이루게 된다고 말한다.

호로비츠는 개성이 너무 강하다 보니 어떤 곡을 치든 자신의 색을 강렬하게 입힐 뿐만 아니라 원래 작곡가가 되고 싶었던지라 원전에 편곡을 가하면서 원전주의자와 비평가들의 비난을 받기도 했다. 그는 "악보는 성경이 아니며 난 두려워하지 않는다. 음악은 그 점들 뒤에 있는 것이다"라며 엄청난 다이내믹과 리듬, 쇳소리 등 피아노로 표현할 수 있는 모든 것을 시도했다. 그는 또한 피아노 건반에 대한 감각이 뛰어나 손을 바꾸어 연주하기는 더 편하고 소리는 더욱 선명하게 내는 법을 알았고, 악보의 몇몇 부분을 건너뛰거나 음을 생략하기도 했다. 이로 인해 그는 왜곡과 과장의 대가라는 비판을 받기도 했는데, 실제로 호로비츠 자신이 과장된 연주를 선호했다. 그는 큰 공연장에서는 금욕적이고 청교도적으로 연주해서는 아무 일도 일어나지 않는다며 예술가가 자신을 드러내고 관중을 사로잡기 위해서는 부족함보다는 좀 더 넘치게 연주하여 그것을 통제하는 것이 낫다고 생각했다. 한마디로 그는 어떤 피아니스트보다도 관객을 잘 다룰 줄 아는 피아니스트였다.

호로비츠는 기계적인 반복이 연주의 즉흥성을 손상한다고 생각하여 하루 2시간 이상은 연습하지 않았다. 그는 한 곡을 100번 이상 연습하여 무대에 오르면 그 연주는 그저 101번째 연습과 같은 소리가 난다고 여겼고, 같은 연주가 반복되지 않도록 자신의 과거 연주도 일절 듣지 않았다. 그는 페달링도 남달랐다. 일례로, 그의 쇼팽 연주는 절제미와 페달을 중시하는 전통적인 쇼팽 해석과 달리 페달을 거의 사용하지 않아 소리가 메마르고 거칠게 들리나 묘한 프레이징과 강약조절, 강렬한 터치로 남다른 감동을 준다. 쇼팽은 페달링의 선구자라고 불릴 만큼 페달을 중시하였고 자필 원곡 악보에도 페달사용을 매우 섬세하게 표시하였기에 통상 그의 작품을 연주할 때는 페달링이 매우 중요하다. 페달링은 단순히 소리의 강약만을 조절하는 것이 아니라 다양한 음질과 음색을 표현하며 변화를 이루고, 특히 서정적인 선율의 음악에서는 특별한 음색을 더해주어 더욱 아름다운 소리를 창출한다. 페달링은 타고난 음악성과 악기에 대한 이해로 본능적으로 습득되는 것이기도 하여 음악가의 천재성을 확인하는 기준이 되기도 한다. 상트페테르부르크 음악원 설립자인 안톤 루빈스타인은 음악을 만드는 데 있어 손가락보다 발이 더 중요하다며 페달을 '피아노의 영혼'으로 표현했다.

호로비츠는 자신이 원하는 음색을 표현하기 위해 그를 위해 특별제작된 슈타인웨이 피아노와 전속 조율사를 항상 동반했다. 그는 피아노 조율은 물론 무대에서 의자 위치와 높이도 자신에게 완벽해야 할 정도로 예민했다. 그의 피아노는 손만 올려도 소리가 나고 세게 치면 현이 끊어지는 듯한 꿍음이 날 정도로 미세하게 조율되어 다른 피아노들과 다른 소리를 내었고, 너무 섬세하다 보니 조금만 틀려도 미스 터치가 두드러지게 들렸다. 그의 투어에 내내 동반한 세계적인 조율사 프란츠 도어는 호로비츠의 피아노는 가벼운 터치에도 건반이 내려갈 정도로 손가락에 대한 저항력이 전혀 없는 반면 건반이 올라올 때의 힘은 매우 강하게 균형을 잡아 호로비츠가 원하는 대로 건반이 작동할 수 있게 했다고 말한다. 반면 당대의 라이벌로 피아노 위로 손을 높이 들어 아래로 내리치는 '스완 다이빙' 주법을 구사하는 아르투르 루빈스타인은 손가락에 대한 저항력이 훨씬 강한 피아노를 선호했다.

호로비츠는 83세 되던 1986년, 1925년의 레닌그라드 연주를 마지막으로 고국을 떠난 후 61년 만에 돌아가서 감격스러운 귀향연주회를 열었다. 그 연주회는 1985년에 신임서기장이 된 고르바초프가 급격한 개방정책을 펼치며 서구와 해빙 분위기를 조성하는 과정에서 성사된 것으로 두 강대국이 서로에게 문을 여는 것을 돕는 역할을 하였다. 당시 호로비츠는 1987년에 연주 생활을 마감할 예정이었기에 그때가 아니면 다시는 고국에서 연주회를 열 수 없을 것으로 생각하여 기꺼이 공연을 추진했다. 관객들은 곡이 끝날 때마다 갈채를 보냈고 슈만의 〈트로이메라이〉를 연주할 때는 감정에 사무쳐 눈물을 흘리는 중년 남성의 모습이 카메라에 잡혀 감동을 더 했다. 혹자는 그의 눈물을 소련이 2차 세계대전 종결 후 전쟁희생자들을 위해 묵념할 때 모스크바 라디오방송이 이 곡을 틀어 국민의 슬픔과 상실을 위로했던 사실과 연계시켰다. 호로비츠는 숙연한 표현력과 담백하고 맑은 음색으로 그의 마지막 트레이드마크가 된 이 곡을 음반에도 몇 차례 수록하고 앙코르곡으로도 즐겨 연주했는데, 그에게도 이 곡은 망명자의 삶과 우울함에 대한 위로의 곡이었는지도 모른다. 호로비츠는 우울증과 잦은 병치레로 몇 차례 은퇴와 복귀를 반복했는데, 첫 번째 은퇴 기간은 12년간 지속되었고 모스크바 공연 전에도 2년의 휴지기가 있었다. 그는 은퇴 기간에도 음반 녹음은 꾸준히 하였으나 녹음실에서도 요구가 많고 예민함이 지나쳐 녹음 담당자들과 음반회사와 여러 갈등을 일으키기도 했다.

호로비츠는 우크라이나 키예프 태생으로 그가 태어난 시기에는 우크라이나가 제정 러시아에 속했고 귀국연주 당시에도 두 나라는 소련 연방에 속한 형제국가였다. 그러나 소련연방해체(1991) 이후 두 나라는 갈등의 연속이었다. 민주화된 우크라이나가 러시아에 지정학적 안보위협이 되는 NATO 가입을 추진하자 러시아는 2014년 원래 자국 영토였던 크림반도를 강제병합한다. 같은 해에 친러시아계의 돈바스 지역 또한 친서방정부에 반발하여 러시아로의 병합을 요구하며 8년간 내전이 이어지다 2022년 결국 두 나라 간에 전쟁이 발발한다. 러시아는 우크라이나의 비무장화, 비나치화, 돈바스 지역의 주민 보호를 명분으로 전쟁을 선포했고 우크라이나는 러시아에 점령된 자국 영토 완전탈환과 NATO 가입을 목표로 대응하면서 현재도 전쟁이 계속되고 있다.

러시아 피아니즘

라흐마니노프는 작곡가로 성공을 거둔 만큼이나 피아니스트로도 세기의 인물이었다. 비평가들은 그의 작품을 가장 잘 연주한 피아니스트로 단연 그를 꼽고 있고, 호주의 예술문화잡지인 라임라이트가 2011년 세계적인 피아니스트 100명을 대상으로 그들의 우상을 묻는 설문조사를 했을 때 라흐마니노프가 1위를 차지하여 '피아니스트들의 피아니스트'임을 입증하였다. 2~5위는 호로비츠, 리히터, 루빈스타인, 에밀 길레스가 차지했다. 폴란드 태생 루빈스타인을 제외하면 모두 러시아계이다. 러시아 피아니즘은 1870~1880년대에 모스크바 음악원 동기인 라흐마니노프와 스크랴빈 같은 천재적인 작곡가이자 피아니스트들과 러시아 피아노 악파를 창시한 네이가우스와 골덴바이저 같은 뛰어난 피아니스트이자 교육자들이 등장하여 그 기반을 세우면서 오늘날까지 이어진다. 그들 뒤에는 루빈스타인 형제가 러시아의 음악 수준을 서유럽의 수준으로 끌어올리기 위해 1862년에 설립한 상트페테르부르크 음악원과 1866년에 설립한 모스크바 국립음악원(현 차이콥스키 음악원)이 있다.

러시아 음악원들은 영재들을 선발해 엘리트 교육을 하면서 러시아 음악 전통과 정서를 전수하고 완벽한 테크닉을 연마시켜 뛰어난 음악가들을 양성하고 있다. 러시아 음악원들은 일종의 도제 시스템을 갖추어 지도교수를 중심으로 계파를 이루는데, 가장 대표적인 계파가 전 시대 모스크바 음악원의 네이가우스 계파와 골덴바이저 계파이다. 네이가우스는 에밀 길레스, 리히터, 라두 루푸 등의 거장 피아니스트들을 배출하였고 골덴바이저 역시 세계적인 피아니스트인 라자르 베르만과 사무엘 파인베르크 등을 배출했다. 네이가우스는 훌륭한 인품으로 학생들의 존경과 사랑을 받았으며, 라흐마니노프의 음악원 동기인 골덴바이저는 톨스토이의 평생의 벗이었다.

네이가우스(앞줄 왼쪽 두 번째)와 그의 제자들. 앞줄 오른쪽 두 번째가 리히터이다.

소련 정부는 자국의 음악가들이 1920~30년대부터 유럽에서 창설되기 시작한 여러 음악 콩쿠르에서 두각을 나타내기 시작하자 자신들의 문화예술 수준을 전 세계에 알리기 위해 1958년에 차이콥스키 국제콩쿠르를 창설한다. 당시 세계정세는 2차 세계대전 이후 최고 강대국이 된 미국이 서구 민주주의를 대변하고 소련이 동구권을 통합하여 공산주의를 대변하면서 양 진영 간의 냉전 시대(Cold Age)가 지속되었다. 냉전 시대는 핵폭탄의 위협으로 실질적인 전쟁은 일어나지 않고 있으나 대립과 긴장과 경쟁이 계속되는, 조지 오웰의 말을 빌리면 '평화가 없는 평화' 시대였다. 두 나라는 정치, 경제, 군사는 물론 우주 경쟁까지 벌이면서 세계에 자신들의 역량을 과시하고자 했다. 소련은 1957년에 우주에 미국보다 먼저 스푸트니크 위성을 발사하여 그들의 과학기술을 과시했고, 다음 해에는 그들의 문화적 위상을 알리고자 차이콥스키 콩쿠르를 개최하여 피아노와 바이올린 부문에서 경연을 벌였다. 그 당시 소련은 미국을 자동차만 만들 줄 알았지 문화적으로는 미개한 국가라고 비방하던 터였다. 그런데 피아노 부문 결선에서 24세의 미국인 반 클라이번이 라흐마니노프 피아노협주곡 3번을 쳐서 심사위원 만장일치로 우승한다. 그 대회 위원장은 에밀 길레스였고 리히터도 심사위원 중 한 명이었다. 반 클라이번의 스승은 모스크바음악원 출신의 로지나 레빈이어서 그는 일면 러시아 피아니즘의 영향을 받은 것으로 볼 수 있다.

반 클라이번은 적진인 소련에서 우승하여 미국에서 영웅이 되고 소련에서도 엄청난 인기를 얻으면서 양국 간의 냉전을 완화하는 외교 역할을 했다. 4년 후 미국에서는 그를 기념하는 반클라이번 콩쿠르가 창설되는데 2회 대회에서 네이가우스의 제자인 라두 루푸가 우승한다. 라두 루푸는 이후 조지 에네쿠스와 리즈 콩쿠르에서도 우승하고 연주와 음반으로 그래미 등 여러 음악계 상을 받을 만큼 실력이 특출했으나 연주 외에는 일절 언론 노출을 꺼리고 자신의 연주가 방송되는 것도 허락하지 않아 은둔의 피아니스트로 알려졌다. 반클라이번의 우승으로 자존심이 상한 소련은 음악원에 더 많은 지원을 하고 교육을 강화한 결과 세계 유수의 콩쿠르에서 괄목할 만한 성적을 거두게 된다. 이에 소련당국은 1961년 당 대회에서 최근 5년간 39개 국제 음악콩쿠르에서 자국 음악가들이 1등 29번, 2등과 3등을 35번 했다고 발표하면서 자신들의 우수한 교육시스템을 선전했다.

▬▬▬ 반 클라이번, 1958년 모스크바 공연

소련의 체계적인 교육시스템이 만들어낸 최고의 간판스타는 소련 인민 예술가 칭호를 받은 에밀 길레스이다. 그는 1955년에 소련 음악가로서는 최초로 미국에서 차이콥스키 피아노협주곡 1번으로 공연했는데 강철 같은 타건과 엄청난 다이내믹, 러시아적 서정성으로 관객과 평론가들을 사로잡으면서 전후 최고의 비르투오소라는 찬사를 받는다. 한편 네이가우스 밑에서 함께 수학하며 그와 쌍벽을 이루었던 천재음악가 리히터는 그의 가족사로 인해 1960년까지 서구로의 연주 투어가 허락되지 않았다. 그는 동독 공연도 허락되지 않았는데, 당시 동-서 베를린 간 이동이 자유로워 서구인들이 그의 연주를 들을 수 있기 때문이었다. 리히터의 아버지는 독일 태생의 피아니스트로, 불미스러운 사건으로 우크라이나로 도피해 자신에게 피아노를 배우던 귀족의 딸과 결혼하면서 러시아혁명 때 온 가족이 고초를 겪는다. 그는 2차 세계대전 중에 독일 영사에게 피아노를 가르친 일로 독일과 내통했다는 혐의를 받아 고문으로 사망했고, 리히터의 어머니는 독일로 망명한 채 소식이 끊겼다. 리히터는 홀로 소련에 남아 네이가우스를 스승이자 아버지처럼 따르고 그의 지도를 받으면서 길레스와 함께 소련 최고의 피아니스트가 된다.

동갑내기인 길레스와 리히터는 서로의 천재성을 인정하고 존중하면서 상대가 친 레퍼토리가 최고 수준이라고 생각되면 자신은 연주하지 않는 배려를 보였다. 리히터는 길레스가 연주한 라흐마니노프 3번을 듣고는 자신의 해석이 필요하지 않다며 그 곡을 연주하지 않았고, 길레스 역시 같은 이유로 라흐마니노프 2번을 연주하지 않았다. 리히터가 1959년에 폴란드 지휘자 비스로키와 협연한 라흐마니노프 2번 음반은 그 이상의 음반은 없을 것이라는 찬사를 받았으며, 길레스의 베토벤 소나타와 브람스 피아노협주곡 1번 음반은 음악계의 주요 명반으로 꼽힌다.

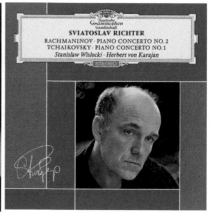

길레스, 브람스 피아노협주곡 1번   리히터, 라흐마니노프 피아노협주곡 2번

당국의 통제하에 있던 리히터가 서구로 진출하게 된 데에는 길레스와 소
련을 방문했던 서구 연주자들의 도움이 컸다. 첫 미국공연을 성공적으로 마
친 길레스는 지휘자 유진 올만디와 평론가들이 그에게 찬사를 보내자 철의
장막 저쪽엔 자신보다 더 훌륭한 리히터라는 피아니스트가 있으니 그를 기
다리라고 말하여 리히터의 존재를 알렸고, 유진 올만디는 1958년 레닌그라
드에서 리히터와 프로코피예프 피아노협주곡 5번을 연주한 후 그를 미국으
로 초청하기 위해 소련문화부 장관과 접촉하기도 했다. 소련에서 최초로 공
연한 북미 음악가인 글렌 굴드와 차이콥스키 콩쿠르에 참석했던 반클라이번
역시 그의 천재성을 서구에 알렸다. 반클라이번은 소련에서 리히터의 슈베
르트 연주를 듣고는 자신의 인생에서 들어 본 가장 훌륭한 연주였다고 격찬
했다. 당시 소련에서는 슈베르트 음악을 염세적으로 여겨 연주하는 피아니
스트가 없었으나 리허터는 개의치 않고 연주하여 소련에 그의 음악을 알렸
다. 그는 소련 당국이 쇼스타코비치와 프로코피예프 음악을 금지하고 탄압

할 때에도 자신의 연주 레퍼토리에 포함시킬 정도로 오로지 음악에 충실하고 권력에 굴하지 않았으며, 반클라이번이 우승할 때에도 자국의 음악가를 우승시키라는 당국의 압력을 무시하고 연주가 월등하게 뛰어났던 그가 수상할 수 있도록 이끌었다. 소련당국은 리히터에 대한 미국의 관심이 점점 커지자 1960년에 마침내 그의 미국공연을 허락한다.

리히터는 시카고에서의 첫 공연을 시작으로 뉴욕 카네기홀에서는 12일 동안 5번의 연주회를 가질 정도로 폭발적인 인기를 끌었으며, 일찍이 당국으로부터 죽었다고 전해 들은 어머니가 뉴욕 공연에 참석하여 모자가 20년 만에 극적인 상봉을 했다. 이들의 만남은 차이콥스키 콩쿠르 당시 그와 인터뷰를 한 후 잡지에 "격리된 천재피아니스트"라는 제목으로 기사를 실었던 기자 폴 무어가 다음 해에 우연히 그의 어머니를 찾으면서 이루어졌다. 리히터는 자신의 가족사에도 불구하고 많은 러시아 음악가들이 자유와 부를 찾아 서구로 떠난 것과 달리 끝까지 러시아에 남았는데, 그 이유를 자신이 조국으로부터 받은 것이 너무 많았기 때문이라고 말한다.

리히터는 연주자는 해석자가 아니라 악보를 반사하는 거울에 불과하다며 어떤 곡이든 악보에 충실하여 작곡가의 특성을 살리고자 노력했다. 그의 해석은 엄격한 동시에 신선했고 해석의 자의성을 통제하면서도 상상력이 풍부하여 음악과 자신의 진면목을 백분 드러내었다. 그는 바흐 평균율부터 고전주의, 낭만주의를 거쳐 프로코피예프 피아노협주곡까지 그 누구도 따를 수 없는 방대한 레퍼토리를 작곡가의 의도대로 완벽하게 연주하여 스승 네이가우스는 "그가 다른 작곡가의 곡을 연주할 때면 다른 피아니스트가 치는 것 같다"며 감탄을 표했다. 글렌 굴드 역시 그에 대해 청취자를 연주자 개인의 개성이 아닌 음악 자체에 연결해주는 음악가로 찬사를 보냈다. 이처럼 악보를 중시하는 그가 예외적으로 자신의 음악적 감수성을 맘껏 펼친 연주가 있는데, 그가 젊은 시절 연주했던 라흐마니노프 피아노협주곡 2번이다. 쿠르트 잔델링 지휘로 레닌그라드 국립교향악단과 함께 한 연주에서 그는 러시아대륙의 웅장한 스케일과 거칠고도 쓸쓸한 서정성을 본능적인 음악적 감각으로 거침없이 표현해내었다. 당시 잔델링은 평소 악보에 충실한 리히터가 이 곡만큼은 다소 막무가내식으로 쳐서 따라가기가 힘들었다고 말했다.

철저한 악보분석과 해석의 자의성을 통제하는 것은 러시아 피아니즘의 한 특징으로 작품에 대해 비교적 자유롭고 주관적인 해석을 가하는 서구 피아니즘과 대조적이다. 이를 보여주는 에피소드로, 1957년 글렌 굴드가 모스크바에서 〈골드베르크 변주곡〉을 연주했을 때 리히터는 그의 연주에 대해 놀랍다는 찬사를 보내는 동시에 "하지만 반복구를 생략함으로써 나의 즐거움을 반감시켰다. 작곡자의 지시를 따르지 않고 반복구를 생략해 버리는 음악가들이 많다. 나는 늘 그들에게 야유를 보내야 한다고 생각했다"라며 악보를 따르지 않은 것을 비난했다. 피아니스트 라자르 베르만 역시 작곡가의 텍스트는 모든 것의 기본이자 시작점으로 텍스트를 엄격하고 창의적으로 봐야만 음악의 본질을 이해할 수 있다고 말한다.

러시아 피아니즘은 또한 피아노를 타악기처럼 두드리는 것이 아니라 노래하듯이 연주하면서 소리를 깊고 풍부하게 낼 것을 강조한다. 호로비츠는 야니스를 가르칠 때 "피아니스트의 목적은 피아노로 하여금 노래, 노래, 노래하게 하는 것이다"라며 그에게 성악가의 노래와 오페라를 즐겨 듣게 했고, 라자르 베르만은 아름다운 음색을 내기 위해 이탈리아 가수들의 아름다운 음색의 비밀인 벨칸토의 신비를 알아내고자 했다. 리히터 역시 노래하는 듯한 음색을 꿈꾸었는데 어느 순간 스승 네이가우스의 가르침으로 마침내 그런 음색을 얻게 되었다고 기뻐하기도 했다. 십대 초반부터 차이콥스키 음악원에서 공부하여 러시아 피아니즘의 맥을 잇는 임동민, 임동혁 형제 역시 각자의 연주 스타일은 다르나 공통적으로 피아노가 노래하게 해야 한다고 강조한다. 피아노는 기악이란 특성으로 자칫 '호흡'이 소홀해질 수 있는데 사람이 노래하듯 가장 자연스러운 호흡이 뒷받침되어야 자연스럽고 감동을 주는 연주가 된다는 것이다.

러시아 피아니즘을 비판하는 자들은 그들의 교육시스템이 음악성보다 테크닉에 치중하고 힘을 강조하여 명암을 제대로 표현하지 못한다고 비난한다. 모스크바음악원 출신으로 서구로 망명한 피아니스트 블라디미르 아슈케나지는 소련당국이 국가 위상을 높이기 위해 올림픽 경기에서처럼 어린 영재들을 발굴하여 스파르타식으로 교육시키면서 경쟁에서 이기는 것에만 집중한다고 비판하기도 했다. 이는 일면 타당한 비판이지만 라흐마니노프를 위시하여 네이가우스와 골덴바이저가 배출한 피아니스트들은 단순히 기교와 힘만 지닌 피아니스트가 아니었다. 그들의 음악은 광활한 동토의 차가운 바람을 이겨내는 강인함과 직설적인 냉정함 속에 열정과 우수가 가득 찬 러시아 정서를 표현하고, 다이내믹한 힘과 뛰어난 기교 속에서도 절제미를 발휘하면서 선명한 대비의 미학도 보여준다. 그로 인해 그들의 연주는 격정적이면서도 처연하고 강하면서도 부드럽다. 그들의 음악이 러시아 피아니즘의 근원이자 유산이 되어 오늘날까지 그 맥이 이어지고 있다.

2015년 차이코프스키콩쿠르에서 만장일치로 우승을 차지한 피아니스트

드미트리 마슬레예프는 러시아 피아니즘의 뿌리를 글린카, 차이콥스키, 라흐마니노프, 스크랴빈 등이 이룬 위대한 '역사'와 이를 현대까지 이어오고 있는 '전통'에서 찾는다. 그 역사와 전통의 계보는 라흐마니노프, 소프로니츠키, 에밀 길레스, 리히터, 라두 루푸, 라자르 베르만, 블라디미르 아슈케나지, 그리고리 소콜로프를 이어 보리스 베레좁스키, 예프게니 키신, 다닐 트리포노프, 안나 치볼레바 등의 차세대로 이어진다. 계보만 봐도 알 수 있듯이 러시아는 19세기 중후반부터 오늘날까지 가장 많은 거장 피아니스트들을 배출하면서 명실공히 피아노 음악사에서 큰 줄기를 이루고 있다.

러시아의 위대한 피아니스트들과 함께 러시아 피아니즘을 지탱하는 가장 원천적인 기반은 러시아인의 예술에 대한 열정이다. 리히터는 자서전에서 2차 세계대전 당시 나치에 포위당한 레닌그라드(현 상트페테르부르크) 도심에 폭격이 가해지고 있음에도 연주회를 중단하지 않았던 상황을 회고한다: "나는 1944년 1월 5일에 레닌그라드에서 처음으로 연주를 했다…… 이튿날, 필하모니 홀에 가보니 창 유리들은 산산조각이 나 있고 홀의 창문들은 활짝 열려 있었다. 바로 옆에 있는 러시아 미술관에 포탄이 떨어진 모양이었다. 그런 상황에서도 연주회는 열렸다. 청중들은 외투를 입은 채로 연주를 들었다. 그들은 대단히 감동한 듯 했다. 연주가 시작되자마자 사람들이 추위를 잊어버린 멋진 콘서트였다."

레닌그라드 시민들은 1941년 9월에 나치에게 포위된 이후 숱한 폭격과 죽음을 목격하며 공포와 가난에 시달려오다 1944년 1월 27일에 비로소 해방되었다. 그런 극한의 상황에서도 청중들은 리히터의 연주에 빠져들어 잠시 전쟁의 고통과 굶주림과 추위를 잊었고, 그 또한 그런 청중들에게 깊은 감명을 받으며 연주했다. 언제 죽음이 닥칠지 모르는 전시에도, 동토의 칼날 같은 바람에도 위축되지 않는 러시아인의 피 속에 흐르는 예술에 대한 애정은 러시아 피아니즘의 가장 든든한 기반이다.

나치에게 포위당한 당시 포격 당한 레닌그라드 도심과 시민들의 모습

왼쪽부터 라두 루푸, 쇼콜로프, 트리포노프, 키신

대사로 보는 영화

    호주 태생의 데이비드 헬프갓은 어려서부터 아버지에게 피아노를 배우며 여러 콩쿠르에 참여한다. 한 콩쿠르에서 데이비드가 그 나이에 치기 어려운 쇼팽 폴로네이즈를 쳤으나 수상하지 못하자 아버지는 나머지 결과는 보지도 않고 집으로 와서 데이비에게 수없이 들려준 이야기를 반복한다. 아버지는 어린 시절 바이올린을 하고 싶었으나 할아버지가 바이올린을 부수어버려 꿈이 좌절되었다. 피터는 자신의 어린 시절 이야기를 데이비드에게 끊임없이 들려주며 그가 피아노를 칠 수 있음을 행운으로 여기게 만든다.

PETER: You know, David, when I was your age, I bought a violin, I saved for that violin, it was a beautiful violin. Do you know what happened to it?

DAVID: Yes, he smashed it.

PETER: You are a very lucky boy. My father never let me have music.

DAVID: I know, Daddy.

PETER: You are a very lucky boy. Say it.

DAVID: I'm a very lucky boy.

P: 내가 너 나이 때 난 돈을 모아 바이올린을 샀어. 아름다운 바이올린이었지. 그런데 어떻게 됐는지 아니?

D: 네, 할아버지가 부셨어요.

P: 넌 운이 좋은 아이야. 내 아버진 내가 절대 음악을 하지 못하게 했어.

D: 알아요, 아버지.

P: 넌 매우 운이 좋아, 말해봐.

D: 전 정말 운이 좋아요.

그 시간 콩쿠르 심사위원인 벤 존슨이 집으로 찾아와서 데이비드가 특별 상을 받았다고 알려주며 데이비드에게 쇼팽 폴로네이즈는 어려운 곡인데 잘 쳤다고 칭찬해준다. 하지만 존슨은 피터에게는 그가 너무 어려운 곡을 골랐 다며 그것이 데이비드에게 좋은 것이 아니라고 말한다.

ROSEN: You left before all the prizes were announced. You were very good this afternoon, David.

DAVID: Thank you.

PETER: He can play better.

ROSEN: Maybe he was a little too good. Some people don't like that. We gave him a special prize for his courage. It was a very difficult piece you chose, David.

DAVID: Daddy chose it.

ROSEN: Well, even great pianists think twice... before tackling the Polonaise.

R: 안녕하세요, 방해가 안되길 바랍니다. 저는 심사위원 중 한 명입니다.

P: 그런데요?

R: 수상 발표가 모두 나기 전에 떠나셨더군요. 데이비드, 오늘 정말 잘했어.

D: 감사합니다.

P: 앤 더 잘할 수 있어요.

R: 어쩌면 너무 잘한 것일 수도 있죠. 어떤 사람들은 그런 걸 좋아하지 않죠. 아이의 용기에 특별상을 주었어요. 데이비드, 네가 선택한 곡은 매우 어려운 곡이었어.

D: 아버지가 고르셨어요.

R: 위대한 음악가들도 폴로네이즈에 도전하기 전에 전에 재차 생각을 하지.

데이비드의 재능을 알아본 벤 로젠은 피터에게 자신이 가르치겠다고 요청하나 피터는 거절한다. 그러던 어느 날, 데이비드는 어둠 속에서 아버지가 항상 듣던 라흐마니노프 피아노협주곡 3번의 선율을 치면서 아버지에게 그 곡을 가르쳐줄 수 있냐고 묻는다.

PETER: Rachmaninov?

DAVID: It's beautiful.

PETER: You taught yourself?

DAVID: From the record.

PETER: The record?

DAVID: You always play it.

PETER: It is very difficult, the hardest piece in the world, David.

DAVID: Will you teach me?

PETER: One day you will play it, you will make me very proud. Won't you?

DAVID: Yes.

PETER: And, uh, next time, what are we going to do?

DAVID: We're going to win.

P: 라흐마니노프?

D: 곡이 아름다워요.

P: 혼자 친 거니?

D: 레코드를 듣고 쳤어요.

P: 레코드?

D: 아버지가 항상 틀잖아요.

P: 그 곡은 정말 어려워, 세상에서 제일 치기 힘든 곡이야.

D: 가르쳐줄 수 있어요?

P: 언젠간 네가 그 곡을 쳐서 날 매우 자랑스럽게 할 거야. 그렇지?

D: 네.

P: 그럼, 이제 우린 뭘 해야 하지?

D: 상을 타야죠.

라흐마니노프 3번을 연주하기를 꿈꾸는 아들을 보고 피터는 자신이 더는 가르칠 수 없다고 생각해 로젠에게 데이비드를 맡기면서 그 곡을 가르칠 것을 요구한다.

PETER: I have decided I would like you to teach David. This!

ROSEN: Rachmaninov? Don't be ridiculous.

PETER: He can play it already.

ROSEN: He's just a boy. How can he express that sort of passion?

PETER: You are a passionate man, Mr. Rosen. You will teach him, no?

ROSEN: No. I'll teach him what I think is best.

PETER: Rachmaninov is best. But you are his teacher; I let you decide.

ROSEN: Thank you. We'll start with Mozart.

PETER: Mr. Rosen. I can't afford to pay.

ROSEN: Come on, David.

P: 데이비드를 선생님께 맡기겠습니다. 이거 받으세요.

R: 라흐마니노프요? 말도 안됩니다.

P: 이미 치기 시작했어요.

R: 그 앤 아직 어린앱니다. 그런 열정을 어떻게 표현하겠습니까?

P: 당신이 열정적인 사람이잖소. 가르쳐줄 건가요?

R: 아뇨, 전 아이에게 가장 적합한 걸 가르칠 겁니다.

P: 라흐마니노프가 최고이죠. 하지만 선생은 당신이니 알아서 결정하세요.

R: 감사합니다. 모차르트로 시작하죠.

P: 로젠씨, 강습료는 낼 형편이 못됩니다.

R: 들어가자, 데이비드.

　　로젠의 가르침을 받은 데이비는 14세에 모차르트의 곡으로 콩쿠르에서 우승하여 미국 유학 제의를 받으나 아버지가 돈이 없다는 핑계로 이를 거절한다. 이에 주변에서 후원회를 열어 기금이 마련되고 미국에서 초청장이 오지만 피터는 가족이 헤어져 살아서는 안 된다는 이유로 끝까지 유학을 반대한다. 14세에 집을 떠난 피터는 2차 세계대전 중에 부모님이 유대인수용소에서 죽자 그 죄책감으로 가족은 함께 있어야 한다는 강박감을 가지고 살아왔다.

PETER: These people are a disgrace. They think they are so important. What do they know with their furs and their diamonds? It makes me sick to the stomach. And Rosen. Pah! What kind of man is he? He has no children. He's not married, I know! Don't talk to me about Rosen.

RACHEL: He only wants for David the same as you have always wanted.

PETER: Don't ever compare me to him. What has he suffered? Not a day in his life! What does he know about families? Do you forget how your sisters died? And my mother and father. Stupid woman.

P: 정말 수치스러운 사람들이야. 그들은 자신들이 매우 중요한 사람이라고 생각하지. 모피나 걸치고 다이아몬드반지나 낀 주제에 그들이 뭘 알겠어? 욕지기가 날 정도야. 그리고 로젠은 또 어떻고. 어떤 인간이지? 아이도 없고 결혼도 안 한 주제에. 나에게 로젠 얘기 꺼내지도 마.

R: 당신이나 그분이나 데이비드에게 원하는 건 같아요.

P: 나를 그와 비교하지 마. 그가 고통을 겪어봤겠어? 단 하루도 겪지 않았을 거야. 그가 가족에 대해 뭘 알겠어? 당신 여동생이, 내 부모가 어떻게 죽었는지 잊었어? 우둔한 여편네 같으니.

피터는 데이비드가 미국으로 떠나면 자신이 역할이 없어질 것이 불안하여 미국에서 온 초청장을 불태운 후 가족을 구실로 데이비드가 가지 않도록 설득한다.

PETER: Enough of this nonsense!

DAVID: Daddy?

PETER: Forget it! You are not going. David is not going anywhere. What are you looking at, you fools? He is not going to America! I won't let anyone destroy this family!

DAVID: Daddy, but Daddy please...

PETER: I know what is best, David. I know because I am your father and this is your family.

P: 이런 허튼 짓거리는 이제 진절머리가 나.

D: 아빠?

P: 잊어버려, 넌 안 갈 거야. 얜 아무 데도 안 가. 뭘 보고 있어, 멍청이들. 얘는 미국으로 안 가. 누구도 우리 가족을 망치게 두진 않을 거야.

D: 아빠, 제발...

P: 너에게 뭐가 최선인지 난 알아. 난 네 아빠고 이게 네 가족이야.

　　미국 유학이 좌절된 데이비드는 다시 콩쿠르에 나가 우승은 못했으나 영국 왕립음악원 장학생 추천을 받는다. 이에 데이비드는 후원회에서 만나 그가 마음을 터놓고 의지하는 작가 캐서린을 찾아가 아버지가 또 반대할 거라며 고민하자 캐서린은 이번에는 그가 원하는 대로 반드시 유학을 가야 한다고 말한다. 그녀의 충고대로 데이비드는 영국으로 떠나면 절연하겠다는 아버지의 위협에도 불구하고 왕립음악원으로 가서 세실 교수의 가르침을 받는다. 데이비드는 세실이 25년간 가르친 학생 중에서 가장 뛰어난 학생이었고,

기교적으로나 기질적으로 호로비츠와 연결될 수 있다는 말을 들으며 성장
해간다. 데이비드는 우승하면 로열 앨버트 홀에서 연주할 특전이 주어지는
콩쿠르에 참가하면서 지도교수에게 라흐마니노프 3번을 치겠다고 말한다.

CECIL: Rachmaninoff? Are you sure?

DAVID: Well, uh, kind of. I'm－I'm never really sure about anything, Mr
Parkes.

CECIL: The Rach' 3. It's monumental.

DAVID: It's, er, it's a mountain. It's the hardest piece you could "Everest"
play.

CECIL: Well, no one's ever been mad enough to attempt the Rach' 3.

DAVID: Am I mad enough, Professor? Am I?

C: 라흐마니노프? 정말이야?

D: 네, 아마도요. 전, 전 뭐에 확신을 가져본 적이 없어요.

C: 라흐 3번이라. 기념비적인 작품이지.

D: 하나의 산이죠. 에베레스트 산에 오르는 것 같은 가장 어려운 곡이죠.

C: 여태 라흐 3번을 치려고 할 만큼 미친 사람은 없었어.

D: 전 충분히 미치지 않았나요? 그렇지 않아요?

　　콩쿠르 날 데이비드는 혼신을 다해 연주한 후 무대에서 쓰러진다. 그는
최고연주자상을 받았으나 정신분열 증세가 심해져 연주 생활을 하지 못하고
고향으로 돌아가서 10년간 정신병원을 드나들며 치료를 받는다. 정신병원

에서는 의사가 음악이 그의 병세를 더욱 악화시킬 거라며 피아노를 치지 못하게 하여 데이비드는 늘상 피아노를 멍하니 보고만 있다. 어느 날 데이비드가 피아노 앞에서 선율을 떠올리며 서 있자 간호사가 와서 그에게 말을 거는데, 그들의 대화에서 아버지를 거역한 것에 대한 죄책감이 여전히 그를 괴롭히고 있음을 알 수 있다.

NURSE: David.

DAVID: That's right, nurse. That's right.

NURSE: I knew I'd find you here.

DAVID: Oh, I've been a naughty boy again, haven't I? I−I've misbehaved, haven't I, nurse? I think I have. That's true, isn't it?

NURSE: Come on, David.

DAVID: I−I might get into trouble. I might... I might get punished for the rest of my life, because I'm flawed. I'm−I'm fatally flawed. That's right, isn't it?

N: 데이비드.

D: 맞아요, 맞아요.

N: 여기 있을 줄 알았어요.

D: 제가 또 말을 안 들은 거죠? 잘못 행동한 거죠? 그런 것 같아요, 그렇죠?

N: 자, 데이비드.

D: 난, 난 벌 받을 거예요, 아마 남은 평생 벌 받을 거예요, 제가 잘못했으니까요. 정말 심각하게 잘못했어요. 그렇죠?

그날 병원에 봉사 온 교회 성가대 반주자 베릴은 데이비드의 팬이어서 그를 퇴원시켜 자신의 집에서 지내게 하나 점점 그를 감당하지 못해 다른 신자의 집으로 보낸다. 그곳에서는 집주인이 층간소음 문제로 피아노를 열쇠로 잠가 버려 데이비드는 공원을 떠돌며 지낸다. 비가 오는 날 공원 벤치에 앉아 있다 흠뻑 젖은 데이비드는 문을 닫으려는 와인 바에 들어가 피아노를 보자 곧장 다가가 연주한다. 이후 데이비드가 주말마다 그곳에서 연주하면서 지역신문에 기사가 나고, 신문을 본 아버지가 데이비드를 찾아와 다시 그를 통제하려 하나 데이비드는 어릴 적과는 달랐다.

PETER: David. Look at me. You are a lucky boy, David.

DAVID: That's true. That's true. It seems to be true. People──people say that──that──that they think I'm──

PETER: David. Get to the point.

DAVID: Yeah, I'm a very lucky boy.

PETER: No one will love you like me. No one like me. You see? Do you realize what...an opportunity you have here? Opportunity of a lifetime.

DAVID: That's right, Daddy.

PETER: David. When I was a boy... I──I bought a violin. Beautiful violin. I saved for this violin. You know what...what happened to it.

DAVID: No, what happened to it, Daddy? I don't──no idea. What happened? I've got no idea.

PETER: The──the thing is you've got to be──you've got to be fit to survive, haven't you? To stay alive. That's right, isn't it?

DAVID: Good night, Daddy.

P: 얘야, 나 좀 봐. 넌 운이 좋은 아이야.

D: 맞아요, 맞아요, 그런 것 같아요. 사람들이 그래요 나는... 나는...

P: 제대로 말해봐.

D: 네, 전 운이 좋은 아이예요.

P: 그 누구도 나만큼 널 사랑하지 않아. 그 누구도, 알겠니? 여기서 너에게 어떤 기회가 온 건지 알겠니? 일생일대의 기회야.

D: 맞아요, 아버지.

P: 내가 어렸을 때 난, 난 바이올린을 샀어. 아름다운 바이올린이었지. 그걸 사려고 돈을 모았지. 그리고 무슨 일이 일어났는지 알지.

D: 아뇨, 무슨 일이 일어났나요? 전 몰라요. 무슨 일이 일어났죠? 전 몰라요.

P: 중요한 건 살아남기 위해 강해져야 한다는 거야. 살아남기 위해. 그렇지?

D: 안녕히 가세요, 아빠.

와인바는 데이비드가 음악가로 재기하는 발판이 된다. 와인바 주인이자 의사인 크리스는 데이비드가 피아노를 다시 치게 하여 재활에 도움을 줄 뿐만 아니라 그에게 길리언을 소개해주어 데이비드가 새로운 인생을 살게 한다. 점성술사인 15년 연상의 길리안은 데이비드와 함께 음악회를 가고 시간을 보내면서 그가 마음의 안정을 되찾도록 도와준다. 길리안이 시드니로 돌아가려 하자 데이비드는 유일하게 자신을 이해해준 그녀를 붙잡으며 청혼을 하고, 그녀 역시 약혼자가 있음에도 데이비드의 맑은 영혼에 이끌려 그의 청혼을 받아들인다. 결혼 후 길리안은 데이비드를 세심하게 돌보면서 마침내 그가 다시 무대에 설 수 있게 한다. 어머니와 여동생, 스승인 벤슨이 참석한 가운데 데이비드가 공연을 성공적으로 마치자 관객들은 기립박수와 환호를 보냈고, 데이비드는 그들 앞에서 감정에 북받쳐 오열한다. 그는 여전히 같은 말을 반복하고 길리언이 옆에 없이는 혼자서 인터뷰도 못 할 정도로 어린아이 같으나 음악에 대한 의지와 열정이 그에게 무대를 되찾아주었다. 공연 후 그는 길리안과 함께 돌아가신 아버지의 무덤을 찾아간다.

GILLIAN: What do you feel?

DAVID: Well, the thing is I feel nothing.

GILLIAN: Nothing at all?

DAVID: Well, I'm shocked, stunned, and completely amazed. How does that sound? Perhaps it's all my fault. Perhaps it's me. Perhaps I don't know.

GILLIAN: You can't go on blaming yourself... for everythingn that's happened. Well, you can't go on blaming yourself.

DAVID: That's true, Gillian.

GILLIAN: And you can't go on blaming Daddy...because he's not here anymore.

DAVID: But you are.

G: 심정이 어때?

D: 실은 아무 감정도 못 느끼겠어요.

G: 아무것도?

D: 충격받고 멍하고 완전히 놀랐어요. 어떤 것 같아요? 모두 제 잘못이겠죠. 제가 잘못한 거죠. 모르겠어요.

G: 그간 일어난 일에 대해 계속 자신을 탓하지 마. 그래선 안 돼.

D: 맞아요, 길리안.

G: 아버지도 계속 탓하지 말고. 이제 이 세상 사람이 아니시잖아.

D: 하지만 당신은 여기 있어요.

영화는 데이비드가 콩쿠르에서 라흐마니노프 3번을 연주한 후 쓰러진 것으로 묘사하나 실제로는 연주를 마치고 수상도 했다. 그러나 콩쿠르 직후 데이비드는 자신이 믿고 의지하던 캐서린이 죽으면서 그에게 남긴 유품을 전달받자 그 충격으로 정신 불안이 더 심해진 데다 약 부작용까지 겹쳐 음악을 계속할 수 없었다. 그는 정신병원에 입원해서 치료를 받은 후 아이 넷을 가진 이혼녀와 결혼했다가 3년 후에 이혼한다. 아버지는 1975년에 돌아가시고 그는 1976년에 다시 입원하였다. 영화가 출시되자 가족들은 당시 데이비드가 자신들의 보살핌을 받았고, 와인 바에서의 연주도 동생의 소개로 이루어진 것이며, 무엇보다도 아버지의 모습이 왜곡되게 그려졌다고 반발했다. 첫 공연을 성공적으로 마친 데이비드는 호주와 유럽, 미국 무대에서 연주하고 1997년에는 영국 로열 앨버트 홀에서 라흐마니노프 3번을 연주하여 청중들의 기립박수를 받았다. 당시 그의 공연 음반은 비평가들의 혹평에도 불구하고 최고 판매를 기록했다. 데이비드는 2018년까지 세계 각지를 순회하며 연주 활동을 했고, 길리안은 2022년에 사망했다.

03

타르:

예술과 예술가는 분리될 수 있는가?

TÁR (2022)

영화 〈타르〉는 베를린 필하모닉의 최초 여성 상임지휘자인 타르가 음악에 대한 천재적인 재능과 열정으로 최정상의 자리에 오르나 권력에 도취되고 도덕적 불감증에 빠져 주위 사람을 파멸시키고 자신도 나락으로 떨어지는 과정을 보여준다. 제목이자 주인공의 성인 TÁR는 아이슬란드어로 눈물(tear)을 뜻하는 한편 art와 rat의 철자 순서를 바꾼 애너그램으로, 이 세 단어는 그녀가 살아온 삶을 정의하고 앞으로 닥칠 일을 암시한다. 타르를 추락시키는 발단이 되는 젊은 여성 지휘자 KRISTA 역시 'at risk'(위험에 처한)의 애너그램으로, 그녀로 인해 타르가 몰락할 것을 암시한다. 타르는 초반에는 여성 지휘자 재단을 이끌고 난민을 위한 공연을 하며 코로나 시절에는 '디지털 베를린 콘서트홀'을 무료로 제공하면서 개인적 성취는 물론 공익적 가치를 실현하는 인물로 부각된다. 그러나 그녀가 권력의 자리에서 저지른 부도덕한 행위가 세상에 알려지고 신성한 예술(art)과 사회적 성취에 가려져 있던 비열한 예술가(rat)의 모습과 인간적인 결함이 드러나면서 그녀의 삶은 파탄(tear)을 향해 나아간다.

영화는 극을 끌고 가는 주요 모티브로 말러의 교향곡 5번을 선택하는데, 이는 그 곡을 작곡할 당시 말러가 위치한 삶의 지점이 현재의 타르의 삶의 지점과 유사하기 때문으로 여겨진다. 말러가 5번을 작곡할 시기는 비극적인 가족사와 보헤미아 출신 유대인이라는 태생적 한계로 인해 고통의 삶을 살아온 말러가 지휘자로서 정상에 서고 사랑에 빠져 결혼을 하면서 처음으로 행복을 느꼈던 인생의 절정기였으나 어린 딸의 죽음을 시작으로 그의 삶이 다시 비극으로 치닫는다. 타르 또한 보수적인 클래식계에서 여성이지만 치열한 노력 끝에 정상의 자리에 올랐으나 한 여성 지휘자를 죽음으로 몰고 가면서 정점에서 나락으로 떨어진다.

교향곡 5번은 독일 시인 뤼케르트의 시에서 영감을 받아 쓴 이전의 교향곡들과 달리 성악도, 표제성도 없는 순수한 관현악곡으로 구상되었으나 여기에 예외적으로 말러가 알마에게 바치는 사랑의 고백인 아다지에토를 작곡하여 4악장으로 추가한다. 유년 시절부터 겪었던 일곱 형제의 죽음과 20대 후반에 맞이한 부모와 여동생의 죽음으로 사는 내내 죽음의 공포와 불안에 시달려왔던 말러는 교향곡 5번을 작곡하고 있던 40대 초반에 19살 연하의 알마를 만나 사랑에 빠지면서 비로소 죽음에 대한 의식이 옅어진다. 이에 그는 아다지에토에 "영혼을 담아", "진심 어린 감정으로" 등의 지시어들을 적어넣으며 알마에 대한 사랑을 표현한다. 현악기와 하프로만 연주되는 이 악장은 더없이 우아하고 아름답지만 동시에 지극히 고독하고 쓸쓸하여 사랑에 대한 양가감정을 느끼게 하는데, 그것이 결국 알마에 대한 그의 사랑의 결말이 된다.

아다지에토는 연서로 쓰였으나 말러의 모든 음악에 어쩔 수 없이 배어있는 비애감으로 인해 영화나 현실에서 죽음을 위로하는 진혼곡으로도 사용된다. 더욱이 곡의 마지막 부분은 뤼케르트의 가곡 중 〈나는 세상에서 잊혀지고〉의 후주가 인용되며 피아니시시모로 소리가 사라지듯 끝난다. 뉴욕 필을 이끌었던 번스타인은 로버트 케네디가 암살당하자 그의 장례식에서 아다지에토를 미사곡으로 연주하여 비통함과 슬픔을 표현했다. 번스타인은 존. F. 케네디 추모연주에서도 말러 교향곡 2번 〈부활〉을 연주하여 역사적 비극의 순간을 말러의 음악으로 위로하고자 했다. 말러와 공통점이 많은 번스타인은 말러만큼이나 결혼생활이 순탄치 못했다. 동성애자인 그는 아내 또한 사랑하여 가정을 이루었으나 동성에 대한 욕망을 억누르지 못해 그들의 결혼생활은 갈수록 불행했다.

타르 또한 동성에 대한 욕망이 끊이지를 않는다. 그녀는 동거인이 있음에도 크리스타와 관계를 했고 현재도 재능있고 반짝이는 첼리스트 올가에게 욕망을 품는다. 이로 인해 그녀에게 닥칠 파멸은 그녀를 사로잡는 불안감과 청각예민증과 악몽으로 암시된다. 음악가들은 어느 정도 청각과민증이 있어 소음에 민감하게 반응하는 것이 일반적이나 타르는 환청에 시달리는 듯 예민했고, 새벽 거리를 달릴 때는 누군가 따라오는 듯한 불안에 쫓겼으며, 올가가 사는 폐허 같은 건물 지하에서는 검은 짐승의 모습을 보고 달아나다 크게 다친다. 그녀는 원시림 강 한가운데서 잠든 중에 뗏목에서 불이 나는 악몽에도 시달리는데, 예전에 아마존으로 소리연구를 갔을 때 크리스타와 비서 프란체스카를 동반했었다.

영화는 타르의 삶을 통해 클래식계의 성차별, 지휘자의 권력과 역할, 예술과 예술가의 분리 등 음악계의 근본적인 문제들을 다룬다. 영화는 특히 최근 클래식계에서 일어난 성추문을 소재로 다루면서 예술가의 도덕성 문제에 집중한다. 역사적으로 대다수의 위대한 예술가들은 도덕적으로 고결한 삶을 살지 않았고, 피카소가 "예술은 한 번도 정숙한 적이 없었다"라고 말할 만큼 수많은 걸작들이 방탕함 속에서 창조되었다. 과거의 예술가들은 자유로운 삶을 영감의 원천으로 여겼으며 대중들도 도덕적 잣대를 크게 들이대지 않았다. 그러나 오늘날 예술가는 공인의 도덕성이 요구되고 소셜미디어가 그들의 행적을 낱낱이 밝혀 평판에 영향을 미치면서 과거 예술가들이 누린 관용의 혜택을 더는 누리지 못한다. 타르는 학생들에게 작품과 작곡가의 삶을 연계해서는 안 되며 지휘자 역시 오로지 그의 악보해석과 지휘능력만으로 평가되어야 한다고 가르치나 타르가 마주친 현실은 그렇지 못했다.

여성 지휘자의 현주소

영화는 타르를 베를린 필의 최초 여성 상임지휘자로 설정하면서 클래식계의 오랜 관행인 성차별 문제부터 짚고 넘어간다. 그녀는 여성이나 지휘자로 정상에 오르고 동성애자로 남성적 성향을 지녀 자신을 여성의 프레임에 가두지 않기에 성차별을 문제시하지 않았고 여성 지휘자를 뜻하는 '마에스트라'라는 단어도 거부한다. 여성 지휘자가 등장한 지 100년이 지난 오늘날 많은 여성 지휘자들이 무대에 오르고 있으며, 2019년에는 마린 알솝이 보수적인 오스트리아 음악계에서 빈 라디오심포니의 첫 여성 예술감독을 맡고 2020년에는 요아나 말비츠가 잘츠부르크 100주년 페스티벌에서 여성으로는 처음 오페라 지휘를 맡으면서 의미 있는 변화들도 일어났다. 그러나 여성 지휘자 수는 여전히 전체 지휘자의 5% 정도에 불과하고 그것도 합창단과 소규모 앙상블에 치우쳐 있다.

오케스트라가 생긴 이래로 지휘는 백인 남성의 전유물이었으나 이를 극복하고 지휘대에 섰던 선구적인 여성 지휘자로 프랑스의 나디아 불랑제(1887~1979)와 네덜란드 태생의 미국인인 안토니오 브리코(1902~1989)가 있다. 피아니스트이자 작곡가인 블랑제는 런던과 뉴욕 등지에서 지휘자로 활동한 후 교육에 헌신하면서 디누 리파티, 번스타인, 다니엘 바렌보임 등 뛰어난 작곡가와 지휘자들을 배출하였다. 그녀는 작곡을 공부하던 피아졸라에게 탱고에 그의 정체성이 있다는 사실을 깨우쳐 줘 그를 탱고 음악으로 이끌어준 스승이기도 하다. 피아졸라는 그녀의 조언을 따라 춤곡인 탱고에 재즈와 클래식을 접목하여 음악으로서의 탱고로 변모시키면서 'nuevo tango'라는 하나의 장르를 만든다.

네덜란드 태생의 미국인 안토니오 브리코는 여성 최초로 버클리음대에서 지휘를 전공하고 미국인 최초로 베를린 국립음악원에서 지휘 마스터클래스를 졸업한 후 1930년에 베를린 필을 지휘하며 정식 데뷔를 했다. 1938년에는 여성 최초로 뉴욕 필을 지휘했는데, 당시 그녀의 지휘가 너무 뛰어나자 콘서트 매니저였던 아더 저드슨은 "당신은 50년이나 빨리 태어났습니다"라며 그녀에게 경의와 안타까움을 표했다. 브리코는 메트로폴리탄 오페라도 여성 최초로 지휘를 하면서 그야말로 선구적인 역할을 했지만 모두 객원이라는 한계를 지녔다. 그러나 여성이 지휘대에 서는 것에 반감이 심했던 그 시절에 그녀는 '노동계층가정', '이민자 출신'의 '여성'이라는 삼중의 벽을 뚫었다.

지휘자의 전형적인 이미지는 비교적 최근까지도 거대한 오케스트라 군단을 일사불란하게 통솔하는 권위적인 남성의 모습이었다. 이런 고정관념으로 인해 여성이 상임지휘자가 되면 오케스트라 단원들은 리더십에 회의를 가지며 반감부터 표하는 경우가 많았고, 베를린 필의 경우 여성 단원조차 극소수인 현실에서 여성 상임지휘자는 영화에서나 가능할 뿐 요원한 일이다. 여성 지휘자는 평가도 제대로 이루어지지 않아 2018년에 음악전문지 그라모폰이 선정한 역사상 가장 위대한 50명의 지휘자에 여성은 한 명도 없었고, 2019년 세계 100대 지휘자 명단에 오른 여성 지휘자는 8명에 불과했다. 현재 마린 알솝, 조앤 팔레트, 시몬 영, 요아나 말비츠 등의 여성 지휘자들이 유수의 오케스트라에서 상임지휘자로 활동하고 있으나 최상위 오케스트라들의 상임지휘자는 여전히 남성이다. 오늘날은 지휘자를 선발할 때 성별, 국적, 인종에 상관없이 오케스트라와의 합과 음악적 능력을 중시하나 남성 중심의 관행화된 네트워크는 여전히 막강하게 작용하고 있어 고작 30cm 높이의 지휘대는 여성이 오르기에는 아직도 높고 힘든 자리이다.

조앤 팔레타(상단 오른쪽), 장한나(중간 왼쪽), 바바라 하니건(중간 오른쪽), 성시연(하단 왼쪽), 마린 알솝(하단 오른쪽) 등의 여성 지휘자들

오케스트라와 교향곡의 발전

　음악계에서는 거장 지휘자에게는 '마에스트로'라는 명칭이, 거장 연주자에게는 '비르투오소'라는 명칭이 붙는다. 지휘자가 그 명칭에 걸맞은 비중을 차지하기 시작한 것은 오케스트라가 현악기·목관악기·금관악기·타악기를 모두 갖춘 대편성 오케스트라로 규모가 커지고 공연에서 교향곡이 중심이 된 20세기 들어서이다. '오케스트라'라는 단어는 고대 그리스 원형극장에서 무용수들이 춤추고 노래하는 무대에서 유래하여 17세기 바로크 시대에는 무대와 객석 사이에서 연주하는 악단을 의미하게 된다. 바로크 시대에는 작곡가들이 후원자인 왕족과 귀족의 요청으로 작품을 만들어 궁정이나 귀족의 저택에서 연주하였기에 주로 현악기와 하프시코드로 구성된 8~15명 정도의 소규모 실내악단을 구성하여 악장이 지휘를 겸했다.

　17세기 들어 이탈리아에서 오페라가 탄생하여 발전하면서 오케스트라도 함께 성장한다. 오페라 창시자인 몬테베르디는 현악기 위주의 실내악단에 관악기를 포함한 34명 규모의 오케스트라를 구성해 관현악단의 기초를 마련한다. 프랑스에서는 이탈리아 태생의 작곡가인 장 바티스트 륄리가 현악기로만 구성된 '왕의 24대의 바이올린'이라는 실내악단을 만들어 루이 14세를 위한 발레 음악을 했고, 이후 이탈리아 오페라를 변형시켜 기존 3막의 오페라 중간에 발레를 삽입하여 5막으로 구성된 프랑스식 오페라 '서정 비극'을 창시하면서 목관과 금관이 더해진 관현악단을 구성한다. 루이 14세는 7살에 발레를 시작하여 15세에 〈밤의 발레〉라는 작품에 태양의 신 아폴론 역으로 직접 출연하면서 후일 '태양왕'이라는 칭호를 얻는다. 바로크 후기 들어서는 바흐와 헨델이 등장하여 관악기 곡들을 작곡하여 규모는 작으나 현대와 유사한 오케스트라 편성이 정립된다.

　　17세기 중반, 이탈리아에는 최초로 공공 오페라극장이 설립되어 오페라가 대중화되고 번성하기 시작한다. 오페라공연은 원래 귀족의 전유물이었으나 상업이 발달한 베니스의 부유한 시민들 사이에서 문화를 즐기려는 욕구가 커지면서 1637년에 최초의 오페라극장인 산 카시아노 극장이 탄생한다. 당시 평민은 1층, 귀족들은 2, 3층의 박스석에서 공연을 봤는데, 화려하고 복잡한 장식의 선율을 노래하는 콜로라투라 소프라노와 여성의 음역을 넘나드는 카스트라토가 부르는 아리아가 큰 인기를 끌면서 아리아 중심의 오페라가 발달했다. 베니스의 오페라 붐은 나폴리·밀라노·빈·런던·파리·뉴욕 등지로 퍼져 각 도시에 오페라극장이 생겨났고, 각 극장에는 오케스트라가 상주하며 오페라와 발레공연을 하고 음악축제를 주도했다. 19세기 이탈리아에는 로시니, 벨리니, 도니제티, 베르디, 푸치니 등의 뛰어난 작곡가들이 등장하여 오페라 전성시대를 이룬다.

　　당시 오페라극장들은 대부분 목조건물이었고 무대와 객석 조명으로 촛불을 사용하여 화재에 취약하였기에 현재 남아있는 오페라극장들은 한두 번 화재로 소실된 후 19세기나 20세기에 새로 지어진 것들이다. 화재는 실수로도 일어나나 개인적인 원한이나 극장 간의 과열 경쟁에 따른 방화도 많았다. 당대 최고의 카스트라토인 카를로 브로스키의 예명을 딴 영화 〈파리넬리〉(1994)는 카스트라토의 치솟는 인기와 함께 그가 영국에서 활동하며 헨델과 갈등을 겪는 모습과 극장 간의 경쟁 구도를 보여준다. 당시 이탈리아 교회는 '여성은 교회에서 침묵해야 한다'는 성경 구절을 문장 그대로 해석하여 여성이 교회에서 말하는 것도 노래하는 것도 금지하면서 소프라노 소리를 변성기 이전의 남아를 거세시켜 내게 했다. 카스트라토는 평생 소프라노 음역을 유지할 뿐만 아니라 여성보다 폐활량이 높아 호흡을 오래 끌 수 있었다. 게다가 뛰어난 카스트라토는 목소리가 신비롭고 아름다워 교회와 오페라에 절대적인 존재가 되면서 엄청난 부와 명예를 얻었다. 이에 나폴리를 비롯한 남부 이탈리아의 가난한 가정에서는 부모에 의해 해마다 6천여 명의 카스트라토가 양산되었으나 그들 중 성공한 사람은 1%에 불과하고 대부분이 거세로 인한 정신적, 신체적 부작용으로 인해 비참한 삶을 살았다.

세계 최초의 오페라극장인 산 카시아노 재현도, 베니스

■■■■ 위: 영화 〈왕의 춤〉(2001)에 재현된 프랑스 궁정악단과 〈밤의 발레〉 공연. 아폴론 분장을 한
루이 14세가 춤을 추고 있다.
■■■■ 아래: 영화 〈파리넬리〉(1995)의 한 장면. 〈왕이 춤〉과 같은 감독 작품으로 무대에서의 카스
트라토의 인기를 보여준다.

18세기 중반부터는 공공음악회가 열리기 시작하고 교향곡이 발달하면서 오케스트라 체계가 잡히고 규모도 커진다. 공공음악회는 궁정과 귀족들의 파티나 폐쇄된 공간에서 열렸던 사적 연주회와 달리 계층과 신분에 상관없이 누구든 입장료를 내면 볼 수 있는 음악회로, 공연장의 규모가 큰 만큼 오케스트라 규모도 커졌고 악기가 늘어남에 따라 교향곡의 몸집도 커진다. 대표적인 예로, 교향곡의 아버지로 일컬어지는 하이든은 후원자인 에스테르하지 후작 밑에서 일하던 시절에는 24명 미만의 소규모 오케스트라를 위한 교향곡을 작곡했으나 런던 공공음악회 연주에서는 대편성 오케스트라를 위한 교향곡을 작곡하면서 오케스트라 인원이 60명으로 늘어났다. 모차르트 역시 공공음악회에서 더 웅장한 소리를 내기 위해 현악 주자만 총 80명을 투입하기도 했다. 작품의 길이, 예술성, 창작기법 등에서 교향곡의 새 지평을 연 베토벤은 첫 교향곡부터 2관 편성의 오케스트라로 연주하였다. 오케스트라 규모는 플루트·오보에·클라리넷·바순의 목관악기 편성 수에 따라 2관, 3관, 4관 편성으로 구분된다. 목관악기가 각 2대씩 편성되면 2관 편성이다.

　　공공음악회는 더 많은 청중을 모으고 다양한 계층의 청중들을 만족시키기 위해 교향곡, 오페라 아리아, 기악협주곡, 오페라 앙상블, 서곡, 독창과 합창 등 기악과 성악을 교대로 연주하여 양식적 통일성이 없었고 공연 시간도 3~4시간이 소요되었다. 런던의 한 공연에서는 무려 36편의 작품들이 연주되기도 했다. 그중에서도 가장 인기 있는 레퍼토리는 교향곡으로, 19세기까지는 한 공연에서 적어도 2편의 교향곡이 연주되었다. 그러나 이러한 버라이어티쇼 같은 대연주회의 프로그램에 대한 비판이 제기되고 음악회를 미학적으로 통일된 전체로서 구성해야 한다는 의견이 나오면서 프로그램 구성에 개혁이 일어난다. 이런 변화를 이끈 것이 역사음악회이다. 역사음악회는 프로그램 개편뿐만이 아니라 바흐를 위시한 과거 작곡가들을 발굴하고 부활시키는 움직임도 주도했다.

당시 유럽에서는 연주회에서 과거 작곡가의 곡이 아닌 동시대 작곡가의 작품들이 연주되었다. 그러나 멘델스존을 비롯한 낭만주의 음악가들이 바흐와 헨델 등 과거 작곡가들의 곡들을 선정하여 세기별 혹은 연대순으로 공연하거나 동시대 음악가의 작품과 혼합하여 연주하면서 프로그램의 대혁신이 일어난다. 베토벤 또한 음악으로서 독립적인 가치를 지니는 교향곡들을 써서 공공음악회가 버라이어티쇼의 모습에서 벗어나는 데 박차를 가한다. 특히 라이프치히 게반트하우스가 19세기 초반부터 그의 교향곡을 지속적으로 연주하여 베토벤 열풍을 일으켰고, 그로 인해 교향곡의 위상이 높아지면서 기악음악의 정점으로 인식되기에 이른다. 이후 교향곡은 공공음악회에서 대중의 관심을 끄는 장치로 각 부의 시작곡으로 연주되는 대신 음악회의 대미를 장식하며 '교향곡 연주회' 시대로 접어든다. 음악회는 이와 같은 발전과 변화를 거쳐 19세기 말에는 오늘날의 공연 형태인 서곡-협주곡-휴식-교향곡의 형태를 갖춘다.

과거의 음악이 세상의 주목을 받은 데에는 멘델스존의 공이 크다. 부유한 유대인 집안에서 천재적인 음악적 재능을 타고 태어난 그는 바흐의 〈마태수난곡〉 악보를 수집하고 복원하여 1829년 그의 지휘자 데뷔 무대에서 연주하면서 바흐의 음악이 재조명되게 하였다. 그는 유대인이지만 아버지 대에서 기독교로 개종하였고, 그 역시 자신을 독일인으로 여기며 독일음악 정신을 계승하고 발전시키고자 했다. 멘델스존은 게반트하우스 지휘자로 활동하며 바흐, 헨델, 베토벤 등의 독일 작곡가들의 작품들을 즐겨 연주했고 독일 최초의 음악교육기관인 라이프치히 음악원을 설립하여 후대 양성에도 헌신하였다. 그러나 그의 사후 독일에 민족주의가 고취되고 이를 음악극으로 구현하여 수많은 추종자를 양산했던 바그너는 멘델스존을 독일민족의 참 정신과의 연결이 없이 가볍고 인위적인 음악만 쓴다고 비난하며 반유대주의를 드러냈다. 이는 어느 정도 사감이 작용한 것으로, 젊은 시절 바그너가 멘델스존을 존경하여 그가 자신의 곡을 연주해주기를 바라며 교향곡 악보를 보냈으나 그가 되레 악보를 잃어버리자 존경이 증오로 변한 것이다. 바그너는 반유대주의자였으나 그에게 도움이 되는 유대 음악가와는 평생 친분을 유지할 만큼 처세에 능하고 사리사욕에 충실했다. 멘델스존은 일생을 자신을 독일인으로 자부하며 음악 활동을 하였기에 오늘날 이스라엘에서는 그를 유대민족 음악가로 내세우지 못하고 있다.

▬▬ 18세기 공공음악회당 내부

19세기 피아니스트의 시대

　오케스트라와 교향곡의 성장으로 본격적인 지휘자의 시대가 시작되기 전인 19세기에는 베토벤과 슈베르트가 고전주의에서 낭만주의로 넘어가는 브리지 역할을 하면서 슈만, 멘델스존, 쇼팽, 리스트, 브람스 같은 낭만주의 음악가들이 대거 탄생한다. 이들은 모두 뛰어난 작곡가이자 피아니스트로, 무대에서 자신들의 곡을 직접 연주하면서 19세기를 '피아니스트의 시대'로 만들었다. 그들이 수많은 걸작을 탄생시킬 수 있었던 배경에는 피아노의 발전이 있다. 최초의 피아노는 1709년에 이탈리아의 크리스토포리가 만든 '피아노 에 포르테'로, 당시 주 건반악기였던 하프시코드는 건반에 연결된 장치가 현을 뜯어서 소리를 내는 발현 방식인 반면 피아노포르테는 해머가 현을 두드려 소리를 내는 타건 방식으로 강약조절이 가능했고 음색도 달랐다. 바흐는 피아노보다는 하프시코드를 선호하여 생전에 피아노가 발명되었음에도 피아노를 위한 곡은 쓰지 않았다. 이에 리스트와 부조니가 바흐의 작품들을 낭만주의적 어법으로 피아노곡으로 편곡 혹은 개작하여 연주하였고, 오늘날도 많은 피아니스트가 원곡이나 편곡에 각자의 해석을 가하여 연주하고 있다.

　바흐의 작품을 피아노로 녹음하여 세상에 널리 알린 음악가는 글렌 굴드로, 그는 1955년에 녹음한 〈골드베르크 변주곡〉 음반으로 세계적인 명성을 얻게 된다. 굴드는 바흐의 건반 음악을 피아노로 연주하는 사람이 거의 없던 시절에 피아노로 하프시코드가 내는 가볍고 청량한 소리를 내었고, 뛰어난 청각으로 다성 음악의 각 성부를 정확히 분리하여 듣고 각각의 선율을 명료하게 노래하면서 독보적인 음색과 테크닉을 구사하였다. 바흐는 이후의 작곡가들과 달리 악보에 다이내믹이나 아티큘레이션 등 지시어를 거의 제시하지 않아 연주자에게 다양한 해석의 가능성을 부여하는데, 그중 〈골드베르크 변주곡〉은 연주자에 따라 연주시간 격차가 가장 큰 곡으로 유명하다. 통상 1시간을 넘는 작품은 연주시간의 기복이 있을 수밖에 없으나 이 곡을 굴드는 1955년 음반에서는 도돌이표를 건너뛰고 엄청난 속도로 휘몰아치며 38분에, 1981년 음반에서는 51분에 연주했고 러시아의 거장 피아니스트 소콜로프는 80분에 연주했다. 16세에 차이콥스키 콩쿠르에서 1위를 했던 소콜로프는 굴드와 정반대로 음반 녹음을 극히 싫어하여 스튜디오에서 녹음된 음반이 거의 없다. 1955년의 굴드의 해석은 전통적인 바흐 해석과 거리가 멀었고 당시의 낭만주의 조류에도 역행하는 파격적인 연주여서 평론가들의 평이 극명히 갈렸으나 그 음반으로 그도 〈골드베르크 변주곡〉도 세계적인 주목을 받아 그 곡은 〈굴드베르크 변주곡〉으로 칭해지기도 한다.

굴드는 무대공연을 싫어하여 30대 초반부터 음반 녹음만 하면서 녹음실은 그의 음악과 바깥세계를 연결하는 고리 역할을 했다. 그는 음악에 대해 잘 알고 있는 청중일수록 연주자에 대해 가학적인 욕망을 지니고 있다며 집단으로서의 청중을 싫어했고, 콘서트를 고통으로 가득 찬 속임수로 여겼다. 반면 녹음실은 수도원과 같은 고립과 단절감으로 오로지 음악에 집중하게 했고, 게다가 연주 중에 정말 멋진 순간이 나타나면 그것을 음반에 담을 수 있어 그에게는 최적의 장소였다. 그곳에서 그는 음악과 물아일체가 되어 한 손 연주 부분에서는 다른 한 손을 지휘하듯 흔들고 선율을 따라 허밍을 쏟아내면서 다성 음악에 또 하나의 성부가 더해져 녹음되었다. 그는 1981년에 〈골드베르크 변주곡〉 두 번째 녹음을 마치고 다음 해에 뇌졸중으로 50세의 나이로 삶을 마감한다.

굴드는 녹음기술을 최대한 이용하여 자신이 만족할 때까지 녹음을 되풀이하고 편집하며 완벽을 추구했다. 그가 1981년에 녹음한 바흐 음반은 1000시간이 넘도록 녹음하여 그중 가장 뛰어난 부분만 골라서 제작한 것이다. 굴드는 본질적으로 완벽을 가한 결과물이야말로 작곡가의 의도를 온전히 전달할 수 있다고 생각했다. 그는 또한 녹음기술 자체가 해석에 영향을 미칠 수 있다고 생각하여 후반 편집제작과정에서 해석에 관한 많은 최종 결정들을 내렸는데 이는 작곡가와 연주자, 청취자 간의 전통적인 관계를 근본적으로 바꾸는 것이었다. 다니엘 바렌보임은 굴드의 녹음과 편집작업을 자연적인 흐름을 저해하는 인위적인 무결점의 결과물로 비난했으나 이는 일면 호로비츠가 자신이 원하는 소리를 내기 위해 세계 어디를 가든 자신의 피아노와 조율사를 대동하는 것과 유사한 맥락으로 볼 수 있다.

굴드는 예술가가 창작 작업을 하기 위해서는 사회로부터 자신을 단절시켜야 한다고 생각하여 음악과 자신 사이에 그 어떤 것도 허용하지 않은 채 대부분의 시간을 홀로 보냈고, 사람보다는 동물과 지내기를 더 좋아했다. 이런 굴드를 문학평론가 마리 로르 들로름은 '자신만의 세상에서 이따금 우리 세상으로 외출을 나왔던 피아니스트'로 묘사한다. 그는 공연이든 녹음이든 아버지가 만들어준 다리가 고무로 되어 몸을 자유롭게 움직일 수 있는 의자를 들고 다니며 그 의자에 앉아 연주했고, 결벽증으로 사람과의 접촉을 꺼려 한여름에도 외투 차림에 장갑을 끼고 녹음실에 나타나는 등 여러 기행으로 세상의 주목을 받았으나 그를 전설로 만든 것은 누구도 모방할 수 없는 그의 음악이었다.

모차르트와 베토벤 시대에는 피아노가 건반악기의 중심이 되는데, 그들이 사용했던 비엔나 액션 피아노는 연동장치인 액션과 해머가 가볍고 부드러워 섬세한 소리를 내는 반면 음량이 작고 건반 수도 5옥타브에 불과했다. 이후 영국의 존 브로드우드가 저항감이 더 강한 터치와 강력한 음향을 구현하고 건반 수도 6옥타브로 확장된 영국식 피아노를 만들어 베토벤에게 기증했고, 베토벤은 음역이 넓어진 악기에 빠르게 반응하면서 〈황제〉 협주곡을 시작으로 수많은 걸작을 탄생시켰다. 리스트에 와서는 건반이 7옥타브까지 확장된 데다 해머 무게가 증가하고 페달이 개량되어 더욱 큰 음량과 풍부한 소리를 내자 그는 12곡의 〈초절기교 연습곡〉과 같은 고난도의 기교와 예술성을 마음껏 발휘할 수 있는 작품들을 만들어낸다. 그는 또한 평생을 존경한 베토벤 교향곡 전곡을 피아노로 편곡하여 오케스트라의 모든 소리를 그의 두 손과 피아노로만 표현하였고, 파가니니의 바이올린 곡과 슈만의 가곡 등 거의 모든 장르의 곡을 피아노곡으로 재탄생시켜 피아니스트 시대의 절정을 이룬다. 리스트는 편곡을 문학작품을 번역하는 것에 비유하여 "베토벤의 작품에 대한 열렬한 탐구와 미적 가치의 이해, 끊임없는 피아노 연구에 대한 아이디어가 이 어려운 작업을 가능하게 했다"라고 말했는데, 이는 그가 음악은 물론 피아노의 메커니즘을 얼마나 잘 이해했는지를 알려준다.

　　오늘날 피아니스트들의 절대적인 사랑을 받으며 전 세계 공연장에 빠짐없이 놓여있는 피아노는 슈타인웨이로, 피아니스트가 원하는 모든 것을 표현할 수 있는 유일한 피아노라는 칭송을 받기도 한다. 이 피아노는 모두 수작업으로 제작되어 한 대 제작에 1년 이상이 걸리고 백여 개의 신기술이 적용되면서 현대 피아노의 원형이 된다. 놀랍게도 기술자들은 이처럼 정교한 피아노들을 매뉴얼이 없이 그들 간에 대물림한 기억으로 제작해 오고 있다.

위: 바로크시대의 하프시코드

아래: 영화 〈불멸의 연인〉(1994)에 등장한 영국식 피아노. 청력이 약해진 베토벤이 피아노에 귀를 대고 진동을 느끼며 〈월광〉 2악장을 치고 있다.

━━━━━ 〈피아노 앞의 리스트〉, 1840. 요제프 단하우저. 베토벤의 석고상을 보며 피아노를 치는 리스트
와 그 주위로 어깨동무를 한 파가니니(왼쪽)와 작곡가 로시니, 의자에 앉은 쇼팽의 연인이었던
남장의 조르주 상드 등 당대의 예술가들이 모여 베토벤을 경외하는 모습을 그렸다.

20세기 지휘자의 시대

20세기 들어서는 교향곡이 음악회의 중심이 되고 오케스트라 편성 규모도 점점 커지면서 지휘자의 역할과 위상도 커진다. 이 시기에 말러, 토스카니니, 푸르트뱅글러, 카라얀, 칼 뵘, 게오르그 솔티, 레너드 번스타인 등 기라성 같은 지휘자들이 등장하여 본격적인 지휘자의 시대가 시작된다. 지휘자의 주된 임무는 공연할 작품의 악보를 철저히 읽고 해석하여 오케스트라를 자신의 해석대로 이끌어나가는 것이다. 이때 지휘자는 악보에 쓰인 작곡가의 지시를 따르는 것을 넘어서서 악보에 표시되지 않은 작곡가의 의도까지 세심하게 해석해내야 한다. 피아니스트 라자르 베르만은 작곡가의 텍스트에 대한 개념은 더 넓은 개념인 '작곡가에 대한 개념'이 되어야 한다고 주장하면서 한 인간인 작곡가의 문제, 슬픔과 기쁨은 물론 그 시대의 역사적 사건까지 이해해야 음악에 대한 이해도 이루어질 수 있다고 말한다. 그는 전통적으로 수백 번 연주되는 방식인 작곡가의 '텍스처'와 작곡가의 정신세계와 음악의 본질이 담겨있는 '작곡가의 개념'은 다르다며 지휘자나 연주자들이 텍스처가 아닌 '작곡가의 개념'을 해석해낼 것을 강조한다.

지휘자는 곡의 템포, 음색, 음악적 표현, 셈여림 등 곡 해석에 대한 전권을 부여받는 만큼 리허설을 할 때 단원들에게 곡에 대한 명확한 비전을 제시해주어야 한다. 지휘자가 오케스트라를 자신의 음악적 해석대로 이끌기 위해서는 탁월한 리더십이 필요하다. 지휘자의 리더십 형태는 크게 수직적 리더십과 수평적 리더십으로 나뉘는데, 베를린 필의 경우 카라얀은 전자에 속하고 그의 후임들인 아바도와 사이먼 래틀은 후자에 속한다. 카라얀 이전의 토스카니니와 푸르트벵글러 시대에는 지휘자들의 권위가 막강하여 오케스트라가 거의 수직적 조직문화를 지니고 있었고, 카라얀 역시 권위적이었다. 이에 반해 클라우디오 아바도는 자신은 보스가 되기를 원하지 않고 단원들과 함께 작업하기를 원한다며 민주적인 방식으로 오케스트라를 이끌었고, 사이먼 래틀 또한 단원들과 위계의식 없이 의견을 나누고 개인적인 친화까지 이루면서 21세기 지휘자 형을 정립했다. 뉴욕 필을 이끈 레너드 번스타인도 후자의 좋은 예이다. 이처럼 오늘날 오케스트라와 지휘자의 관계가 바뀌고 있고 최정상 오케스트라의 경우 단원들의 기량이 뛰어나 그들의 합주 능력으로 연주를 이끌어가기도 하기에 지휘자가 오케스트라를 자신의 악기로 여기며 권위적으로 휘두를 수 있는 시대는 지나갔다.

오케스트라가 독주자와 협연을 하는 경우 지휘자와 독주자의 곡에 대한 해석이 다를 수 있다. 대부분은 그들이 리허설에서 이야기를 나누면서 이견을 좁히고 상대를 음악적으로 설득하여 합의를 이루나 그렇지 못한 경우도 있다. 한 예가 1962년 러시아 피아니스트 리히터와 카라얀이 연주한 차이콥스키 피아노협주곡 1번이다. 그 공연에서 카라얀이 엄격한 곡 해석을 선호하는 리히터와 달리 곡을 관조적으로 해석하여 다소 느리고 유려하게 끌고 가면서 그날의 리히터 연주는 같은 곡을 러시아 지휘자인 므라빈스키와 협연했을 때의 연주와 확연한 차이가 났다. 반면 같은 해 카네기홀에서 글렌 굴드와 번스타인이 브람스 피아노협주곡 1번을 연주할 때 두 사람의 해석이 매우 달랐으나 번스타인이 굴드의 해석을 따르면서 성공적인 공연을 하였다. 당시 번스타인은 이례적으로 연주를 시작하기 전에 관객에게 그날의 공연에 대해 설명한다: "피아니스트 글렌 굴드가 곧 브람스 피아노협주곡 1번을 저와 함께 연주할 것입니다. 저는 굴드의 해석에 동의할 수가 없습니다. 속도는 너무 느리고 브람스가 써놓은 악상 기호를 무시합니다. 저는 협연자를 바꾸거나 부지휘자에게 무대를 맡길 수도 있었지만 그러지 않았습니다. 이는 굴드의 시도가 흥미롭기 때문이고 수없이 연주된 이 곡을 새롭게 보는 기회를 얻을 수 있기 때문입니다." 이어서 그는 "협주곡에서는 지휘자와 협연자 중 누가 보스인가"라는 질문을 던진 후 자신은 예전에 딱 한 번 협연자에게 양보한 적이 있는데 그때도 굴드였다고 말해 청중들의 웃음을 자아냈다. 그만큼 독보적인 연주를 하는 굴드는 그날 지휘자의 양보하에 자신이 원하는 속도와 해석대로 연주하면서 곡이 지니는 서정성을 독보적인 음색과 터치로 온전히 느끼게 해주었다.

▬▬▬ 번스타인과 굴드

베를린 필하모닉

영화 〈타르〉는 베를린 필을 중심으로 이야기가 전개되고 그 속에서 일어나는 일련의 사건들이 실제 베를린 필과 역대 지휘자들과의 사례들을 바탕으로 하고 있어 영화를 제대로 이해하려면 베를린 필이 거쳐 온 역사를 알아야 한다. 베를린 필은 1882년에 창단되어 독일음악의 계보를 이어가는 한편 혁신을 계속해오면서 오늘날 세계 정상의 오케스트라로 자리매김하고 있다. 베를린 필이 시대를 앞서가며 성장할 수 있었던 것은 단원들의 실력이 뛰어나기도 하지만 그들이 계속해서 미래지향적이고 개혁 추진력이 강한 지휘자들을 선출해왔기 때문이다. 베를린 필은 지휘자를 선임할 때 민주적으로 단원들의 투표로 선출한다. 2차 대전 이후 그들이 선출한 지휘자들인 카라얀, 클라우디오 아바도, 사이먼 래틀은 끊임없이 변화와 개혁을 추구하여 베를린 필의 위상을 높였다. 베를린 필 혁신의 기반을 마련한 지휘자는 단연코 1954년부터 35년간 베를린 필을 이끌었던 카라얀이다. 카라얀은 압도적인 카리스마로 베를린 필을 이끌며 수많은 뛰어난 공연을 했고, 그 공연들을 음반과 영상으로 제작하여 클래식 음악의 대중화를 이루면서 명실상부 클래식계의 황제로 칭해졌다.

카라얀은 완벽주의로 유명하다. 그는 실제 공연이 음반 녹음과 똑같을 정도로 완벽하기를 추구하여 리허설을 철저히 하면서 그 긴장감이 대단했다고 한다. 그는 "리허설이야말로 음악 한 곡을 그 형태대로, 그 내용대로, 무엇보다도 그 음악적 기술적 구조에 따라 효율적이고 체계적인 공연을 가능하게 만들기에 지휘자의 고된 임무도 리허설 때부터 시작된다"라고 말하며 리허설을 중시했다. 카라얀은 악보의 지시어나 디테일을 정확하게 표현하는 것에 매우 철저한 한편 자신의 음악적 해석 또한 강하게 밀어붙였다. 그는 특히 단원들이 서로의 소리를 들으며 연주하는 앙상블을 중시하여 연주자들이 기술적인 합은 물론 그들 스스로 예술적인 합에 도달할 것을 요구했다. 카라얀은 이처럼 리허설에서 완벽하게 오케스트라와 조율하였기에 실제 공연에서는 눈을 감고 격정적으로 연주하면서 관객을 자신에게 집중시켰다.

카라얀은 베를린 필을 맡기 직전에 음반 산업에 뛰어들었고 베를린 필을 맡은 이후에도 음반 작업을 계속하고 실황공연을 영상으로 제작하면서 오늘날의 클래식 비즈니스시스템의 기반을 마련한다. 그가 음반 녹음을 하게 된 배경에는 그의 나치 전력이 깔려있다. 어릴 적부터 피아노에 뛰어난 재능을 보였던 카라얀은 비엔나 공대에 들어갔으나 적성에 맞지 않아 자퇴한 후 20대 초반에 지휘자의 길로 접어든다. 그는 히틀러 치하에서도 음악을 계속하고 입지를 다지기 위해 나치에 자진 입당하면서 30세의 나이에 베를린 국립 오페라단 상임지휘자가 되었고, 1944년에는 베를린 필 객원지휘자로 히틀러 앞에서 공연했다. 그는 자신의 나치 입당이 음악을 계속하기 위한 것이었다고 변명했으나 당시 모든 음악가가 그런 선택을 하지는 않았기에 평생의 오점이 되었다. 전쟁이 종결되자 카라얀은 나치 전력으로 인해 음악 활동이 금지되고, 당시 베를린 필 상임지휘자였던 푸르트벵글러 또한 반강제적이기는 했으나 나치에 협조한 것으로 결론이 나서 활동금지를 당한다. 카라얀은 1948년에 아내가 유대계인 것이 유리하게 작용하여 활동금지가 풀리나 아이작 스턴과 이작 펄만 등 상당수의 유대계 음악가들이 그와의 공연을 거부하여 그가 당장 설 수 있는 무대가 거의 없었다. 그때 그에게 접근한 사람이 영국 음반회사 EMI 프로듀서인 월터 레그이다.

당시는 음반 한 면당 약 25분의 녹음 분량을 담을 수 있는 LP(Long Playing)가 개발되고 스테레오 녹음기술이 발전하면서 클래식 음악 녹음이 시작되던 때였다. 스테레오 녹음은 콘서트홀의 입체적 현장감을 풍부한 음색으로 담아내었고 LP는 기술개발로 재생시간이 더욱 길어져 협주곡이나 교향곡 전곡을 담을 수 있게 된다. 녹음시대를 예견한 월터는 1946년에 음반 녹음을 위한 필하모니 오케스트라를 만들고 1948년에 카라얀을 지휘자로 영입하여 본격적인 LP 시대를 연다. 당시 보수적인 지휘자들은 기계가 재생하는 음반을 죽은 음악이라며 부정적으로 받아들였으나 카라얀은 "공연장에서 맞이하는 청중은 기껏해야 2000명 정도지만 음반과 영상물로는 수십 수백만 명을 맞이할 수 있다"라며 음반 산업에 적극 참여하였다. 그의 말대로 대중들은 음반을 통해 가정에서 고음질의 클래식 음악을 즐길 수 있게 되었고 그로 인해 카라얀의 인지도도 높아졌다.

음반 작업에 전념하던 카라얀은 베를린 필로 복귀한 푸르트벵글러가 갑자기 사망하여 1955년에 베를린 필 종신지휘자로 취임하고 이어 잘츠부르크페스티벌 예술감독과 빈 국립오페라단 예술감독까지 맡으면서 본격적인 행보를 시작한다. 그는 1980년에는 소니와 함께 모차르트의 〈마술피리〉를 CD로 녹음하여 디지털 시대를 열었다. 이처럼 카라얀이 음반 녹음에 열정을 보인 이유는 그가 녹음을 실황연주의 대체품이 아니라 음악과 기술이 융합된 음악의 새로운 존재 양식으로 여겼기 때문이다. 이를 가장 잘 활용한 음악가가 글렌 굴드이다. 카라얀은 번스타인과 함께 굴드의 열렬한 지지자였다. 카라얀의 음반판매량은 공식적으로 약 2억 장 정도로 집계되고 오늘날 음악데이터베이스인 Discogs.com에 등록된 음반은 2,326개이다.

카라얀은 음반뿐만이 아니라 영상제작에도 관심을 가져 자신의 연주 영상을 전담하는 영상제작사까지 설립하여 베를린 필의 연주를 낱낱이 기록했다. 그는 공연영상을 제작할 때 조명 각도와 카메라 위치까지 신경을 써서 자신의 최상의 모습을 담게 했고, 악기에서 흘러나오는 미세한 파동까지 영상으로 포착할 정도로 공연장의 분위기를 생생하게 전달하고자 했다. 이처럼 음반 녹음과 영상제작으로 음악의 대중화와 상업화를 이루면서 카라얀 본인은 물론 단원들 또한 연봉보다 5배 이상의 수입을 올렸다. 음악계에서는 카라얀이 오케스트라를 독재적으로 운영하면서도 35년간 자리를 유지할 수 있었던 것은 그 불만을 상쇄시킬 만큼 단원들의 수입이 큰 것을 한 요인으로 본다. 게다가 카라얀의 음반과 영상 기록들은 베를린 필의 중요한 유산이자 문헌이 되어 이후의 디지털 시대에 그 가치를 더한다.

카라얀의 유산을 물려받은 베를린 필은 21세기 들어 음반 시대가 가고 스트리밍이 대세인 온라인 시대가 되자 카라얀이 음반과 영상으로 시대를 앞섰던 것처럼 2008년에 사이먼 래틀의 주도로 공연의 실시간 중계는 물론 그간의 자료들을 모아놓은 아카이브를 통해 지휘자, 작곡가, 시대, 장르에 제한 없이 영상으로 제작된 모든 공연을 유료로 제공하는 '디지털 베를린 콘서트홀'을 만든다. 이는 전 세계의 사람들이 시간과 공간의 제약을 받지 않고 공연을 쉽고 편하게 접하게 하는 하나의 혁신이었다. 디지털 콘서트홀은 코로나 시대에 빛을 발했고, 코로나로 인해 무관객공연을 하거나 현장공연이 줄줄이 취소되자 30일간 무료로 개방하기도 했다. 디지털 콘서트홀에는 공연영상 849개와 인터뷰 영상 568개, 다큐멘터리 75개 등 1492개의 콘텐츠가 쌓여있는데 매 시즌 공연을 라이브 스트리밍으로 진행하여 아카이브에 저장하면서 콘텐츠가 계속 늘어나고 있다.

카라얀은 제2의 악기로 불리는 콘서트홀의 구조 혁신에도 자신의 의견을 강력히 반영했다. 초창기 연주장이 1945년 연합국의 포격으로 전소되자 새 콘서트홀 설계안을 공모하여 한스 샤룬의 안이 채택되어 1963년에 완공된다. 그가 설계한 홀은 모든 곳에서 같은 음향을 들을 수 있도록 무대를 공간 가운데에 놓고 그 주위를 16개 블록의 계단식 객석이 둘러싼 방사형 구조로, 각도와 형태가 다른 객석 블록들이 무대를 둘러싸고 있는 모습이 경사면에 계단식으로 조성한 포도밭과 흡사하여 빈야드(vineyard)식 홀로 불린다. 이는 음악을 중심에 둔 건축 형태로 연주자와 지휘자, 그리고 관객이 한 지붕 아래서 친밀한 공동체를 형성하는 동시에 홀의 음향 확산을 극대화하는 구조이다. 오케스트라가 홀의 중심에 위치하는 낯선 구조에 대해 비판이 많았으나 카라얀은 "음이 넓고 깊게 퍼져나가고 음악에 온전히 집중할 수 있도록 배려한 설계"라고 극찬하며 적극 지지하였다. 기존의 슈박스(shoe-box) 스타일의 장방형에서 방사형으로 구조가 달라지면서 홀의 음향 환경 또한 달라져 단원들이 홀 환경에 맞게 연주법을 바꾸는 등 잡음이 많았으나 빈야드식 홀은 이후 라이프치히 게반트하우스, 도쿄 산토리홀, LA 디즈니홀, 파리 콘서트홀, 서울 롯데 콘서트홀, 함부르크 엘프필홀 등 수많은 음악당의 모델이 된다. 1987년에는 샤룬의 유작을 제자인 에드가 비스니에프스키가 보완 설계한 부속 공연장인 실내악당이 개관되어 베를린 필 단원들의 실내악 연주회 등에 사용되고 있다.

■■■■ 베를린 필 콘서트홀과 단원들

카라얀은 종신이었지만 신입 단원 선출을 계기로 기존 단원들과의 불화가 심해지자 35년 만에 자진 사임한다. 그 발단은 1982년 카라얀이 23세의 여성 클라리넷 주자 자비네 마이어를 독단적으로 영입한 것이다. 그동안 베를린 필은 여성 단원을 받아들이지 않았으나 그해 9월에 바이올리니스트 마들린 카루소가 오디션에서 12명의 남자를 제치고 선발되면서 최초의 여성 단원이 되었고, 마이어가 두 번째였다. 그러나 단원들이 마이어의 연주가 기존 악단과는 잘 융합되지 않는다는 이유로 수습 후 실시한 투표에서 73:4로 그녀의 입단을 반대하자 카라얀은 그녀가 여성인 이유로 반대한다고 생각하여 입단을 강행했다. 베를린 필은 규정상 가채용을 거친 후의 단원의 임명과 해고에 대해서는 상임지휘자가 권한을 가지고 있어 단원들이 불합격으로 결정해도 지휘자 직권으로 임명할 수 있다. 자비네 마이어는 입단 후 갈등을 견디지 못해 9개월 만에 베를린 필을 떠나 현재 세계적인 독주자로 활동하고 있다.

베를린 필은 카라얀 재직 당시 단원들이 독일 출신 일색이어서 그 이전에도 비독일 국적의 연주자를 영입하고자 하는 카라얀과 갈등을 빚어왔다. 1963년 카라얀은 자신이 원하는 스웨덴 출신의 호른 연주자를 수석으로 뽑고자 했으나 단원들이 독일적인 어두운 사운드를 내지 못한다는 이유로 반대하여 채용하지 못했다. 베를린 필은 고유의 사운드 정체성이 있어 각 연주자가 만드는 사운드가 전체 사운드와 일체화되기를 원했고, 특히 악기별 단원들 간의 교감과 일체감을 중시하였기에 신입 단원을 선출할 때 해당 파트 단원들의 의견이 무시될 수 없다. 그러나 카라얀이 영국인 플루티스트 제임스 골웨이와 스위스 출신의 콘서트마스터, 일본 출신의 비올라와 바이올리니스트를 단원들의 반대에도 입단을 강행한 이후로는 실력이 뛰어나면 국적을 가리지 않고 채용하는 분위기가 형성되었으나 여성에 대한 벽은 여전히 높았다. 자신이 인정하는 음악가는 적극적으로 밀어주는 것으로 유명한 카라얀은 마이어 사건을 계기로 단원들과의 갈등이 심화되자 종신 지휘자가 의무적으로 해야 할 일정 외에는 모두 취소해 버린다. 이는 단원들이 연봉 외에 버는 수입 감소를 의미하기에 그들에게도 타격이 컸다. 카라얀은 이후 빈 필과 많은 연주를 했고 생애 마지막 콘서트도 빈 필과 함께였다. 그는 건강악화로 1989년 4월에 종신직에서 물러난 후 7월에 심장마비로 사망했다.

■■■■ 카라얀 지휘의 베를린 필 100주년 기념 공연 모습

카라얀의 후임으로 선출된 클라우디오 아바도는 이탈리아 밀라노 태생으로 첫 비독일계 지휘자였지만 같은 독일문화권인 빈 국립음대 출신이다. 카라얀이 20세기 음악계에 지대한 영향을 미쳤다면 아바도는 21세기 음악계에 큰 영향을 미쳤다. 온화하고 조용한 성격의 아바도는 단원들을 정중하게 대하고 곡 해석에서도 경청의 리더십을 보였으며, 연주자들이 서로의 소리를 주의 깊게 듣고 이해하는 것을 음악의 핵심으로 여겼다. 단원들은 그의 민주적인 방식을 반겼으나 리허설이 지나친 토론과 거친 논쟁으로 이어지자 결단을 확실하게 내려주는 카라얀의 카리스마를 그리워하기도 했다.

아바도는 전통을 고수하고 카라얀의 색채가 강한 베를린 필의 체질개선을 위해 레퍼토리와 연주기법 등에 있어 변화를 시도했으나 당시의 반응은 좋지 않았다. 그는 국제화를 지향하여 정통 레퍼토리보다 현대곡을 자주 무대에 올려 대중들의 외면과 비평가들의 악평을 초래했고, 전통적으로 중후하고 강렬한 음색의 소리를 내는 관악기 주자들에게 다소 밝고 가벼운 해석을 요구하여 수석들이 퇴단하기도 했다. 그럼에도 아바도는 변화를 멈추지 않고 실력 있는 젊은 수석들을 대거 영입하여 오케스트라 사운드를 투명하고 절제된 소리로 바꾸고 바로크부터 현대까지 레퍼토리를 넓혔다. 그는 오케스트라의 독립성을 위해 법인화를 추진했으며 단원들의 독주활동을 적극 지지하고 협연을 해주며 오케스트라 체질도 바꾸었다. 그러나 그가 재즈와 록 그룹과의 크로스오버 협연까지 추진하면서 총감독과의 갈등이 심해지자 그는 임기가 남았음에도 2002년에 자진 사임할 것을 발표한다.

아바도의 후임으로 영국 태생의 사이먼 래틀이 선출되는데, 지휘능력도 뛰어나지만 비교적 젊은 나이와 이력서에 아바도가 추진했던 재단 법인화 계약서를 작성하여 제출할 정도로 사업적 감각이 뛰어난 것이 크게 작용했다고 한다. 그들이 기대한 대로 래틀은 '디지털 베를린 콘서트홀'을 만들어 성공을 거두면서 베를린 필의 재정 상태를 개선하고 법인화도 실현한다. 자유롭고 미래지향적인 그는 유럽 중심의 레퍼토리에서 동서고금을 넘나드는 레퍼토리로 확장하면서 베를린 필을 국제화시켰으나 현대음악의 비중이 커지자 아바도와 마찬가지로 청중의 반발과 언론의 비난이 가해졌다. 그는 2018년 재계약 시점을 앞두고 예상과 달리 재임을 하지 않고 고국인 영국으로 돌아가서 런던 심포니 오케스트라를 맡는다. 언론이 사임의 이유를 묻자 그는 2018년이면 자신이 60대 중반인데 베를린 필에는 더 젊고 진취적인 지휘자가 필요하다고 답한다.

사이먼 래틀의 소망대로 베를린 필은 전임지휘자들과 마찬가지로 강력한 후보들을 제치고 젊고 천재적인 지휘자인 러시아태생의 키릴 페트렌코를 선출하여 다시 변화하고 있다. 그는 다이내믹한 곡의 전개와 열정적인 지휘로 청중들을 사로잡고, 익숙한 대작과 상대적으로 잘 알려지지 않은 작품을 대조하는 방식으로 공연 프로그램을 짜면서 쇤베르크나 스트라빈스키 등 현대음악 연주 횟수를 늘리고 있다. 베를린 필은 2023년에 141년 만에 처음으로 여성 악장을 선출했으며, 2024년에는 샌프란시스코 오페라단 음악감독으로 있는 김은선이 한국 여성 지휘자로는 처음으로 베를린 필과 공연 예정이다.

말러, 번스타인, 아바도

영화에서 여성이지만 자신의 능력으로 음악계에서 이룰 수 있는 거의 모든 것을 이룬 타르에게 말러 교향곡 전곡 녹음은 지휘자로서 정점에 도달하는 과제였다. 그녀는 이제 최정상의 베를린 필과 함께 교향곡 5번 공연을 마지막으로 말러 교향곡 사이클 완성을 앞두고 있다. 타르는 대미를 장식할 연주회 앨범의 표지촬영을 위해 아바도의 말러 교향곡 5번과 번스타인의 말러 교향곡 9번 앨범을 두고 고민하다 아바도의 앨범을 선택하여 그가 입은 셔츠와 같은 색상의 셔츠를 맞추고 그와 유사한 자세로 표지사진을 촬영한다. 교향곡 5번은 말러가 가장 행복했던 결혼 초기에 쓴 곡이고, 9번은 딸이 죽고 자신의 심장병이 발병한 데다 알마가 외도를 하여 불행이 최고조에 달한 시기에 쓴 곡으로 특히 4악장은 죽음과 이별을 고하는 느낌으로 가득 차 있다.

타르가 앨범 표지 레퍼런스로 선택한 번스타인과 아바도는 말러의 작품을 널리 알리고 그 위상을 높이는 데 큰 공헌을 한 지휘자들이다. 번스타인은 말러가 작곡가로서 널리 알려지지 않았던 1960년대에 이미 그의 교향곡 전 곡을 녹음했고 1985년부터 다시 한번 전 곡 녹음을 했다. 아바도는 베를린 필 취임곡으로 말러 교향곡 1번을 연주하고 이후에도 말러의 교향곡들을 자주 무대에 올렸으며, 2003년 루체른페스티벌 음악 감독을 맡은 후로는 매년 말러 교향곡을 연주하며 전곡 녹음을 계획했다. 그는 건강악화로 인해 2012년 예정의 교향곡 8번 연주를 미완으로 남긴 채 2014년에 타계했다.

말러는 어린 시절에 여섯 형제가 유아기 병사를 하자 자신이 살아남은 것에 죄책감을 느꼈고, 15세에는 자신이 아끼던 동생이 자살하고 29세에는 부모님과 여동생이 죽으면서 죽음은 줄곧 그의 삶과 함께했고 가장의 짐도 져야 했다. 게다가 그는 오스트리아제국에 속한 보헤미아(현재의 체코) 출신의 유대인이라는 태생으로 인해 오스트리아에서는 보헤미아인으로, 독일에서는 오스트리아인으로, 세계에서는 유대인으로 인식된다며 평생을 삼중의 이방인으로 살았다. 당시 보헤미아 출신에 유대인은 열등 국민으로 간주되었기에 말러가 빈 국립오페라극장의 지휘를 맡기 위해서는 기독교로 개종해야 했다.

겹겹의 고통 속에서 살아온 말러는 1902년에 알마와 결혼하여 두 딸을 낳고 살면서 처음으로 인생의 행복을 느끼나 그 기간이 길지는 않았다. 그는 1907년에 첫째 딸이 성홍열로 죽고 자신도 심각한 심장병 진단을 받았으며, 1909년에는 빈에서 반유대주의가 심해져 빈 오페라극장을 떠나 미국 메트로폴리탄 오페라극장으로 가지만 한 시즌 만에 토스카니니에게 밀려 빈으로 돌아온다. 다음 해에 말러는 뉴욕 필 지휘자로 다시 미국에서 활동하게 되나 알마가 젊은 건축가인 그로피우스와 외도를 하여 큰 충격에 빠진다. 말러는 알마의 마음을 되찾고자 뒤늦게 그녀에게 금지했던 작곡을 권유하고 8번 교향곡을 완성하여 헌정하지만 그들의 관계는 회복되지 못했다. 아내가 자신을 떠날 것을 두려워하며 고통받던 말러는 프로이트를 찾아가 한 차례 심리상담을 받는다. 프로이트는 말러의 잠재기억을 살펴보면서 그의 우울증은 어린 시절 형제들의 죽음과 아버지에게서 받은 학대에 연유하고 알마에 대한 집착은 그녀에게서 어머니의 모습을 갈구했기 때문으로 진단한다.

말러가 한눈에 사랑에 빠져 결혼한 알마는 여러 예술가의 뮤즈였다. 그녀는 클림트의 연인으로 그의 작품 〈키스〉의 주인공으로 추측되기도 하고,

그녀의 스승인 작곡가 쳄린스키의 연인이기도 했다. 작곡을 공부하던 알마는 당시 최정상의 지휘자이자 작곡가인 말러를 만나 4개월 만에 결혼을 하나 말러가 권위적인 데다 내조만을 강요하여 갈등이 깊어진다. 알마는 딸이 죽고 미국 생활을 하며 더욱 힘들던 차에 휴양지에서 후일 혁신적인 종합예술학교인 바우하우스를 창립하는 건축가 그로피우스를 만나 사랑에 빠진다. 알마가 말러를 떠나지는 않았으나 그들의 관계가 회복되지 못한 채 다음 해 말러가 감염병으로 죽는다.

말러의 사망 후 알마는 화가 오스카 코코슈카의 연인이자 뮤즈가 되어 그의 최고작인 〈바람의 신부〉가 탄생하게 하지만 그가 자신에게 광적으로 집착하자 그와 헤어지고 다시 그로피우스를 만나 결혼한다. 그러나 그로피우스는 바우하우스 창립으로 베를린에서 지내고 자신은 빈에서 지내면서 사이가 멀어졌고, 그 사이에 그녀는 유대인 작가 프란츠 베르펠을 만나 그로피우스와 이혼하고 그와 결혼한다. 오스트리아와 독일이 합병되자 그들은 나치를 피해 파리를 거쳐 미국 LA에 정착하나 베르펠이 곧 심장마비로 사망한다. 이후 알마는 뉴욕으로 거처를 옮겨 사교계에서 말러의 미망인이자 저작권자 자격으로 그의 작품들을 적극적으로 알렸는데, 특히 번스타인이 말러 교향곡 전곡을 녹음하는 데 많은 도움을 주었다. 그녀가 사랑했던 네 사람은 음악, 건축, 미술, 문학에서 세기말을 대표했던 대가들로, 그들은 알마와 함께한 시절에 최고의 작품들을 만들어내어 그녀가 '세기말의 뮤즈'임을 입증하였다.

■■■■ 위: 알마와 말러
■■■■ 아래: 그로피우스, 코코슈카, 베르펠

■■■■ 번스타인의 말러 교향곡 2번 리허설에 참석한 알마 말러

■■■ 〈키스〉, 1907~8. 클림트. 이 작품 속 여인은 그의 평생의 동반자인 에밀리 플뢰게, 〈아델레 블로후 바우어의 초상〉의 주인공인 아델레, 혹은 알마 쉰들러로 추측된다.

<바람의 신부>, 1914. 오스카 코코슈카

말러는 생전 지휘자로서는 명성을 얻었으나 작곡가로서는 인정을 받지 못했다. 빈 음악원을 졸업한 후 가족의 생계를 위해 지휘를 시작한 말러는 뛰어난 실력으로 유대인임에도 빈 국립오페라극장 지휘를 맡게 되지만 그가 쓴 교향곡들은 길고 난해하여 대중과 비평가들의 호응을 얻지 못해 거의 연주되지 못했다. 교향곡은 바로크 시대에는 후원자의 취향에 맞추느라 30분을 넘기지 못했으나 베토벤이 교향곡 3번 〈황제〉를 50여 분의 길이로 쓰면서부터 길이가 길어지고 음악적 내용도 깊어졌다. 말러는 한 걸음 더 나아가 "교향곡은 하나의 세계과 같이 모든 것을 다 담아야 한다"고 생각하여 삶과 죽음, 숭고함과 저속함, 고통과 희망, 자연과 초자연 등 세계의 모든 것을 9개의 교향곡에 담아냈다. 그에게 세계는 풀어내야 할 과제가 가득한 곳으로 그는 교향곡을 통해 죽음, 상실, 사랑, 부활 등에 관해 끊임없이 질문을 던지며 그 답을 구하고자 했다.

그의 교향곡들은 음악적으로도 형식을 파괴하고 장르의 경계를 넘나들며 교향악의 모든 요소를 극한까지 밀어붙였다. 교향곡 8번은 극한의 인원을 편성하여 천 명이 넘는 합창단과 연주자로 초연되었고, 교향곡에 성악을 도입한 교향곡 3번은 연주시간이 100여 분으로 인내의 극한에 달하며, 악기 또한 상상할 수 있는 모든 악기가 실험되고 관악기와 타악기가 빈번하게 사용되어 시끄럽고 복잡했다. 음악의 고저와 감정 기복도 심하여 장엄한 멜로디가 흐르다 단조의 우울한 민요선율이 등장하는가 하면, 금관악기가 하늘을 찌르는 듯 날카롭고 불협화음의 소리를 냈다가 현의 감미로운 선율이 이어지고, 관악기가 격렬하게 비통함을 쏟아낸 후 기쁨과 환희의 팡파르로 곡이 마무리된다. 이처럼 말러가 후기 낭만주의에서 현대음악으로 넘어가는 전환점에서 동시대인의 이해를 넘어서는 시도들을 하면서 그의 교향곡은 사후에도 그의 제자이자 친구인 브루노 발터와 오토 클렘페러 외에는 연주하는 지휘자가 드물었다. 게다가 1933년에는 나치가 그의 음악을 퇴폐 음악으로 분류하여 연주를 금지했다. 그러나 말러 자신은 비록 당대에는 인정받지 못했어도 언젠가는 자신의 음악을 이해해줄 수 있는 시대가 올 것을 확신했다.

그 시대는 번스타인이 말러 50주년에 교향곡 시리즈 전 곡을 녹음하면서 도래한다. 번스타인은 말러와 공통점이 많다. 그들은 주류사회 입장으로는 유대인 태생의 이방인이었고, 뉴욕 필을 지휘했으며, 무엇보다도 그들은 지휘자인 동시에 작곡가였기에 번스타인은 누구보다도 말러를 잘 이해했다. 그는 말러의 곡들이 마치 자신이 쓴 것처럼 느껴진다며 이렇게 말한다: "나는 말러에게 매우 동정적이다. 나는 그의 문제를 이해한다. 마치 한 몸에 갇혀 있는 두 사람이 되는 것과 같다. 한 사람은 지휘자이고 다른 한 사람은 작곡가이다... 그것은 이중인격자가 되는 것과 같다." 이런 공감대를 기반으로 지휘자 번스타인은 작곡가 말러를 이제 그를 이해할 수 있는 시대가 된 세상으로 나오게 하여 재평가받게 하였다.

아바도 또한 말러를 필생의 작곡가로 여겨 루체른페스티벌 오케스트라와 말러 교향곡 사이클을 완성하고자 했다. 베를린 필을 사임하고 위암 투병을 한 후 루체른페스티벌 음악 감독을 맡은 아바도는 첫 공연에서 자신의 재기를 알리듯 말러 교향곡 2번 〈부활〉을 연주했고, 이후 매년 말러의 교향곡을 연주하면서 말러의 진면목은 물론 자신의 음악적 진면목도 전 세계에 알렸다. 루체른페스티벌은 1938년 지휘자 토스카니니가 나치의 압박을 피해 스위스로 망명한 음악가들과 함께 바그너가 거주했던 빌라를 시가 박물관으로 개관한 곳에서 갈라 콘서트를 열면서 시작되었다. 소도시인 루체른이 세계적인 음악제를 열 수 있었던 것은 그곳에 머문 거장 음악가들의 자취 때문으로, 러시아혁명을 피해 온 라흐마니노프와 호로비츠도 그곳에 잠시 머물렀다.

아바도가 창단한 루체른페스티벌 오케스트라는 축제 기간에만 모여 연주하는 비상설 오케스트라로 단원들은 베를린, 라이프치히, 빈, 런던 등 유럽 각 도시 명문 오케스트라의 수석급 연주자들과 독주연주자들이다. 정상급의 연주자들이 단지 축제를 위한 오케스트라를 위해 모일 수 있었던 것에는 그들을 이끈 아바도의 인품과 예술성이 크게 작용했다. 아바도가 그들에게 어떤 지휘자였는지는 그가 죽자 유럽 최고의 연주자들이 그의 추모음악회를 열기 위해 빡빡한 연주일정에도 불구하고 한걸음에 달려온 사실로도 알 수 있다. 그들은 추모음악회 첫 곡으로 지휘자 없이 슈베르트의 미완성 교향곡 1악장을 연주하여 거장의 부재를 애도했고, 마지막 곡으로 말러 교향곡 3번 6악장 '사랑이 내게 말해준 것'을 연주하며 말러를 사랑한 아바도를 추모했다.

번스타인과 아바도 외에도 사이먼 래틀과 구스타보 두다멜 등 최정상의 지휘자들이 각자의 방식으로 말러 프로젝트들을 실시하면서 그는 오늘날 후기 낭만주의의 대표적인 작곡가로 평가될 뿐만 아니라 20세기 작곡가 중 가장 자주 연주되고 녹음되는 작곡가가 되었다. 2016년 BBC 음악잡지가 151명의 지휘자를 대상으로 한 설문조사에서는 말러의 9개 교향곡 중 3곡이 역대 최고의 교향곡 10위 안에 들어 그의 교향곡이 베토벤 교향곡 못지않은 위상을 지니고 있음을 알려준다. 이처럼 말러가 지휘자들의 작곡가가 되면서 '말러리안'으로 칭해지는 굳건한 마니아층 또한 더욱 확대되고 있다. 그럼에도 말러의 음악은 특유의 무거움과 불편함으로 여전히 대중적이지 않고 진

입장벽도 높다. 말러는 음악과 인생을 분리하지 않았던 작곡가인 만큼 그의 파란만장한 삶과 내면을 이해한다면 복잡하고 난해한 그의 음악에 좀 더 가깝게 다가갈 수 있을 것이다.

2010년, 루체른페스티벌 오케스트라와 말러 교향곡 9번을 연주하는 아바도

아다지에토: 말러를 위한 오마주

말러 교향곡 5번 4악장 아다지에토는 〈타르〉에 앞서 루치노 비스콘티 감독의 〈베니스에서의 죽음〉(1971)에서 극의 주요 모티브로 사용되었다. 이 영화의 원작은 독일 작가 토마스 만의 동명의 작품으로, 토마스 만이 베니스 여행 중에 말러의 부고 소식을 접한 후 그에 대한 오마주로 집필한 소설이다. 소설 속의 미소년에 대한 동경은 토마스 만이 베니스에서 실제로 겪었던 경험을 기반으로 한 것이다. 경건한 시민성을 중시하는 독일 사회에서 대작가로 존경받아온 토마스 만은 자신의 일기를 사후 20년 후에 공개하도록 했는데 그 속에는 그가 평생 감춰온 동성애적 성향이 암시되어 있었다. 자전적 소설인 〈베니스에서의 죽음〉은 그 고백의 일부이다. 소설에서는 말러를 오마주 한 주인공 구스타프 아센바흐가 시민성에 속박되어 있는 지적이고 이성적인 작가로 나오나 영화에서는 작곡가로 등장하여 말러의 교향곡들이 영화 전반에 흐른다.

아센바흐는 건강이 악화되고 창의력이 고갈되자 충동적으로 베니스 리도섬으로 휴양을 떠난다. 그는 자신이 묵는 호텔에서 그리스 조각처럼 아름다운 폴란드 소년 타치오를 마주치면서 순식간에 그의 아름다움에 매료된다. 그는 완벽한 미를 타고난 타치오를 바라보면서 친구 알프레드와 나눈 미에 대한 논쟁을 떠올린다. 알프레드는 아름다움은 자연적 현상으로 예술보다도 우월하다고 주장한 반면, 아센바흐는 아름다움은 예술가의 노력으로 완성된다고 주장하였다. 그러나 선천적으로 절대적 아름다움을 타고 난 소년 앞에서 아센바흐는 자신이 생각이 틀렸음을 깨달으며 심한 감정의 동요를 느낀다.

아센바흐가 느끼는 감정의 동요는 토마스 만 자신이 아폴론적 예술 충동과 디오니소스적 예술 충동 사이에서 끊임없이 느껴온 갈등이 분출된 것이다. 니체는 저서 『비극의 탄생』에서 그리스 비극을 태양과 이성과 예술을 상징하는 아폴론적 충동과 어둠과 도취와 광기를 상징하는 디오니소스적인 충동이 대립하여 탄생한 것으로 설명하면서 디오니소스적인 충동을 인간의 근원적인 삶의 체험이자 본질로 규정하였다. 조형예술로 표현되는 아폴론적 충동은 실존의 공포와 고통을 잊게 하는 심미적 세계를 구현하나 그것이 인간의 현실이 될 수는 없기에 궁극적인 위안이 되지는 못한다. 반면 음악으로 표출되는 디오니소스적인 충동은 비극을 주관하는 필연의 흐름을 긍정하게 하면서 비극적 도취를 체험하게 한다.

평소 아폴론적인 절제를 최고의 덕목으로 믿었던 아센바흐는 자신이 추구하던 심미적 세계에서는 느낄 수 없었던 도취를 에로스의 현현과도 같은 미소년에게서 느끼며 디오니소스적인 충동에 사로잡히자 서둘러 그곳을 떠나려 한다. 그는 프로이트식으로 해석하면 이성과 자제력으로 성적 충동을 철저하게 억압하고 있는 영혼이었다. 그런 그가 타치오를 만나면서 에로스는 그리스 철학자들이 말한 것처럼 조화롭고 건강한 '몸들의 본성'이며 예술가는 에로스 신이 옆에 와서 길을 안내해 주지 않으면 아름다움의 길을 걸을 수 없다는 사실을 깨닫게 된다. 게다가 고대 그리스에서는 미소년과의 동성애를 정신적이고 이상적인 관계로까지 여겼다. 그러나 육체적으로 노쇠하고 정신적으로 지친 그에게 에로스가 안내하는 길은 아름다움과 동시에 죽음으로 향하는 길이 된다.

호텔 측의 실수로 기차역에 짐이 잘못 보내져 호텔로 돌아온 아센바흐는 떠나기를 포기하고 그때부터 열병에 걸린 듯 타치오를 쫓아다닌다. 그의 시선을 느낀 타치오는 그를 고혹적인 얼굴로 응시하거나 미소를 지어주며 그를 더욱 옭아맨다. 타치오에 대한 그의 감정은 순수하고 고결한 미에 대한 찬사인 동시에 동성의 미소년을 흠모하는 구제할 수 없는 타락이었다. 알프레드는 구제할 수 없는 타락은 예술가에게는 기쁨이라고 말했으나 그에게는 평생 지켜온 자신의 예술 철학과 정체성을 뒤흔드는 고통이었다. 그가 피아노를 치는 소년을 바라보며 사창가에서 욕구를 채우지 못하고 나온 장면을 떠올리거나 아내와 어린 딸과 함께 한 행복한 시절을 회상하며 죽은 딸의 사진을 껴안고 오열하는 것은 타치오에 대한 욕망을 타락으로 여겨 저지하려는 필사적인 노력이었다. 그의 처절한 모습에는 평생 동성애적 성향을 감추고 살아오면서 작품 속에서나마 표출시키는 토마스 만의 고뇌가 겹쳐진다.

그 사이에 베니스에는 전염병이 돌기 시작하고 아셴바흐는 전염성이 리도섬으로 번진다는 사실을 미리 알게 되면서도 타치오가 떠날까 봐 그 사실을 숨길 정도로 이성을 잃는다. 그는 심지어 자신의 노쇠한 육체를 가리기 위해 머리를 검게 염색하고 얼굴 화장까지 하나 그 화장은 곧 그의 주검의 염이 된다. 전염병으로 손님들이 떠나 해변이 텅 비고 타치오 가족도 떠날 채비를 한다. 마지막으로 타치오를 보기 위해 해변으로 간 아셴바흐는 햇빛이 부서지는 바다로 서서히 걸어 들어가며 환영처럼 멀어져가는, 마치 아폴론 같은 자태의 타치오의 뒷모습을 바라보며 의자에 앉은 채로 숨을 거둔다. 그는 타치오로 인해 에로스가 예술의 본성임을 깨닫고 마침내 자기 속박에서 벗어나나 그와 함께 아름다움의 길을 걷지는 못한다. 그의 죽음과 적막한 수평선을 배경으로 흐르는 아름답고도 쓸쓸한 아다지에토의 선율은 아셴바흐의 육체적 죽음과 동시에 눈앞에 보이는 절대적인 아름다움을 소유할 수 없어 고통받는 정신적인 죽음까지 표현하고 있다. 말러의 삶에서도 그랬듯 아다지에토는 미와 사랑과 죽음을 주제로 다룬 영화에 완벽한 배경음악이었다.

대사로 보는 영화

영화는 타르가 뉴요커 잡지사의 유명작가인 애덤 고프닉과 대담을 가지는 것으로 시작한다. 애덤이 소개하는 그녀의 이력은 실로 화려하다. 베를린 필 상임으로 취임하기 이전에 그녀는 클리블랜드, 필라델피아, 시카고, 보스턴 오케스트라 지휘자를 거쳐 뉴욕 필과 난민들을 위한 콘서트를 개최하면서 소위 'Big Five'에 속한 오케스트라를 모두 지휘했다. 그녀는 영화와 뮤지컬 곡들을 작곡하여 에미(E), 그래미(G), 오스카(O), 토니(T) 4개 상을 모두 휩쓸어 15명밖에 없는 EGOTs 중의 한 명이 되었고, 2010년에는 엘리엇 카플란 재단의 후원으로 '아코디언 컨덕팅 펠로우십'을 설립하여 여성 지휘자들의 역량을 향상시키고 그들과 세계 주요 관현악단과의 계약을 돕고 있다. 그녀는 베를린 필과 말러 교향곡 전 곡 녹음을 시작하여 이제 5번의 공연실황 녹음만을 남기고 있다. 교향곡 사이클이 완성되면 도이치그라마폰에서 타르의 생일에 맞춰 음반으로 발매하고 그녀가 쓴 자서전도 발간될 예정이다. 타르의 다양하고도 화려한 경력과 말러 사랑은 영화에서 그녀의 스승으로 언급되는 레너드 번스타인을 떠올리게 한다. 번스타인은 말러 교향곡 전 곡을 두 차례 녹음했고, 클래식뿐만 아니라 뮤지컬과 영화음악을 작곡했으며, 영상 프로그램을 통해 청소년 교육도 활발히 했다. 이처럼 그의 경력은 더없이 화려했으나 동성애로 인해 그의 결혼생활은 갈등의 연속이었다. 화려하고도 복잡했던 그의 젊은 시절과 노년의 삶을 영화 〈마에스트로 번스타인〉(2023)에서 볼 수 있다.

애덤 고딕은 리디아의 경력을 소개한 후 음악계의 성차별에 대한 질문부터 던진다. 타르는 최초의 여성지휘자인 나디아 블랑제, 안토니아 브리코 시절에는 성차별이 있었으나 오늘날은 여러 훌륭한 여성 지휘자들이 유리천장을 뚫어준 덕분에 세태가 바뀌고 있다고 답한다.

GOPNIC: Well, do you think there'll be a moment, though, when the classical music community, uh, decides not to use sexual distinctions to differentiate artists?

TÁR: I'm probably the wrong person to ask since I don't read reviews.

GOPNIC: Do you read any press at all?

TÁR: No... But as to the question of gender bias, I have nothing to complain about. Nor, for that matter, should Nathalie Stutzmann, Laurence Equilbey, Marin Alsop, or JoAnn Falletta. There were so many incredible women who came before us, women who did the real lifting.

G: 그럼, 클래식 음악계가 성별로 예술가를 차별화하지 않는 시점이 올까요?

T: 전 논평들을 읽지 않아 답하기가 어렵군요.

G: 논평을 전혀 읽지 않나요?

T: 네... 하지만 성차별에 대한 문제에 대해서는 저는 불만이 없습니다. 나탈리 스투츠만, 로렌스 이퀼베이, 마린 알솝, 조안 팔레타도 마찬가지일 거예요. 선대에 역경을 뚫고 올라온 훌륭한 여성들이 아주 많았어요.

애덤이 지휘자의 역할을 언급하며 아직도 많은 사람이 지휘자를 인간 메트로놈으로 생각한다고 말하자, 타르는 일면 맞는 말이지만 지휘자의 역할은 그것에 그치지 않고 리허설에서 단원들에게 자신의 해석을 전달하고 따라오게 해야 한다고 답한다. 그녀는 그러나 시간 또한 곡 해석에 핵심이고 그 핵심을 조절하는 자가 지휘자라고 말하면서, 지휘자는 오케스트라와 실시간으로 반응하는 것이 아니라 리허설 때 이미 짜인 대로 시간 흐름을 조절한다고 설명한다.

GOPNIK: Okay, let's talk about translation. Many people think of a conductor as essentially a human metronome.

TÁR: Well, that's partly true. Keeping time is no small thing.

GOPNIK: But there's much more, isn't there?

TÁR: I hope so, yes. But time is the thing. Time is the essential piece of interpretation. You cannot start without me. I start the clock. My left hand shapes, but my right hand, the second−hand, marks time and moves it forward. However, unlike a clock, sometimes my second−hand stops... which means time stops. The illusion is that, like you, I'm responding to the orchestra in real−time... The reality is that from the very beginning... I know precisely what time it is, and the exact moment we will arrive at our destination together. The only real discovery for me is in the rehearsal, never the performance.

G: 해석에 관해 얘기해보죠. 아직도 많은 사람이 지휘자를 근본적으로 인간 메트로놈으로 생각하고 있어요.

T: 일면 맞는 얘기예요. 시간을 맞추는 게 사소한 일은 아니죠.

G: 하지만 그 이상이 있는 거죠.

T: 그래야죠. 하지만 시간도 중요합니다. 시간은 해석의 본질적인 부분이죠. 저 없인 공연이 시작되지 않아요. 제가 시계를 시작하게 하죠. 제 왼손은 형태를 잡고 제 오른손은 초침처럼 시간을 알리면서 앞으로 나아갑니다. 하지만 시계와는 달리 제 왼

손은 때때로 멈춥니다. 다시 말해 시간이 멈추는 거죠. 사람들은 제가 오케스트라에 실시간으로 반응한다고 생각하죠... 사실은 이렇습니다. 연주가 시작된 순간부터 전 지금 몇 시인지, 우리가 목적지에 도착하는 순간이 언제일지 정확히 알고 있습니다. 그걸 발견하는 순간은 리허설에서이지 공연에선 절대 아닙니다.

애덤은 그녀의 스승인 번스타인을 언급하면서 그에게 어떤 가르침을 받았는지를 물어본다. 그녀는 번스타인으로부터 작곡가의 의도를 읽어내고 자신의 의도를 밝히면서 서로 보완하는 방법을 배웠다고 말한다.

GOPNIK: Tough question, I know, but what was the most important thing you learned from Bernstein?

TÁR: Kavanah, it's Hebrew for attention to meaning, or intent. What are the composer's priorities, what are yours, and how do they complement one another?

G: 어려운 질문이겠지만 번스타인에게 배운 가장 중요한 것은 무엇인가요?

T: 카바나요, 의미나 의도에 대한 집중력을 뜻하는 히브리어죠. 작곡가의 우선 사항이 뭔지, 지휘자의 우선 사항은 뭔지, 그리고 그들이 서로 어떻게 보완하는지 말이에요.

애덤이 지휘자가 무대에 오른 시점이 언제인지를 묻자, 타르는 초창기에는 악장인 제1 바이올린이 악단을 이끌었으나 오케스트라의 규모가 커지면서 지휘자가 무대에 오르게 되는데 프랑스 궁정 지휘자였던 장 바티스트 륄리가 시초라고 알려준다. 타르는 이상적인 지휘자로 레너드 번스타인을 들면서 그의 말러 해석은 악보의 지시문을 넘어선 독보적인 것이라고 평한다.

TÁR: So someone had to start that clark. Someone had to plant their flag in the sand and say, "Follow me," you know? And when that someone was Lenny, the orchestra was led on the most extraordinary tour of pleasures, cause he knows the music, Mahler especially, as well, or better, than anyone. And of course deeply and truly loved it. So he often played with the form. He wanted an orchestra to feel like they'd never seen, let alone heard, or performed, any of that music...

GOPNIK: He over－egged it?

TÁR: No, not at all. He celebrated the joy of his discovery.

T: 지휘자는 시계를 작동시키죠. 그리고 모래에 깃발을 꽂고는 '날 따라와'라고 해야 합니다. 그 지휘자가 레너드였을 때 오케스트라는 정말 특별하고 즐거운 여정으로 이끌려가죠. 그는 음악을, 특히 말러의 음악을 누구보다도 잘 알았거든요. 그리고 진실로 깊이 그 음악을 사랑했어요. 그래서 때론 형태를 가지고 놀았어요. 그는 오케스트라가 그 음악을 한번도 본 적도, 들은 적도, 연주한 적도 없는 것처럼 느끼길 원했어요.

G: 지나치게 과장했다는 건가요?

T: 아뇨, 전혀 그렇지 않아요. 그는 발견의 기쁨을 찬양했습니다.

　타르는 말러 교향곡을 언급하면서 그가 교향곡 4번까지는 독일 시인 뤼케르트의 시에서 영감을 받아 작곡했으나 5번은 알마에게 헌정한 곡이므로 그 곡을 이해하기 위해서는 말러의 복잡한 결혼생활을 이해해야 한다고 말한다. 그녀는 자신과 번스타인의 곡 해석의 차이를 밝히면서, 4악장 아다지에토를 번스타인은 그 곡에 말러의 비극적인 결혼생활을 투영시켜 로버트 케네디의 장례식에서 미사곡으로 12분에 걸쳐 연주했으나 자신은 그 곡을 사랑으로 해석하여 7분으로 연주할 것이라고 말한다. 아다지에토를 작곡가 말러는 7분에, 카라얀과 아바도는 12분, 사이먼 래틀은 91/2분에 연주했다.

GOPNIK: Alright then, would you say then that your understanding of that marriage is similar to Bernstein's?

TÁR: ... When he played the Adagietto at Robert Kennedy's funeral it ran twelve minutes. He treated it as a mass, and if you listen to a recording of it you will no doubt feel the pathos and tragedy. That interpretation was very true for Mahler later in life, after the professional bottom dropped out and Alma had abandoned him for Gropius. But, as I said before, we are dealing with time. And this piece was not born into aching tragedy, it was born into young love.

GOPNIK: And you chose...

TÁR: Love.

GOPNIK: Yes, but how long?

TÁR: Seven minutes.

G: 그럼, 말러의 결혼에 대한 당신의 해석은 번스타인의 해석과 유사한가요?

T: ... 그가 로버트 케네디의 장례식에서 아다지에토를 연주했을 때 12분이었어요. 그 곡을 미사곡처럼 다루었기에 녹음된 걸 들어보면 비통함과 슬픔이 느껴질 거예요. 그 해석은 말러의 경력이 단절되고 알마가 그를 버리고 그로피스를 만났던 말러의 인생 말기에 맞는 해석이죠. 하지만 아까도 말했듯이 지휘자는 시간을 다룹니다. 이 작품은 비극으로 쓰인 게 아니라 젊은 날의 사랑으로 쓰인 거죠.

G: 그래서 지휘자님의 선택은...

T: 사랑이죠.

G: 연주시간이?

T: 7분이요.

　　타르는 인터뷰 후 여성지휘자 단체인 아코디언 재단 투자가 겸 지휘자인 엘리엇 카플란을 만난다. 그는 말러의 교향곡을 지휘하여 호평을 받고 있으나 타르의 해석이 워낙 뛰어나기에 그녀로부터 조언을 얻고자 한다. 엘리엇은 실존 인물인 길버트 카플란을 모티브로 한 캐릭터이다. 말러의 열성 팬인 사업가 길버트 카플란은 말러의 교향곡 중에서도 특히 2번에 심취하여 오직 그 곡을 지휘하기 위해 40세의 나이에 지휘를 배운 후 자비로 오케스트라를 섭외해 공연했다. 그는 공연을 그 단발성으로 생각하고 지휘했으나 실력을 인정받아 이후 유수의 오케스트라들과 공연하고 말러 음악을 연구하는 카플란 재단도 세웠다. 엘리엇은 타르에게 자신의 전세기까지 제공하면서 이스라엘 필하모니와 연주한 말러 3번 6악장에서 현악기가 어떻게 그런 소리를 냈는지를 집요하게 물어본다. 이에 타르는 마지못해 일치된 운궁법 대신 단원들 자율에 맡긴 프리 보잉의 효과였다고 말해준다.

ELIOT: "What Love Teaches Me." That string notation.

TÁR: Malher gives it to you himself. Languid, peaceful, deeply felt.

ELIOT: Come on.

TÁR: Trust me. You do not want to go to school on someone else's red and blue pencil. Least of all, mine.

ELIOT: Oh, but I do.

TÁR: All right. Will you quit pestering me?

ELIOT: Yes.

TÁR: Free bowing. It's not pretty for an audience to look at, but if you can manage to keep your players out of the weeds, the sound's ferocious.

E: '사랑이 내게 말해준 것' 그 현악 기보법 말이야.

T: 말러가 악보에 적어놓은 그대로야. 느리고, 평온하게, 깊은 감정으로.

E: 그러지 말고.

T: 정말이야. 남이 해석해서 적어놓은 걸 보고 그대로 따라 하고 싶진 않을 건 아냐. 더더구나 내 건.

E: 난 그럴 거야.

T: 알았어, 그럼 그만 괴롭힐 거지?

E: 그럴게.

T: 프리 보잉이야. 관객들 눈엔 멋있어 보이지 않지만 산만하지 않고 집중만 한다면 소리가 대단하지.

타르는 줄리아드에서 마스터 클래스를 진행하면서 지휘를 공부하는 맥스와 바흐에 대한 논쟁을 벌인다. 일생을 신앙적 믿음을 기반으로 음악을 작곡해온 바흐는 음악가들에게는 종교와도 같은 인물로, 번스타인은 "그는 신이 아니고 사람이었다. 하지만 그는 신의 사람이었고 그의 음악은 처음부터 끝까지 신의 은총이었다"라며 그를 추앙했다. 그런 바흐를 맥스는 자신은 팬젠더이므로 20명의 아이를 낳아 여성 혐오적인 삶을 산 바흐의 음악을 연구하고 싶지 않다고 말한다. 바흐는 첫 부인과 사별 후 재혼했으며, 가정에 충실하며 스캔들이 없는 음악가였다. 맥스의 말에 타르는 작곡가의 국적, 종교, 성별, 성 정체성과 같은 개인적 삶과 작품은 구분되어야 한다고 말하면서 유럽음악계 주류인 '이성애자이자 오스트라아-독일 태생의 기독교도 백인 남성'들이 쓴 음악이 우리를 개인적으로나 집단적으로 우월하게 만드는지 물어본다.

TÁR: Have you ever played or conducted Bach?

MAX: Honestly, as a BIPOC pangender person, I would say Bach's misogynistic life makes it kind of impossible for me to take his music seriously.

TÁR: What exactly do you mean by that?

MAX: Well, didn't he sire like twenty kids?

TÁR: That's documented, along with a considerable amount of music. But I'm unclear what his prodigious skills in the marital bed have to do with B minor. Okay, sure. It's your choice. Can classical music written by a bunch of straight, Austro−German, church−going white guys, exalt us individually, as well as collectively? And who, may I ask, gets to decide that? What about Beethoven? Are you into him? Because for me? As a U−Haul Lesbian? I'm not really sure about Ludwig. But then I face him and find myself nose−to−nose with his magnitude and inevitability. Max, indulge me, let us allow Bach a similar gaze.

* BIOP: black, indigenous and people of colour
* pangender: 자신이 모든 성(gender)에 속한다고 자각하는 사람
* U−Haul: 이삿짐 트럭회사 명으로 레즈비언은 만나면 금방 동거한다는 의미로 쓰인다.

T: 바흐의 곡을 연주하거나 지휘해본 적 있나?

M: 솔직히 유색 인종이자 팬젠더로서 바흐의 여성혐오적인 삶 때문에 그의 음악을 진지하게 받아들이기 힘들어요.

T: 정확히 무슨 말이야?

M: 바흐는 아이를 20명 정도 낳지 않았나요?

T: 수많은 작품과 함께 그 사실도 기록되어 있지. 그런데 그의 부부침실에서의 엄청난 기술과 그의 음악이 무슨 상관인지 잘 모르겠지만. 좋아, 자네의 선택이니까. 이성애이자 오스트리아-독일계 기독교 백인들이 쓴 클래식 음악이 우리를 개별적으로나 집단적으로 고양시킬까? 그리고 누가 그걸 결정하지? 베토벤은 좋아하나? 왜냐하면 레즈비언으로서 난 베토벤이란 사람을 잘 모르겠어. 하지만 그의 음악을 대면하면 그의 위대함과 필연성을 마주 보고 있는 날 발견하지. 맥스, 부탁인데, 바흐도 비슷한 시선으로 바라보자고.

타르는 맥스에게 지휘자가 되어 평가를 받을 때 평가 기준으로 곡 해석과 지휘봉 기교 외에 뭐가 더 필요한지를 물으면서, 그의 기준으로 따지면 흑인이라는 정체성이 그의 평가에 영향을 미칠 것이라고 말한다. 이에 맥스가 화를 내며 자리를 뜨자 타르는 작곡가는 온전히 작품으로 평가되어야 한다고 일침을 가한다.

MAX: You're a fucking bitch.

TÁR: And you are a robot. Unfortunately, the architect of your soul appears to be social media. If you want to dance the mask, you must service the composer. Sublimate yourself, your ego, and yes, your identity! You must in fact stand in front of the public and God and obliterate yourself.

M: 정말 고약하군요.

T: 넌 로봇 같아. 불행히도 자네 영혼의 설계자는 소셜미디어인 것 같군. 무대에서 지휘하려면 작곡가를 존중해야지. 자기 자신과 자신의 에고와 자신의 정체성을 승화시키다니! 지휘자는 대중과 신 앞에 서면 자신을 지워야 해.

베를린으로 돌아가는 길에 타르와 그녀의 비서이자 여성 지휘자인 프란체스카는 인터뷰를 되짚으며 말러에 관한 대화를 나눈다. 타르는 자신이 권력을 쥐고 있고 남성적 성향을 지니고 있기에 알마보다는 말러의 입장에서 그들의 관계를 본다. 그러나 베를린 필 부지휘자를 기대하며 타르에게 헌신하고 있는 프란체스카는 알마에게 동정적이다.

FRANCESCA: I was thinking about Mahler and Alma's. You implied that she betrayed him and I'm not sure I agree with that.

TÁR: Oh, really?

FRANCESCA: Alma was a composer too, but Mahler insisted she stop writing music. He said that there was only room for...

TÁR: One asshole in the house?

FRANCESCA: Yes.

TÁR: But she agreed to those rules. No one made that decision for her. Hash tag rules of the game.

FRANCESCA: If woman has the right to mount the scaffold; she must equally have the right to mount the tribune.

F: 말러와 알마의 관계에 대해 생각했었어요. 선생님은 알마가 배신했다고 하셨는데
   전 동의하지 않아요.

T: 그래?

F: 알마도 작곡가였는데 말러가 그만두길 강요했잖아요. 이 집에...

T: 얼간이는 하나면 됐다고?

F: 네.

T: 하지만 알마도 동의했잖아, 스스로 결정한 거잖아. 암묵적인 규칙이지.

F: 여성에게 교수대에 오를 권리가 있다면 연단에 오를 권리도 있어야죠.

　베를린으로 돌아와 리허설을 진행한 타르는 전임 시절부터 부지휘자로
있던 세바스찬이 자신의 리허설에 대해 이견을 제시하자 마지못해 데리고
있던 그를 내보낼 것을 결정한 후 클라리넷 주자인 크누트에게 협조를 요
청한다. 크누트는 단원들과 투표로 결정하겠다고 하나 타르는 부지휘자 임
명은 자신의 권한이라고 못박는다. 타르가 작업실에서 작곡을 하고 있을 때
프란체스카가 와서 아코디언에서 크리스타의 자살 소식을 보내왔다고 전한
다. 크리스타는 타르와 성관계를 한 후 그녀에게 요구를 시작했고 이에 타
르가 크리스타를 재단에서 쫓아내고 다른 오케스트라 취업도 막아버려 타
르에게 계속 이메일을 보내던 중이었다. 타르는 프란체스카에게 크리스타
와 관련된 모든 메일을 지우라고 말하고, 자신의 컴퓨터에서도 크리스타의
취업을 막았던 이메일들을 지운다. 그러나 크리스타와 계속 연락을 취해왔
던 프란체스카는 자신도 크리스타처럼 버려질 것을 우려하여 메일을 지우
지 않았고, 추후 자신이 부지휘자로 선출되지 않자 이를 증거로 제출하여 타
르를 추락시킨다.

FRANCESCA: I just got this from someone over at Accordion.

TÁR: Oh, no... when did this happen?

FRANCESCA: Day before yesterday. That email she sent you... it felt like－－

TÁR: Delete it and the rest. No reason to get caught up in any intrigue... Now, now, it's sad, I know. But there's nothing we could have done to stop her. She wasn't one of us.

FRANCESCA: I can't stop thinking about our trip up the Ucayali... the three of us were so...

TÁR: Yes, that was before she started making demands. Something wasn't right with her.

FRANCESCA: ...... she had so much promise.

TÁR: Yes, she did. Almost as much as you.

F: 방금 아코디언에서 이런 연락이 왔어요.

T: 이런, 언제 그랬대?

F: 그저께요. 선생님께 그 메일을 보낸 게 아마....

T: 메일 다 지워. 이 일에 휘말릴 이유가 없어. 자자, 슬프겠지만 우리가 막을 방법은 없었어. 걘 우리랑 달랐잖아.

F: 우카얄리에 함께 갔던 게 계속 생각나요, 우리 셋이 참...

T: 그건 그 애가 요구를 시작하기 전이었지. 애가 좀 문제가 있었잖아.

F: 정말 유망했는데요.

T: 그랬지. 거의 너만큼이나 유망했어.

타르가 세바스찬에게 해임 사실을 알리자 세바스찬은 애당초 프란체스코를 부지휘자로 염두에 두고 데리고 있었던 거라고 타르를 공격한다. 이에 타르는 프란체스카 또한 스캔들의 소지가 있다고 생각하여 그녀가 크리스타의 이메일을 지웠는지를 확인하는데 메일들이 그대로 있었다. 이런 상황 속에서도 타르는 새로 입단한 젊고 반짝이는 올가에게 관심을 가진다. 올가가 13세에 자클린 뒤프레의 엘가 협주곡에 감명을 받아 첼로를 시작했고 그 곡을 청소년 오케스트라와 연주했다고 말하자 타르는 공연 협주곡을 엘가 곡으로 정한 후 독주자를 단원 중에서 뽑겠다고 발표한다. 단원들은 당연히 수석인 고시아가 선발될 것으로 생각하여 그녀를 축하하나 타르는 고시아가 말러 곡에서 비중이 크므로 오디션으로 독주자를 선출하자고 강제로 동의를 얻어낸다. 그런 후 그녀는 바로 월요일로 오디션 날짜를 잡고 첼로 단원 누구나 참여할 수 있게 하여 이미 준비가 되어있는 올가가 선정되게 만든다.

TÁR: I feel that maybe the solist should come from within our own ranks...

PLAYERS: Yeah.

TÁR: Good. Okay, good. One more question. And this is really just for you, Gosia. I mean....a practical matter, this would normally fall to you. But given how much is gonna be asked of you for the Mahler...I − −I wondered if you would be at all bothered if we were to hold auditions?

GOSIA: Well, that is a bit unorthodox...but in theory I have no objection. My only hesitation will depend on when these auditions might take place. I wouldn't want them in any way to interfere with our sectionals.

TÁR: No, no, that's a good point. I mean, It's gonna have to be a sprint. How about Monday?

T: 전 솔리스트가 우리 안에서 나와야 한다고 생각해요.

P: 그래요.

T: 좋아요, 한 가지 더 물어볼 게 있어요. 고시아에게요. 원래대로라면 당신이 솔리스트를 하게 될 거지만 말러의 곡에 당신 역할이 큰 만큼 오디션을 봐도 괜찮을까요?

G: 이례적이긴 하지만 원칙적으론 반대하지 않아요. 단지 오디션이 언제일지가 걱정이네요. 오디션으로 우리 팀에 폐를 끼치진 싫어서요.

T: 좋은 지적이에요. 빨리 진행해야 하니 월요일 어때요?

    그 와중에 베를린 필 재단의 브리타가 크리스타 문제로 그녀를 찾아와서 몇 가지 혐의가 제기된다며 변호사를 만나라고 말한다. 여러 가지로 불편한 상황이 되자 그녀는 전임지휘자인 안드리스를 만나 지휘자들이 겪었던 스캔들에 관한 이야기를 나눈다. 2018년 미국에서는 성추행을 폭로하는 미투운동이 일어나서 거장 지휘자들이 해임된다. 한 시대를 이끌고 파바로티와 도밍고를 키워낸 뉴욕 메트로폴리탄 오페라 음악 감독이었던 제임스 레바인은 10대 소년 다수를 성추행한 의혹으로 해고당하고, 피아니스트 마르타 아르헤리치의 전 남편인 지휘자 샤를 뒤투아도 여성 음악가들을 성추행한 혐의로 고발당했다. 플라시도 도밍고 또한 무용수와 여성 음악가들에 대한 성추행 혐의로 뉴욕 오페라단과 LA 오페라단에서 사임했다.

ANDRIS: Thank God I was never pulled from the podium like Jimmy Levine. Or... Or hunted like Charles Dutoit. I take it you're asking for a reason.

TÁR: Well, there's just been so much of this sort of thing in the news lately.

A: 고맙게도 난 제임스 레바인처럼 지휘대에서 끌려 나오거나 샤를 뒤투아처럼 파헤쳐진 적은 없지. 자네가 그런 질문을 한 이유가 있겠지.

T: 최근에 뉴스에 그런 일이 잦아서요.

안드리스는 최근에는 고발만 당해도 유죄나 다름없다며 푸르트벵글러와 카라얀도 마찬가지였다고 말해준다. 그들은 종전 후 나치에 협조했다는 이유로 공연금지령이 내려졌는데, 카라얀은 자의로 나치에 입당했으나 푸르트뱅글러는 자발적으로 협조한 적은 없었다.

ANDRIS: Well, nowadays, to be accused is the same as being guilty. But I suppose this was also the case many years ago with Furtwängler and a bit with Karajan too..... When I first arrived here the older members had hushed opinions. But at the same time they wanted to leave that era behind.

TÁR: The war?

ANDRIS: Post−war. The denazification. If someone pointed a finger at you, the process started all over again. Furtwängler never joined the Party. Refused to give the salute, to conduct the Horst−Wessel−Lied... But he was required to be denazified. Until then, he was semi−retired −− playing corpses.

TÁR: Playing corpses?

ANDRIS: Secretly performing in a cemetery.

TÁR: Surely you're not equating sexual impropriety with being an accused Nazi?

ANDRIS: Either way you have to be ready.

A: 요즘엔 혐의를 받는 즉시 유죄가 돼 버리지. 그런데 그런 일은 한참 전인 푸르트뱅글러 때도 있었어. 카라얀도 약간은 그랬고...... 내가 베를린 필에 왔을 때 나이 든 단원들 간에 쉬쉬하는 얘기들이 있었지. 동시에 그들은 그 시대를 잊어버리고자 했어.

T: 전쟁 시절이요?

A: 전후, 탈나치화 말야. 누가 자네를 지목하면 모든 과정이 다시 시작되는 거야. 푸르트뱅글러는 나치인 적이 없었어. 그는 경례를 거부했고 나치 노래도 지휘하지 않았어.... 하지만 그는 나치 전력을 털어버리도록 요구되었지. 그때까지 그는 시체들에게 연주하면서 반쯤 은퇴한 상태였어.

T: 시체들에게 연주해요?

A: 비밀리에 묘지에서 공연한 거지.

T: 성추행과 나치 기소를 동일시하는 건 아니죠?

A: 어느 쪽이든 준비는 해둬야지.

    첼로 독주자 오디션에서 올가가 선출되자 타르의 동거인이자 악장인 샤론이 정식단원이 아니라고 문제를 제기한다. 이에 타르가 그 규정이 솔로 연주자에는 문제가 되지 않는다고 반박하자 샤론도 프란체스카도 올가에 대한 그녀의 감정을 감지한다. 한편 프란체스카는 부지휘자가 다른 사람으로 정해지자 사직서를 내고 사라진 후 타르를 곤경에 빠뜨리기 시작한다. 다음 날 타르는 작업실에서 올가와 협주곡 리허설을 한 후 그녀를 집으로 데려다주는데, 올가가 차에 인형을 두고 내리자 그녀를 쫓아 허름한 건물 지하로 내려갔다가 큰 검은 짐승이 자신을 노려보는 것을 보고 도망치다 얼굴과 몸에 큰 타박상을 입는다. 게다가 줄리아드에서 벌인 맥스와의 논쟁이 악의적으로 편집되어 퍼지고 집에 있던 공연 악보까지 없어진다. 이런 상황에서도 타르는 책 출간행사로 뉴욕으로 가면서 올가를 대동한다. 증언 자리에서는 이메일이 언급되었고, 엘리엇은 그녀에게 뉴욕 공연이 취소되고 카플란펀드가 성명서를 냈다는 이야기를 전한다. 올가는 자신까지 언론의 관심을 받자 타르와 거리를 두었으며, 샤론은 가족의 위험을 자신에게 알려 조언을 구했어야 했다고 타르를 비난한다.

SHARON: It's got nothing to do with what they're accusing you of — it's a simple matter of not warning me that our family is in danger...

TÁR: What good would that have done? What could you possibly do to make things better?

SHARON: Because I deserve that! Those are the rules. You are to ask for my fucking council the way you always have. The way you did when you first arrived here as a guest conductor looking for a permanent position. You asked, what were the politics, what were the moves — — — How could we swing it? Of course, those discussions took place in another bed. Or rather, on the couch of that horrible place you still can't let go of.

TÁR: Ah, the old sorrow blows in... how cruel of you to define our relationship as transactional.

S: 그들이 자길 고소한 게 문제가 아니라 우리 가족이 위험에 처하게 된 걸 나에게 알리지 않은 게 문제야.

T: 그래 봐야 나아질 게 뭐가 있어? 자기가 뭘 해줄 수 있었겠어?

S: 왜냐면 난 그럴 권리가 있으니까. 그게 규칙이지. 언제나 그랬듯이 내 조언을 구했어야지. 여기 처음 객원지휘자로 왔을 때 상임을 원하면서 나에게 자문을 구했던 것처럼. 그땐 여기 정치가 어떤지, 어떻게 움직여야 하는지... 어떻게 해낼 수 있는지

물었잖아. 물론 그 대화는 다른 침실에서 이뤄졌지. 아니면 자기가 아직 벗어나지 못하는 그 끔찍한 곳의 소파에서였나.

T: 예전 상처가 되살아나네... 우리 관계를 거래 사이로 단정하다니 너무 잔인해.

타르는 크리스타 일로 지휘자 자리에서 쫓겨나고 샤론과도 헤어져 작업실에서 지낸다. 공연 당일 날 타르는 연주복을 입고 무대로 난입하여 자신의 공연 악보로 지휘를 하려는 엘리엇에게 다가가 자신의 악보라고 소리치며 폭행을 가한 후 지휘대에 올라서나 직원들에 의해 무대 밖으로 끌려나간다. 이후 타르는 게임 음악 감독으로 취업하여 동남아시아의 한 도시로 떠나게 되는데, 가기 전에 자신의 고향 집에 잠시 들린다. 그녀는 어린 시절 받은 상장들이 전시된 방에서 음악에 대한 꿈을 키우게 해 준 번스타인의 '청소년 음악회' 영상을 보면서 눈물을 흘린다. 그때 타르의 오빠가 우편물을 가지러 와서 둘은 짧은 대화를 나눈다.

TÁR: Hello? Tony? Is that you?

TONY: Oh, hi Linda ─ ─ sorry, Lydia. Ma said you'd be over. You must be hiding out.

TÁR: Why would I be hiding out?

TONY: Beats the hell outta me. None of my business anyhow. Lotta loose ends. You gotta admit.

TÁR: Whatta you mean?

TONY: Well, like I said, it ain't my business... but you don't seem to know where the hell you came from, or where you're going.

T: 누구죠? 토니? 오빠야?

T: 오, 오랜만이야. 미안, 리디아. 엄마가 네가 집에 올 거라고 말씀하셨어. 숨어있으려나 보네.

T: 왜 내가 숨어 있어야 해?

T: 나야 모르지, 내가 알 바도 아니고. 안 좋은 일이 많긴 했잖아.

T: 무슨 말이야?

T: 말했듯이 내 알 바가 아니지만 넌 네가 어디서 왔고 어디로 갈지 모르는 것 같아.

타르는 정상에서 추락했으나 음악을 포기하지는 않는다. 베를린 필에서 활동하다 동남아의 한 도시에서 게임 음악을 하는 것은 과거를 생각하면 더없이 초라한 일이지만 그녀를 위로하고 일어서게 하는 건 결국 음악이었다. 그러나 타르가 그간 겪었던 일은 그녀에게 트라우마로 남아 그녀를 힘들게 한다. 그녀는 아픈 어깨를 풀어주기 위해 마사지실을 가는데, 접수원이 밀폐된 공간에 모여 있는 마사지사 중에서 한 명을 고르라고 한다. 유리창 너머로 오케스트라대열처럼 앉아 있는 그들을 보고 놀란 타르의 손이 우연히 5번을 지목하게 되고, 그녀가 자신을 바라보자 밖으로 뛰쳐나가 구토를 한다. 5번 마사지사가 앉았던 자리는 오케스트라에서 올가가 앉았던 자리이고 자신이 연주하던 곡 또한 5번이었다. 타르는 비록 게임 음악이나 악보를 해석하고 단원들과 작곡가의 의도에 관해 이야기를 나누며 공연을 준비한다. 이런 그녀의 모습은 음악에 대한 그녀의 애정과 열정은 그 어떤 사건으로도 폄훼될 수 없는 진실임을 알려준다.

영화음악과 뮤지컬 음악까지 했던 타르에게 게임 음악은 또 하나의 새로운 장르일 수 있다. 실제로 게임 음악에 영화음악가나 클래식 작곡가들이 참여한다면 앞으로 신세계가 열릴 것으로 기대하여 이미 전문 플랫폼을 만들어 게임 음악을 하는 클래식 지휘자도 있다. 그러나 타르는 게임 음악을 하면서 지휘자의 본질적인 역할 중의 하나인 시간에 대한 통제력을 상실한다. 타르는 영화 첫 장면인 인터뷰에서 본인의 지휘로 무대 위의 시간이 시작되고 통제된다는 이야기를 했는데, 게임 음악에서는 스크린 영상 시작에 맞춰 지휘를 시작하고 게임의 흐름을 따라 연주하면서 그녀의 역할은 인간 메트로놈으로 축소된다. 그녀는 과연 시간에 대한 주도권을 되찾을 수 있을까?

약력

연세대학교 영문학과에 입학하여 모교에서 석사와 박사학위를 취득하였다. 영국 낭만주의 영시를 전공하고 John Keats로 학위논문을 썼다. 연세대학교에서 1986년부터 1995년까지 교양과목을 강의했고 1996년부터 현재까지 경찰대학 교수로 재직하면서 인문학과 시사영어, 대학심화영어를 가르치고 있다. 저서로는 인문학 교양서인 『52편의 영화로 읽는 세계 문명사』, 미국에서의 실생활 체험을 바탕으로 쓴 『리얼라이프 미국 생활영어』, 『리얼라이프 경찰영어』, 수업교재로 저술한 『Film as Cultural History』, 『12 Ted Talks and Current Issues』, 『12 Critical Global Issues』, 『Advanced College English』 등이 있다.

영화로 보는 미술, 영화로 듣는 음악

초판발행	2024년 5월 31일
지은이	하미나
펴낸이	안종만·안상준
편 집	배근하
기획/마케팅	정연환
표지디자인	BEN STORY
제 작	고철민·조영환
펴낸곳	(주) **박영시**
	서울특별시 금천구 가산디지털2로 53, 210호(가산동, 한라시그마밸리)
	등록 1959.3.11. 제300-1959-1호(倫)
전 화	02)733-6771
f a x	02)736-4818
e-mail	pys@pybook.co.kr
homepage	www.pybook.co.kr
ISBN	979-11-303-1974-2 93900

copyright©하미나, 2024, Printed in Korea

정 가	25,000원